AF694654

DROEMER

LEA SAHAY

DAS ENDE DES CHINESISCHEN TRAUMS

Leben in Xi Jinpings neuem China

DROEMER

Besuchen Sie uns im Internet:
www.droemer-knaur.de

MIX
Papier | Fördert gute Waldnutzung
FSC® C083411

Originalausgabe September 2024
© 2024 Droemer Verlag
Ein Imprint der Verlagsgruppe Droemer Knaur GmbH & Co. KG, München
Alle Rechte vorbehalten. Das Werk darf – auch teilweise – nur mit Genehmigung des Verlags wiedergegeben werden.
Die Nutzung unserer Werke für Text- und Data-Mining im Sinne von § 44b UrhG behalten wir uns explizit vor.
Covergestaltung: KRISTIN PANG
Coverabbildung: Sergii / stock.adobe.com, Olesia / stock.adobe.com
Satz und Layout: Adobe InDesign im Verlag
Druck und Bindung: CPI books GmbH, Leck
ISBN 978-3-426-44996-7

2 4 5 3

Für Jonathan und Charlotte

Inhaltsverzeichnis

Einleitung

Im Ausnahmezustand

Ich stand in der Notaufnahme des Pekinger Kinderkrankenhauses und versuchte zu verstehen. Es war ein schwüler Freitagabend im September 2022, um mich herum drängten sich chinesische Ärzte und Eltern, Krankenschwestern und Geschwister im blaukalten Krankenhauslicht. Das Pekinger Kinderkrankenhaus ist eines der größten in China, mehr als drei Millionen Kinder werden dort im Jahr behandelt. Wenn es schnell gehen muss, kommen sie hier an, im kleineren der zwei Hauptgebäude, in einem einzelnen schmalen Raum, in dem an ruhigen Tagen auf jeder Seite vier Betten stehen, zwischen denen Schläuche und Kabel von der Decke hängen.

Ich blickte hinunter auf meinen Sohn Jonathan, acht Monate alt, der in einem dieser Betten lag, die für ihn viel zu groß waren. Er schien mich nicht mehr zu erkennen. »Warum behandeln Sie ihn nicht?«, fragte ich eine der Schwestern, ich unterdrückte meine Panik. »Er braucht einen negativen Coronatest«, lautete die Antwort. Selbst in China mussten Kinder unter zwei Jahren eigentlich keine Testergebnisse vorweisen, Jonathan war noch nie getestet worden. Doch als ich für seine Anmeldung kurz den Raum verlassen hatte, mussten sie einen Abstrich gemacht haben, denn jetzt sollten wir warten. In zwei Stunden würde das Ergebnis da sein, sagte einer der Ärzte. Die Schwester, die uns hierher begleitet hatte, flüsterte: »So viel Zeit hat er nicht, er stirbt, können Sie keine Ausnahme machen?« Doch der Arzt schüttelte den Kopf: »Das sind die Regeln. Da kann man nichts machen.«

Fast drei Jahre war es inzwischen her, dass das Coronavirus in Wuhan entdeckt worden war. Im Rest der Welt war längst die Normalität zurückgekehrt, doch in China stemmten sich die Behörden weiter mit heftigen Maßnahmen gegen eine Ausbreitung des Virus. Der Staats- und Parteichef der Kommunistischen Partei Chinas, Xi Jinping, ließ sich als Erfinder der sogenannten Null-Covid-Strategie feiern, wonach bei einem oder zwei Fällen Millionenstädte abgeriegelt wurden. Seine Politik hatte höchste Priorität. Selbst dann noch, als mit der Ankunft der hochansteckenden Variante Omikron eine Ausbreitung nicht mehr zu verhindern war.

So kam es, dass ich im Herbst 2022 in einer Pekinger Kinderklinik stand und dabei zusehen musste, wie die Ärzte unseren schwer kranken Sohn nicht unmittelbar behandeln wollten. Von einem auf den anderen Tag war er an einer sehr seltenen Immunstörung erkrankt und kämpfte mit dem Tod. Unzählige Male hatte ich als Journalistin erlebt, was es bedeutete, wenn die Menschen in China in den Weg der Partei gerieten. Nicht immer weil sie Widerstand leisteten, häufiger hatten sie einfach Unglück, zur falschen Zeit am falschen Ort zu sein.

Das neue China unter Xi

Wir haben Glück gehabt, unser Sohn hat überlebt und ist heute wieder gesund. Doch viele andere können das nicht sagen. Nach drei Jahren strikter Corona-Politik ging den Lokalregierungen das Geld aus, die Omikron-Welle war im Winter 2022 nicht mehr aufzuhalten. Ohne Warnung hob die Regierung die Beschränkungen auf und ließ nicht einmal den Krankenhäusern genug Zeit, sich auf die Ausbreitung vorzubereiten. Ungebremst und ohne ausreichende Impfkampagne brach die erste landesweite Viruswelle über China herein und tötete laut Schätzungen zwischen einer und zwei Millionen Menschen. Eine Aufarbeitung hat es nie gegeben. In der offiziellen Lesart hat die Partei unter Führung von Xi Jinping alles und zu jeder Zeit richtig gemacht.

Fast 20 Jahre ist es her, dass ich das erste Mal nach China reiste. Ich war 16 Jahre alt und Schülerin. Zwischen 2007 und 2008 lebte ich fern von jeder Politik in einer Gastfamilie. Zu dieser Zeit bereitete sich China auf die Olympischen Sommerspiele vor. In vieler Hinsicht waren diese Jahre der Beginn des Aufstiegs eines alten Traums, den Xi Jinping nach seinem Amtsantritt 2012 zum »Chinesischen Traum« erklärte. Eine historische Mission mit dem Ziel, China wieder zu einer starken und mächtigen Nation aufsteigen zu lassen. Zum 100-jährigen Bestehen der Volksrepublik 2049 soll das Land die Welt anführen. Laut Xi gibt es Veränderungen, wie wir sie seit einem Jahrhundert nicht gesehen haben. Sich selbst sieht er als Führer, der den Aufstieg Chinas zu wahrer Größe möglich machen wird. 2049 wäre er 95 Jahre alt.

Die »große Wiedergeburt der chinesischen Nation« begann in den Sportstadien Pekings. Die Feierlichkeiten im Sommer 2008 waren ein monumentales Unterfangen, eine perfekte Inszenierung, die größte nationale Coming-out-Party der Geschichte. Viele Chinesen begrüßten die Vision der Staatsführung zur Rückkehr glanzvollerer Zeiten, denn sie ließ sich mit ihrer eigenen Version des Chinesischen Traums verbinden: des Traums der Bürger, die sich vom Siegeszug Chinas auch die Verbesserung der persönlichen Lebensumstände erhofften. Meine Gastfamilie waren herzliche und stolze Chinesen. Durch sie ist China meine zweite Heimat geworden, schon bevor ich Journalistin wurde. Damals dachte ich wie viele: Hier liegt die Zukunft.

2016 kehrte ich nach dem Studium als Korrespondentin für das Düsseldorfer Magazin *Wirtschaftswoche* zurück ins Land. Super-Start-ups wie Alibaba und Tencent hatten China in die Moderne katapultiert. Junge Menschen träumten nicht von Karl Marx und Friedrich Engels, sondern von der Gründung ihrer eigenen Unternehmen. Gerade in Shanghai war es einfach, sich von der Energie und dem Fortschrittsdrang des neuen Chinas anstecken zu lassen.

Bedingung für den Erfolg war Pekings Bereitschaft gewesen, den Privatunternehmen nach der Wirtschaftsöffnung die nötigen Freiräume zu lassen. Unternehmer und Investoren konnten sich auf Zusagen der Partei verlassen, die Privatwirtschaft agierte in Freiräumen, die ihnen die Politik schuf, zum ersten Mal entstanden zarte Blüten einer Zivilgesellschaft.

Seit die Parteiführung den Volksaufstand am Platz des Himmlischen Friedens 1989 niederwalzen ließ, hatten sich Führung und Volk auf einen Deal eingelassen: Wir lassen euch reich werden, und ihr hört auf die Partei. Wer das Spiel mitspielte, kassierte die Belohnung. Bei meiner Rückkehr 2016 wollte ich über die Träume der Chinesen schreiben, über ihre Liebe zum Fußball, das gute Essen und den ewigen Optimismus, dass es den eigenen Kindern besser gehen würde. Es wirkte, als lägen die schlechten Tage hinter China. Es kam dann anders.

2012 kam Xi Jinping, Sohn eines Revolutionärs, an die Macht. Innerhalb kürzester Zeit drehte er viele Reformen zurück, zentralisierte Entscheidungsprozesse und hob die Trennung zwischen Staat und Partei wieder auf. Der Staatschef stellt die Parteikontrolle über alles, wie in den dunkelsten Zeiten der Sechzigerjahre konzentriert er alle Macht auf sich. Es war im Jahr 2017, als die ersten Hinweise an die Öffentlichkeit drangen, die Partei habe Internierungslager in Xinjiang in Betrieb genommen. 2019 kämpften die jungen Menschen in Hongkong um ihre Freiheit, bevor Peking die Demokratiebewegung unter dem Vorwand nationaler Sicherheit zerstörte. 2020 saß ich im Januar in einem Zug nach Wuhan, nicht wissend, dass die Nachricht einer unbekannten Infektionskrankheit bald das Leben aller Menschen auf der Welt verändern würde.

Aus der Blackbox Peking, in der eine kleine Clique hinter verschlossenen Türen regiert, ist eine Echokammer geworden, in der ein einziger Mann Chinas Zukunft diktiert. Die Folge sind politische Fehler, die irregeleitete Corona-Politik ist nur ein Beispiel. Während der Pandemie übernahmen von Peking ernannte Ordnungshüter die Kontrolle, die willkürlich und ohne Gnade sicherstellten, dass sich Menschen an die ideologiegetriebenen Quarantänevorschriften hielten. Es waren Polizisten, aber auch einfache Sicherheitsleute und Freiwillige der Nachbarschaftskomitees, die in weißen Ganzkörperanzügen durch die Straßen zogen, auf alle eindroschen, die ihre Masken nicht trugen, die Menschen in ihren Häusern einmauerten oder in zentrale Quarantänelager abtransportierten.

Generation ohne Optimismus

Heute trauen sich viele Chinesen nicht einmal mehr, den Namen des Parteiführers laut auszusprechen. Er, dessen Name nicht genannt werden darf. Die innenpolitische Verhärtung verschreckt Investoren, und Chinas wichtigster Wachstumsmotor stockt: In den letzten Jahrzehnten ist das Land vor allem durch Investitionen in die Infrastruktur und Immobilien gewachsen. Gerade am Anfang hatte das Entwicklungsland großen Nachholbedarf. Doch je mehr gebaut wurde, desto weniger nützlich waren die Projekte. In nur einem Jahrzehnt hat China zwei Drittel aller Schnellzugstrecken weltweit im eigenen Land gebaut. Seit Jahren eröffnet China jährlich teils zehn neue Flughäfen. Und selbst die entlegensten und ärmsten Regionen des Landes sind mit sechsspurigen Autobahnen und Brücken durchpflügt. Menschenleer und niemals in der Lage, das Wachstum zu generieren, das es für einen Erhalt braucht.

Einen zweiten Infrastrukturboom wird es nicht geben, und auch die Immobilienbranche wankt. Ein Drittel trug diese bisher zu Chinas Wirtschaftsleistung bei, die Lokalregierungen verdienten am Verkauf von Land, die Immobilienentwickler an neuen Projekten. Doch schon heute mündet manch eine Geister-Autobahn in eine Geisterstadt. Nach einem Vierteljahrhundert unaufhörlichen Wachstums ist die Blase am Immobilienmarkt geplatzt.

Im Angesicht einer nie da gewesenen Jobkrise wissen viele junge Menschen sowieso nicht mehr, wie sie sich das Leben in Chinas Metropolen leisten sollen. Es geht um junge Leute wie Xiao Li, eine Uni-Absolventin, die ich im Jahr nach der Corona-Öffnung kennenlernte. Die 23-Jährige, die in Wirklichkeit anders heißt, war die Erste in ihrer Familie, die studiert hatte. Nun saß sie vor mir, erzählte von der erfolglosen Jobsuche und einem Praktikum, von dem sie kaum leben konnte. Ihre Eltern hatten einen Großteil ihres Ersparten in ihre Ausbildung zur Steuerberaterin investiert. Inzwischen überlegte sie, sich einen Fabrikjob zu suchen.

Ihre Geschichte steht für die von Millionen jungen Menschen im Land, die nicht mehr wissen, wie sie in Zukunft leben sollen. Jede Generation in den vergangenen 40 Jahren ist in China reicher und selbstbewusster geworden. Xiao Li steht für eine Generation ohne Optimismus. Sie ist überzeugt: »Mir wird es nicht besser gehen als meinen Eltern.« Der Partei sind junge Leute wie Xiao ein Graus, nennt sie »Jugendliche der vier Neins«, weil sie zu wenig daten, nicht heiraten, keine Kinder wollen und keine Wohnung kaufen.

Chinas drei neue Berge

Der Kontrast zu meinen ersten Jahren in China könnte heute kaum größer sein. Jahrelang hat sich die Partei als Erbauer eines Landes der Superlative feiern lassen. Die höchsten Brücken. Die größten Flughäfen. Sie hat sich selbst berauscht an immer ehrgeizigeren Projekten, weniger sichtbar war der kräftige Anstieg der Verschuldung, der dafür nötig war. Ein Kurswechsel muss her, doch für ein neues Wachstumsmodell müsste der schwache Konsum angekurbelt werden, der mit weniger als 40 Prozent deutlich unter dem Niveau von Industrieländern liegt. Dafür braucht es keine auf Pump finanzierte Prestigeprojekte, sondern ein funktionierendes Sozialsystem. Das jedoch kostet Zeit und Geld.

Mitte des letzten Jahrhunderts begründete die Kommunistische Partei (KPCh, folgend vereinfacht KP) ihre Revolution mit dem Kampf gegen die »drei alten Berge«: Imperialismus, Feudalismus und den bürokratischen Kapitalismus. Heute haben sich drei neue Berge vor den Chinesen aufgebaut: niedrige Sozialleistungen und Renten, die wuchernden Bildungsausgaben und das marode Gesundheitssystem.

Chinas Arbeiter, die das Land auf Kosten ihrer Gesundheit aufgebaut haben, wissen heute nicht, wovon sie im Alter leben sollen. China hat Erfolge in der Armutsbekämpfung vorzuweisen. Doch 2020 hat der inzwischen verstorbene Ministerpräsident Li Keqiang selbst zugeben müssen, dass mindestens 600 Millionen Menschen immer noch von nur 1000 Yuan im Monat leben, umgerechnet 130 Euro. Die Kluft zwischen Stadt und Land ist riesig, die soziale Mobilität gering.

Durch die Ein-Kind-Politik kümmern sich Ehepaare heute um vier Großeltern und ein Kind. Nach Südkorea ist China das teuerste Land, um ein Kind großzuziehen. Die Folge sind sinkende Geburtenraten, seit 2022 schrumpft die Bevölkerung. Es droht Arbeitskräftemangel, gleichzeitig dürfte China in weniger als 20 Jahren älter sein als das vergreiste Japan.

Dazu kommt das marode Gesundheitssystem, das ich für zwei Monate aus nächster Nähe erlebte. China ist die zweitgrößte Wirtschaft der Welt, doch seine Krankenhäuser sind überfüllt und chronisch unterfinanziert. Es gibt zu wenig medizinisches Personal, Krankheit gilt als Armutsgrund Nummer eins in China. Mit der alternenden Gesellschaft wird sich das Problem noch verschärfen, allein bis 2035 dürfte sich die Zahl der 60-Jährigen und Älteren auf 400 Millionen Menschen verdoppeln.

Sicherheit statt Wachstum

Xi Jinping verspricht Wohlstand für alle, doch egal, ob oben oder unten: Das Land steckt in einem kollektiven Burn-out, und die Ungleichheit wächst weiter. Die Fassade des perfekt inszenierten Chinesischen Traums bröckelt. Anstelle schneller Hilfe hält die Regierung bisher an ihrer Erfolgsgeschichte fest. Xi ist kein Marxist, er hält jegliche Form der sozialen Wohlfahrt für falsch und populistisch, sie mache Arbeiter faul. Stattdessen baut er im Sinne Lenins den Sicherheitsapparat aus, heizt den Nationalismus an und bläst zur Verteidigung. Überall sieht China jetzt Feinde. Die USA, die westlichen Staaten, sie sollen die Chinesen einkreisen und unterdrücken. Es ist die Geschichte einer gedemütigten Nation, die sich von den Ketten der imperialistischen Mächte befreit hat und sich nun erneut verteidigen muss.

Großmacht sein, das gibt auch Sicherheit, selbst wenn sie im eigenen Leben fehlt. Die Chinesen sind wieder nationalistischer und militarisierter, damit einher geht aber auch Isolation: Wo selbst Taxifahrer früher mit Begeisterung Englisch lernten, um sich mit ihren ausländischen Gästen unterhalten zu können, schottet sich das Land heute wieder ab. Schüler sprechen weniger Fremdsprachen, dafür sollen sie lernen, wie man Spione erkennt. Auf der Straße rufen Bürger die Polizei, wenn sie Ausländer sehen. Gegenüber seinem Nachbarn Taiwan eskalieren die Drohungen, die Gefahr für die Demokratie vor Chinas Küste war nie größer.

Gleichzeitig wächst bei vielen der Frust: Im Angesicht wachsender Wirtschaftsprobleme fordert Xi, die Leute sollten für Chinas Aufstieg lernen, Härte zu ertragen. Doch die meisten Chinesen hatten eine eigene Interpretation des Chinesischen Traums. Sie haben damit Hoffnungen verbunden: ein Auto, eine Wohnung, genug Geld zur Gründung einer Familie. Dieser Ausblick war das Fundament für die Macht der Partei und die Duldung der Bevölkerung. Ich möchte in diesem Buch den Blick nach China öffnen, wie ich es erlebt habe. Dabei geht es mir nicht nur darum, die Machtpolitik Xis, den Tech-Boom oder das marode Gesundheitssystem verständlich zu machen, sondern mir ist es auch ein Anliegen, den Perspektiven der Menschen in diesem Land Raum zu geben. Dabei wird auch immer wieder die Frage aufkommen, was passiert, wenn der Chinesische Traum für immer mehr Menschen zum Albtraum wird.

Lea Sahay
Peking, Mai 2024

1. Kapitel

China! Zukunft?

Die Zukunft ist schon da

Das fühlte sich verdammt nach Zukunft an. Shenzhen im Juli 2018. Ich stand in dem Kontrollzentrum der städtischen Busgesellschaft, das Licht war gedämmt, damit man die Vorgänge auf unzähligen Bildschirmen an den Wänden besser verfolgen konnte. Neben mir verschränkte Duan Fanfang, eine zierliche Frau Ende 20, ihre Arme und lehnte sich zurück, um auch die oberste Reihe der Bildschirme im Blick zu behalten: Auf den Monitoren vor uns fuhr gerade ein Bus in Richtung Stadtzentrum, ein Schriftband verriet, dass der Fahrer auf 40 Stundenkilometer beschleunigte, der Akku des Busses bei 84 Prozent stand und noch 220 Kilometer bis zum Aufladen durchhalten würde. Duan hatte alles unter Kontrolle, als säße sie in dem Fahrzeug, statt in einem Büro der Busgesellschaft. Mit ein paar Klicks hatte sie nicht nur Zugang auf alle Überwachungsinstrumente und Kameras des Elektrobusses, sondern auch auf die aller anderen Elektrobusse in Shenzhen. Davon gäbe es atemberaubende 16 300 Stück in der Stadt, erzählte sie.

Jeder davon schob sich als grüner Punkt über einen digitalen Stadtplan auf Duans Bildschirm: Welcher Fahrer ist wo unterwegs, wie viel Stromreserve hat welcher Bus noch, wie viele Fahrgäste steigen ein? »Wir können alles steuern«, erklärte sie stolz. Fuhr ein Fahrer zu schnell, verwarnte sie ihn. Mussten zu viele Passagiere warten, schickte sie mehr Busse. Regelmäßig eröffne ihre Abteilung neue Haltestellen, sagte sie. Wo der Bedarf dafür am höchsten war, entscheide ein Algorithmus.

Was mir Duan und ihre Kollegen zeigten, war kein Modellversuch. Binnen fünf Jahren hatte die Stadt alle Dieselbusse gegen E-Busse ausgetauscht und ans Kontrollzentrum angeschlossen. In Deutschland unterhält die Berliner BVG, der größte Verkehrsbetrieb mit etwa 1600 Bussen, bis heute nur 288 elektrische Modelle, bundesweit sind es laut neuester Zahlen immer noch nicht mehr als rund 2000.

Die südchinesische Metropole Shenzhen war ein Ort zum Staunen, besonders wenn man wie ich zum ersten Mal die Megacity besuchte. 1980 wurden die von Reisfeldern umsäumten Dörfer der Region im Perlflussdelta unter Führung des Wirtschaftsreformers Deng Xiaoping zur ersten Sonderwirtschaftszone des Landes ernannt. Das Provinznest, nur 20 Zugminuten von Hongkong entfernt, sollte von der Nähe zur internationalen Finanzmetropole profitieren – damals noch ein Teil des britischen Königreichs – und dem bitterarmen Land wirtschaftliches Wachstum bescheren. Der Plan ging auf. Innerhalb weniger Jahre zogen Millionen Bauern nach Shenzhen, wurden Fabrikarbeiter oder gar Unternehmer. Die Stadt explodierte, »Shenzhener Tempo« wurde zum geflügelten Wort für die neue Wirtschaftsexpansion, inspiriert vom Bau des Guomao-Handelszentrums. Alle drei Tage stellten Arbeiter ein Stockwerk fertig, in nur drei Jahren stand das 50-stöckige Gebäude, 1985 das höchste Gebäude Chinas.

China wurde zur Werkbank der Welt und das Perlflussdelta zum Herz des produzierenden Gewerbes. Fabriken schossen wie Bambus aus dem Boden. Shenzhen als Hardware-Hauptstadt der Welt war geboren. Heute kommt ein Großteil aller Smartphones, Computer und Drohnen aus Shenzhen. Während 1980 nur 340 000 Menschen in der Stadt lebten, sind es heute fast 18 Millionen. Am Flughafen begrüßt Besucher das

Motto der Stadt: »Kommst du nach Shenzhen, bist du ein Shenzhener.« Weil die meisten Bewohner zugewandert sind, haben sich ihre herkömmlichen Kulturen und Küchen in der Stadt etabliert. Anders als in Peking oder Shanghai müssen sie nicht fürchten, als Bauern und Fremde verspottet zu werden.

Die Reise zu den E-Bus-Visionären, die ich damals für die *Wirtschaftswoche* unternahm, war eine dieser Geschichten aus China, die auf großes Interesse stieß. Sie zeigte nicht nur Chinas ungestümen Drang zu Aufstieg und Fortschritt, sondern funktionierte auch wunderbar als Kontrast zur Bundesrepublik, in der bei Neubauprojekten ständig verschiedenste Interessen in Einklang gebracht werden müssen. Hier ein Planfeststellungsverfahren, da ein Bürgerprotest oder Gerichtsurteil, das selbst bescheiden ambitionierten Plänen in die Quere kommen konnte. Nicht selten mit dem Ergebnis, dass am Ende gar nichts passierte. In China hingegen genügte offenbar ein Befehl von oben – und die Beamten fanden einen Weg, die Anweisung aus Peking zu realisieren.

Chinas Tech-Giganten

Zwei Jahre zuvor war ich als Korrespondentin für die *Wirtschaftswoche* nach China gegangen. Ich war 25 Jahre alt, hatte gerade mein Politikstudium in Berlin beendet. Nun lautete meine neue Adresse Shanghai. Wie die meisten Neubürger aus dem Westen fühlte ich mich schon nach ein paar Wochen von der Stadt am Ostchinesischen Meer in den Bann gezogen. Ich spazierte durch die historischen Gassen der im Jahr 1849 von französischen Geschäftsleuten und Händlern gegründeten Französischen Konzession. Der Stadtteil aus der Kolonialzeit war bis 1946 in französischem Besitz gewesen und für seine breiten Alleen, prächtigen Villen und kleinen Gassen bekannt. Ich staunte über Wolkenkratzer, die sich auf der gegenüberliegenden Seite des Huangpu-Flusses im Bezirk Pudong auftürmten. Mein Büro lag in einer der alten Straßen der 26-Millionen-Stadt, in einer Wohnung mit hohen Decken, knarrenden Dielen und Kakerlaken, die einem abends von den Wänden entgegensprangen.

In dieser boomenden Metropole zwischen Ost und West, Tradition und Moderne, war es leicht, sich vom Leben im neuen China berauschen zu lassen. Dank einer techaffinen, jungen Bevölkerung und 710 Millionen Internetnutzern waren 2016 in fast allen Branchen milliardenschwere Techunternehmen entstanden. Während die ausländische Konkurrenz wie Facebook, Google und X – damals noch Twitter – durch die Zensur ausgesperrt wurden, entstanden in China gigantische Eigenmarken: der Suchmaschinenanbieter Baidu, das soziale Netzwerk Weibo oder Tencent mit seiner App Wechat, die den Alltag in China bestimmen sollte.

Egal, ob Chinesen etwas kauften, sich mit Freunden verabredeten oder ins Kino gingen: Wechat funktionierte wie ein eigenes Ökosystem, über das gechattet, gekauft und bezahlt werden konnte.

Die App veränderte das Leben so stark, dass auch immer mehr westliche Unternehmen wie Facebook auf die Super-App aufmerksam wurden. Lange hatten Chinas Firmen den Ruf, zu kopieren. Jetzt wurden sie zu Vorbildern. Naheliegend, dass ich den Auftrag meiner Redaktion erhielt, die Techtrends aus dem Osten zu erklären. Wie genau funktionierte es, per Handy zu zahlen? Mussten sich Facebook und Co. vor einer Expansion fürchten? Was machten die Chinesen besser? Und bei allen klang eine Frage mit: Hängt China uns ab?

Zu dieser Zeit waren Chinas Techunternehmen längst zum

wichtigsten Wachstumstreiber der chinesischen Wirtschaft geworden. Staatsmedien wie die *China Daily* propagierten überschwänglich die vier neuen Erfindungen des modernen Chinas: Hochgeschwindigkeitszüge und das dazugehörige längste Streckennetz der Welt, mobile Zahlungsmittel, die Bike-Sharing-Firmen, die Chinas Straßen mit Millionen Leihfahrrädern fluteten, und seine Online-Handelsplattformen.

Als Gigant unter Riesen galt der 1999 gegründete Online-Händler Alibaba. Nachdem ich fast ein Jahr lang immer wieder um einen Interviewtermin gebeten hatte, erhielt ich 2017 die Chance, die Zentrale des Unternehmens in Hangzhou zu besuchen. Am Eingang drängten sich nicht nur Mitarbeiter, sondern auch einige Dutzend schaulustige Chinesen, die mit dem Taxi eine halbe Stunde aus der Innenstadt gekommen waren, nur um ein Selfie vor dem Firmenlogo zu schießen.

Nach einem ausführlichen Personencheck mit Taschen- und Passkontrolle wurde ich hereingelassen. Zum Campus gehörte eine Shoppingmall, in der das Unternehmen neue Technologien wie Gesichtserkennungssoftware und Selbstbedienungsläden testete, in denen keine Verkäufer mehr arbeiteten. Es gab auch ein Hotel, in dem Roboter einen großen Teil der menschlichen Angestellten ersetzten – indem sie zum Beispiel beim Einchecken oder Essenslieferungen aufs Zimmer halfen. Auf dem weitläufigen Gelände fuhren Mitarbeiter mit orangefarbenen Fahrrädern umher, automatisierte Lieferfahrzeuge transportierten Pakete. Besucher deckten sich in einem Laden mit Alibaba-Fanartikeln wie Kuscheltieren und Schlüsselanhängern ein. Es wirkte, als wären sie zum Fanshop ihres Lieblingsvereins gepilgert – und nicht zum Hauptquartier eines Großkonzerns.

Falsch war der Eindruck nicht. Denn Alibaba und sein charismatischer Gründer Jack Ma waren in China mehr als nur ein Unternehmen und sein Chef. Ma galt als Kultfigur und hatte längst den Status eines chinesischen Steve Jobs erreicht. Er verkörperte in gewisser Weise eine chinesische Version des *American Dream:* Reich werden war geil. Und ausgehend von der 2003 gegründeten Handelsplattform Taobao war das Unternehmen zu einem gigantischen Konglomerat gewuchert, das mit seinen vielfältigen Aktivitäten in Handel, Logistik, Finanzen und Medien allenfalls vom US-Riesen Amazon übertroffen wurde. Genau den hatte Jack Ma im Blick, als er 2016 erklärte, Alibaba habe 15 Jahre lang China verändert. »Jetzt ist die Welt dran.«

Heute gibt es acht Millionen Anbieter auf Taobao, in der Rangliste der meistbesuchten Internetseiten lag die Online-Plattform 2023 weltweit auf Platz 8, Alibaba zählt 230000 Angestellte. Derartige Dimensionen waren in den ersten Jahren von Alibaba noch unvorstellbar gewesen. 1995 machte Ma während einer Reise in den USA erste Erfahrungen mit dem Internet. Darunter eine, die elektrisierte: Er tippte die Worte für »Bier« und »China« in eine Suchmaschine ein – doch die lieferte keine Ergebnisse. Das soll der Moment gewesen sein, in dem der bis dahin völlig unbekannte Chinese beschloss, ein eigenes Online-Angebot aufzubauen.

Es war die Geschichte eines Underdogs, 1964 geboren und in der Kulturrevolution des Diktators Mao Zedong aufgewachsen. Nach dem Besuch von Präsident Nixon im Jahr 1972 wurde Hangzhou zu einem Tourismus-Spot. Ma, der aus ärmlichen Verhältnissen stammte, bot kostenlose Führungen für Ausländer an, um sein Englisch zu verbessern. Einer dieser Besucher, der Schwierigkeiten hatte, seinen chinesischen Namen Ma Yun auszusprechen, gab ihm den Vornamen Jack. Später fiel Ma zweimal durch seine Abschlussprüfung der Mittelschule, nicht einmal die Fast-Food-Kette Kentucky Fried Chicken wollte ihn anstellen. Doch Ma gab nicht auf. Der Manager Porter Erisman, der in den Gründerjahren von Alibaba für den Chinesen arbeitete und den ich 2017 für ein Porträt über seinen früheren

Chef traf, erzählte mir von seinen Ambitionen. Noch als Ma das Unternehmen mit 17 Freunden aus seiner Wohnung in Hangzhou steuerte, brannte er vor Ehrgeiz. Ebay sei vielleicht ein Hai im Ozean, habe er lachend gesagt, er aber sei ein Krokodil im Fluss Jangtse. Als die amerikanische Auktionsseite Ebay Anfang 2003 einen China-Ableger startete, hatte Ma gerade erst sein Unternehmen gegründet. Drei Jahre später zog sich das US-Unternehmen aus China zurück – das Krokodil hatte sich durchgebissen.

Alibaba stand nicht nur für den neuen, gewaltigen Reichtum des Landes und seinen Turbo-Kapitalismus. Ma verglich sein Unternehmen gerne mit dem Kampf zwischen David und Goliath. Er war der listige Angreifer, der es mit der westlichen Großkonkurrenz aufnahm. Ma war charismatisch, rebellisch und auf internationalen Konferenzen und im Angesicht von Gründern wie Mark Zuckerberg lustig und schlagfertig. Geschickt verstand er, sein Image zu Hause als gerissener Geschäftsmann mit dem nötigen Patriotismus zu verbinden. An seinem letzten Tag als CEO von Alibaba sang er »Ich liebe dich, China« und sicherte sich so – zumindest für viele Jahre – die Gunst Pekings. Mit seinem Erfolg wurde Ma zum Aushängeschild für das neue China, wie es die Führung nach außen präsentieren wollte: innovativ, technikgetrieben und erfolgreich.

Der nächste Jack Ma

Reformer Deng Xiaoping hatte fast 40 Jahre zuvor mit seinen Wirtschaftsreformen zu »mutigen Experimenten« aufgerufen, und wohin ich in diesen Jahren auch immer kam: Überall träumten junge Menschen davon, es der ersten Generation chinesischer Internetpioniere nachzutun. »Ich will der nächste Jack Ma werden«, war ein Satz, den ich immer wieder von Junggründern hörte. Beim 19. Parteitag forderte Xi im Oktober 2017, China zu einem »Land der Innovatoren« zu machen. Die lokalen Behörden reagierten auf den Befehl, indem sie alles daransetzten, optimale Bedingungen dafür zu schaffen.

Im Dezember 2017 reiste ich mit dem Schnellzug ins Zentrum der chinesischen Start-up-Szene: das Viertel Zhongguancun im Nordwesten Pekings, Chinas »Silicon Valley«, war 1988 vom Staatsrat zur Pilotzone für die Hightech-Industrie ernannt worden. In zwei Jahrzehnten war der Distrikt zum Epizentrum des Chinesischen Traums aufgestiegen. Allein 2016 hatte Peking rund eine Milliarde Euro für die Infrastruktur des Viertels bereitgestellt, das in den 1980er-Jahren noch weitgehend Ackerland gewesen war. In den Cafés saßen junge Leute in schwarzen Rollkragenpullovern und diskutierten über Software-Updates und eigene App-Ideen. In Blickweite waren immer die Vorbilder Alibaba und Tencent, Google und Microsoft. Auch Lenovo, Chinas größter Computerhersteller, war dort gegründet worden. Heute sitzen drei der sechs bestbewerteten Start-ups der Welt im Zhongguancun, darunter Bytedance, Mutterunternehmen des globalen Sozial-Media-Riesen TikTok.

Bei meinem Kurzbesuch 2017 war ich mit einer jungen Mitarbeiterin von Megvii verabredet, einer der vier großen »KI-Drachen«, die Software für Gesichtserkennungssysteme entwickelten. In nur sechs Jahre war der Wert des Unternehmens auf zwei Milliarden Dollar gestiegen. Das Hauptquartier sah aus wie viele Start-ups: Im Eingang stand ein übergroßer Autoroboter aus der Filmreihe Transformers, dahinter brüteten junge Leute an Bildschirmen. Die meisten hatten an einer der zwei Eliteuniversitäten studiert, die Pekinger und die Tsinghua-Universität, die nur einen Steinwurf entfernt lagen. Die Atmosphäre war heiter für einen Ort, den das Londoner Wirtschaftsmagazin *Economist* als »Big-Brother-Maschinenraum« bezeichnete.

Als Besucher musste ich zunächst an einer Kamera vorbei, die mein Gesicht scannte. Dann ging es weiter in einen Vorführraum. Auf einem Bildschirm sah ich einen Mann, der mit einem kleinen Kind an der Hand die Straße überquerte. An der Seite des Bildschirms blinkte ein Ladebalken in Rot auf: »Identität wird überprüft«. Kurz darauf erschien das Ergebnis. 93,5 Prozent Übereinstimmung mit einem Bild aus der Datenbank für geflüchtete Straftäter. Name: Li. Alter: 42 Jahre. Daneben sein aktueller Aufenthaltsort. »Dort kann ihn die Polizei festnehmen«, erklärte mir die Mitarbeiterin, die mich durch das Unternehmen führte.

Das Programm namens »Face++« war Teil des staatlichen Überwachungsprogramms Skynet, benannt nach der künstlichen Intelligenz in den »Terminator«-Filmen. Nicht nur Alter und ethnische Herkunft konnte die Software schätzen, sondern auch jeden Menschen sofort identifizieren. Dafür hatte das Land eine nationale Datenbank mit Fotos aller Chinesen aufgebaut, die älter als 15 Jahre waren. Wie mächtig dieses Instrument war, testete der britische Korrespondent John Sudworth 2017. Die lokale Polizei in der Stadt Guiyang hinterlegte für einen Fernsehbeitrag sein Foto in ihrer Datenbank, während sich der Journalist in Richtung des nächsten Bahnhofs aufmachte. Sieben Minuten dauerte die inszenierte Jagd, dann konnten ihn Polizisten mithilfe der örtlichen Überwachungskameras aufspüren. In den chinesischen Staatsmedien wurde stolz über diese »Leistung« berichtet.

Als Sudworth das Land im Jahr 2021 in Reaktion auf seine Xinjiang-Berichterstattung und aus Sorge um seine Sicherheit verlassen musste, warf die ultranationalistische Staatszeitung *Global Times* dem Reporter hingegen vor, die Geschichte verdreht zu haben. Das System sei anders als behauptet kein Mittel, um regierungskritische Stimmen zu unterdrücken und Dissidenten zu überwachen, sondern diene lediglich dazu, Kriminalität zu bekämpfen. »Böse Jungs schnappen« nannte das Yin Qi, der zu den Gründern des Megvii-Konzerns gehörte.

Die totale Überwachung, die sich für mich wie ein Albtraum anfühlte, war für die Mitarbeiter normal. Im Vorführraum sah man einige ihrer Gesichter in einem Fahrstuhl flimmern. Sobald sie das Büro betraten, tauchten ihre Namen auf einem Bildschirm am Eingang auf. Wer kommt wann? Und arbeitet wie viel? Alles Fragen, die Firmen in Zukunft mithilfe der Software beantworten können. Die junge Frau, die mich durchs Unternehmen führte, wirkte stolz. Wie viele Chinesen sorgte auch sie sich nicht um einen möglichen Missbrauch oder staatliche Eingriffe in ihre Privatsphäre. Neue Technologien sollten gesellschaftliche Probleme lösen, die Menschen zu mehr Moral erziehen, sie ehrlicher und das Leben sicherer machen. Ziel war ein besseres China.

Aus Sicht vieler Chinesen reagierte die Regierung mit den technischen Mitteln zur Steuerung und Kontrolle auf ein weitverbreitetes Gefühl mangelnden Vertrauens in der Gesellschaft. Die rasante Industrialisierung hatte den Zerfall traditioneller Gemeinschaften beschleunigt.

Aufsichtsbehörden konnten mit dieser Entwicklung nicht Schritt halten, die Folgen waren tödliche Skandale, verseuchte Lebensmittel und Umweltkatastrophen. Auf Märkten entdeckten Kunden »Geisterwaagen«, ungenaue Waagen, mit denen Kunden getäuscht wurden, der Betrug durch Online-Kriminelle explodierte.

Ein Gefühl großen Misstrauens durchzog das Land. Privatwirtschaftliche Kreditsysteme wie »Sesame Credite« von Alibabas Tochter Ant Financial, die auf der Grundlage des Kaufverhaltens und sozialen Netzwerks die Kreditwürdigkeit errechneten, wurden vor diesem Hintergrund nicht mit Furcht, sondern

Begeisterung aufgenommen. Sie sollten zum neuen sozialen Kit der Gesellschaft werden.

Das Gleiche galt für die Idee der Regierung eines sogenannten Sozialkreditsystems. Dabei ging es weniger um die Bewertung eines jeden Einzelnen, das ist zum Glück eine dystopische Fantasie geblieben und in Pilotprojekten versandet. Ziel war vielmehr, Unternehmen zum Einhalten staatlicher Regulierungen zu zwingen. Verstöße gegen Umweltvorschriften oder Lebensmittelsicherheit führen heute zu Strafen oder Zwangsschließungen, Betrüger landen auf schwarzen Listen.

Ab 2017 eroberte die Gesichtserkennung immer mehr Bereiche des chinesischen Lebens, und das nicht nur durch behördliche Überwachung. Der Bezahldienst Alipay machte in Hangzhou erste Testläufe in einem Fast-Food-Laden, in dem Kunden über einen Scan ihres Gesichts zahlen konnten, in Peking mussten Besucher von Parktoiletten durch eine Gesichtskontrolle, um dann genau 60 Zentimeter Klopapier zugeteilt zu bekommen.

Der Staat war nicht nur Megviis größter Kunde, sondern auch einer der wichtigsten Investoren. Alles, was das Unternehmen entwickelte, basierte auf künstlicher Intelligenz. Aber Peking wollte nicht nur seine Bürger besser kontrollieren, sondern auch den Traum der Wiederherstellung der glanzvollen Wirtschaftsnation verwirklichen. Start-ups wie Megvii sollten helfen, binnen zehn Jahren die USA und Europa als Technologieführer abzulösen.

Landesweit wurden administrative Hürden für Gründungen gesenkt und milliardenschwere Förderprogramme eingerichtet. Unis öffneten Anlaufstellen, wo Studierende ihre Gründungsideen einreichen konnten. Wer seinen festen Job aufgab, um ein Start-up zu gründen, wurde vom Staat unterstützt. 2016 stellte China umgerechnet mehr als 213 Milliarden Euro für wichtige Forschungsfelder bereit. Damit hatte das Land nach den USA das zweitgrößte Forschungsbudget der Welt. Neben großen Mengen Kapital setzte Peking auch auf knallharten Wettbewerb: Wirtschaftsprofessor Meng Rui von der China Europe International Business School in Shanghai erklärte mir, ich müsste mir Chinas 31 Provinzen und Regionen wie Länder vorstellen, die miteinander konkurrieren. Pekings Plan war, aller Welt Konkurrenz zu machen. »Die Lokalregierungen versuchen nun, Strategien zu entwickeln, um die entsprechenden Sektoren vor Ort bestmöglich zu fördern.«

Der Konkurrenzkampf fand auch zwischen Städten und sogar innerhalb verschiedener Stadtteile statt. Sie wetteiferten mit günstigen Grundstückspreisen, niedrigen Steuern und weniger Bürokratie um Unternehmer. In Shanghai arbeitete ich eine Weile in einem staatlichen Co-Working-Space für Gründer, das ohne Mietkosten oder Mitgliederbeitrag für jeden offenstand. Ich setzte mich morgens zwischen die jungen Chinesen, die dort ihre Ideen entwickelten. Die Lokalregierung konnte mit dem kostenlosen Gründertreff der Zentralregierung zeigen, wie sie Xis Innovations-Ambitionen vorantrieb.

Firmen wie Megvii, die sich auf wichtige Zukunftstechnologie wie die KI spezialisiert hatten, profitierten besonders. Jede Provinz entwickelte Strategien, um die KI-Entwicklung noch gezielter voranzutreiben. Peking unterstützte auch die Etablierung von KI-Clustern, um Universitäten, Firmen und Experten miteinander zu vernetzen. Dazu lockte es Ausländer und ausgewanderte chinesische Fachkräfte mit großzügigen Gehältern ins Land.

Pekings Ziel war klar: In den nächsten Jahren sollte das Land zum globalen Technologieführer werden. 2015 hatte die Führung mit ihrer Strategie »Made in China 2025« detailliert aufgelistet, wie der Aufstieg zur Technologie-Macht aussehen sollte: In zehn Schlüsselindustrien strebte das Land in den nächsten Jahren die Führerschaft an, darunter Informationstechnologie, Elektromobilität und Raumfahrt.

Dafür bot Peking billige Kredite und Subventionen für heimische Hersteller. In seinem Masterplan nannte die Führung klare Quoten für den Marktanteil chinesischer Firmen. Chinas Konzerne sollten in bestimmten Branchen aufholen und dabei ausländische Firmen aus dem Markt drängen. In Shenzhen hatte ich erlebt, wie sich diese Strategie in der Realität bemerkbar machte: E-Busse boomten, weil die Regierung gewaltige Geldsummen beisteuerte. Ziel war nicht nur, die Luftverschmutzung in vielen Teilen des Landes in den Griff zu bekommen, sondern dringender noch die technologische Vorherrschaft in diesem Bereich der Automobilindustrie zu erlangen.

Peking investierte durch Staatsfonds und Subventionen zwischen 2009 und 2017 laut dem Center for Strategic and International Studies mehr als 60 Milliarden Dollar in die Elektromobilität. Mit Erfolg: Bereits 2018 gab es mehr als 60 heimische Marken für E-Fahrzeuge. Ein Jahr zuvor wurden 777 000 batteriebetriebene Fahrzeuge verkauft sowie sogenannte Plug-in-Hybride, also Benziner, die mit einem Elektromotor kombiniert waren. 2019 verordnete Peking den Autofabriken sogar eine Mindestquote an E-Autos, andernfalls müssten sie hohe Strafen zahlen. Indirekt half dabei wohl auch die Arroganz deutscher Autobauer: Sie spotteten über die ersten Gehversuche der Chinesen, ihre Fokussierung auf digitale Features und nannten die Fahrzeuge »Reisschüsseln auf vier Rädern«.

Nur fünf Jahre später ist ihnen das Lachen vergangen. Die deutsche Autoindustrie ist von der Elektromobilität abhängig, mehr als ein Drittel ihrer Fahrzeuge verkauft sie in China, das zudem wichtiger Lieferant für Batterie- und Motormaterialien wie Kobalt, Lithium und Grafit ist. Bei der Münchner Automesse IAA im Jahr 2023 stellten chinesische Autobauer bereits die Hälfte aller Aussteller. Bald könnte die chinesische Konkurrenz die Weltmärkte mit billigen Elektroautos überschwemmen.

Als Journalistin hatte ich in diesen Jahren das Gefühl, zur richtigen Zeit am richtigen Ort zu sein. Unternehmer luden mich ohne Bedenken in ihre Firmen ein, als Wirtschaftsjournalistin, die nicht über Politik berichtete, standen mir viele Türen offen. Es war nicht schwer, Menschen zu finden, die von ihren Träumen erzählen wollten, die häufig kurioser, größer, ambitionierter waren, als ich es mir vorstellen konnte. So war es auch mit Xia Yongtao. Er war Mitgründer von Kaluga Queen, einem Unternehmen aus Ostchina, das innerhalb weniger Jahre zum weltweit größten Hersteller eines Luxusprodukts gewachsen war: Kaviar.

Ursprünglich stammen die teuren Fischeier aus dem Kaspischen und Schwarzen Meer, wo sich die langlebigen, empfindsamen Störe besonders wohlfühlen. Doch China hatte das in den 1990er-Jahren nicht aufgehalten, Störe in eigenen Gewässern zu züchten: Die Staatsführung beauftragte das nationale Forschungsinstitut Chinese Academy of Fishery Sciences, das Potenzial für eine nationale Kaviarindustrie zu berechnen. 1998 begann das Land auf Geheiß der obersten Führungsriege mit Zuchtversuchen. Fünf Jahre später gründete eine Gruppe chinesischer Unternehmer Kaluga Queen.

Was heute aufgrund von wachsender Kontrolle und Misstrauen gegenüber der ausländischen Presse fast unmöglich ist, war 2017 noch kein Problem: Xia Yongtao war nicht nur zu einem Interview bereit, er lud mich mit einem Kollegen auch in die Fabrik ein, in der die Tiere ausgenommen wurden, und zeigte, wie die riesigen Fische gehalten wurden. Schlüssel für den Erfolg des Projektes war ein kurioser Zufall. 1957 hatte Mao Zedong ein Tal im Kreis Chun'an in Ostchina fluten lassen, um dort drei Jahre später das erste Wasserkraftwerk Chinas zu eröffnen. 300 000 Menschen wurden dafür umgesiedelt. Heute erinnern nur noch die Bergspitzen, die aus der Wasseroberfläche ragen, an die Flutung. »See der tausend Inseln« wird er deshalb genannt.

Was Mao nicht ahnte: Störe gedeihen in dem See. Nur wenn im Sommer die Temperaturen zu sehr steigen, müssen sie in ein gekühltes Becken umziehen. »Am besten verkaufen sich die Eier des sogenannten Huso Hybrid«, erklärte mir Xia. Der Fisch war eine Kreuzung aus dem Kaluga- und dem Amur-Stör, »einzigartig in der Welt«. 30 Gramm Huso-Hybrid-Eier kosteten 210 US-Dollar. Ich traute mich kaum, die kleinen blauen Dosen anzufassen.

Woher das »schwarze Gold« stammte, erfuhren die Kunden allerdings nur auf Nachfrage. Mit dem Label »Made in China« warb Xia nur ungern. Ob durch Bleichmittel verseuchtes Fleisch oder Kälteschutzmittel in Apfelsaft – Chinas Lebensmittelproduktion hatte einen schlechten Ruf. »Die Marke sollte so international wie möglich wirken«, sagte der Gründer, auf dem Design waren keine chinesischen Schriftzeichen zu sehen. »Wir verkaufen das Versprechen eines neuen Lebensstils«, sagte Xia, »eines Tages wird man darauf auch in China stolz sein.«

Von einem bitterarmen Land entwickelte sich China in nur 30 Jahren nicht nur zum größten Kaviar-Produzenten der Welt, sondern auch zu einer Gesellschaft, in der sich mehr Menschen als in irgendeinem anderen Land leisten konnten, Kaviar zu konsumieren. 2019 überholte China die USA als Land mit den meisten reichen Menschen, 2020 brachte die Region Großchina, zu der auch Taiwan und Hongkong zählen, gemäß der Reichenliste des Shanghaier *Hurun*-Magazins dreimal so viele neue Milliardäre hervor wie der westliche Konkurrent. Chinas Parteikader agierten in diesen Jahren wie im Rausch. Das Gefühl von Überlegenheit wurde immer größer und war durch internationale Entwicklungen befeuert worden. So etwa von einem Ereignis auf der anderen Seite der Erdkugel: der Wahl von Donald Trump zum US-Präsidenten, der den Amerikanern Glanz und Größe versprach, aber gleichzeitig eine Isolationspolitik ankündigte.

Unter dem Titel »Der Anti-Trump« begrüßten Zeitungen der westlichen Welt wie die *Washington Post* Chinas Präsidenten Xi Jinping, der wenige Tage vor Trumps Vereidigung im Januar 2017 nach Davos reiste. Ausgerechnet der Chef einer Kommunistischen Partei plädierte vor der Weltgemeinschaft für Globalisierung und freie Märkte. Xi, in blauem Anzug, weinroter Krawatte und ewig sanftem Lächeln, wirkte wie Gegengift zum Unheil, das der Weltwirtschaft aus Richtung USA drohte.

Mehr als Wunschdenken war das freilich nicht. Zu Hause schottete Peking die chinesischen Unternehmen gegen die ausländische Konkurrenz ab, Konzerne wurden zu Partnerschaften mit chinesischen Firmen gezwungen, die eine Mehrheitsbeteiligung hielten, zu Technologietransfer oder der Verpflichtung für weitere Investitionen. In Industrien wie der Medienbranche, der Landwirtschaft und dem Finanzsektor waren ausländische Investitionen limitiert oder vollständig verboten. Doch der Schock, den Trumps Politik bei westlichen Bossen auslöste, saß tief, sie ließen sich gerne täuschen.

»Der Osten steigt auf, der Westen steigt ab«, lautete das Mantra, das Parteichef Xi verkündete. Zehn Jahre zuvor hatten er und seine Mächtigen zugesehen, wie New Yorker Banker mit Kartons unter dem Arm aus der Investmentbank Lehman Brothers gelaufen waren. Für Peking war die internationale Finanzkrise aus mehreren Gründen Schock und Zäsur. Chinas Wirtschaftswunder war zu einem großen Teil durch die globale Konjunktur befeuert worden, nun taumelte sie in Richtung Abgrund. Die Partei hatte alles auf das westliche Wirtschaftsmodell gesetzt, das auf einmal wankte. Ein Kurswechsel musste her.

Anstatt sich weiter in Richtung einer freien Marktwirtschaft zu entwickeln, forcierte die Führungsriege einen anderen Weg: Die alten Instrumente des sozialistischen Staatskapitalismus wurden ausgepackt, auf Kosten von Kleinunternehmen, die bankrottgingen, sprangen Staatsunternehmen ein. China sollte sich wieder auf sich selbst verlassen, eigene Nachfrage und damit Wachstum schaffen.

Die KP warf die Gelddruckmaschinen an und setzte ein Investitionsprogramm auf, wie es das in der Weltwirtschaft noch nicht gegeben hatte: Umgerechnet 460 Milliarden Euro sollten ein beruhigendes Signal an Investoren und das Volk senden. Was mit dem Geld konkret passieren sollte, war hingegen überhaupt nicht klar. Lokalregierungen sollten innerhalb von zwei Wochen Ideen einreichen. Es gab keine Prüfung, wie sinnvoll die jeweiligen Pläne waren, was sie für die Umwelt bedeuten würden. Am Ende hatte Peking eine Liste mit einem Volumen, das mehr als sechs Mal so groß war wie das Konjunkturprogramm.

Es war ein Freifahrtschein für Lokalregierungen zum Schuldenmachen und Investieren, in Infrastruktur, Immobilien und Industrien, die schnell Wachstum generieren würden, so etwa U-Bahnen, Straßen, Flughäfen und Kraftwerke. In seinem Bauwahn verbrauchte China zwischen 2011 und 2013 mehr Beton als die USA im gesamten 20. Jahrhundert: 4,5 Milliarden Tonnen. Bereits 2014 klagten staatliche Experten über »ineffiziente Investments« in Geisterstädte, Stahlwerke und verlassene Straßen, die sich zwischen 2009 und 2013 auf 6,9 Billionen Dollar beliefen. Das ganze Ausmaß würde erst Jahre später deutlich werden.

Zunächst brachte die Politik Stabilität und wurde auch in Deutschland zum Rettungsanker für Exportfirmen. Die Begeisterung war grenzenlos. »Warum China Kapitalismus besser kann als die USA« erklärte das *Time-Magazine*. Die große Ironie der globalen Rezession sei, dass der Einparteienstaat unter Führung der KP einen besseren Job im Umgang mit der Krise mache als die demokratisch gewählte US-Regierung, schrieb Autor Tony Karon. Während sich die westlichen Demokratien »keuchend« voranschleppten, brumme Chinas Wirtschaft. Und das, nachdem sie gerade erst eine halbe Milliarde Menschen aus der Armut katapultiert hätte.

In diesem Jahr reiste Parteichef Xi Jinping durch die Welt, als würde sie ihm gehören. Beim G-20-Gipfel in Hamburg wirkte er nicht mehr wie einer von 20 mächtigen Staatsführern, sondern wie der G-1-Mann der Zukunft. »Mission Welteroberung« titelten meine *Wirtschaftswochen*-Kollegen in einem gemeinsamen Stück über den Staatschef. Überall tauchte Xi wie ein Heilsbringer auf, der das Rezept für ewiges Wachstum besaß. Er führte nicht nur Gespräche, sondern machte vor allem Versprechungen. Zwischen 2013 und 2020 bereiste er fast 70 Länder, mehr als jeder chinesische Staatsführer.

Auf dem Weg nach Hamburg hatte Xi sogar noch halt in

Moskau gemacht, um den Amerikanern die Leviten zu lesen: Um den Konflikt mit Nordkorea zu entschärfen, müsse Pjöngjang seine Raketentests unterbinden – und Washington seine Militärmanöver mit Südkorea einstellen. Ausgerechnet die konservative Tageszeitung *Die Welt* räumte ihm vor seinem Staatsbesuch Platz für einen Gastbeitrag ein. Überschrift: »Für eine bessere Welt«. Darin betonte Xi, dass Deutschland und China bereits 70 Dialog- und Kooperations-Formate betrieben, von Luft- und Raumfahrt bis zum Internet. Aus der Einbahnstraße bei der Investitions-Zusammenarbeit sei eine Schnellstraße geworden, auf der Verkehr in beiden Richtungen fließe.

Allerdings bekam man den Eindruck, dass Xi seine Reisen eher nutzte, um die Europäer in ihrer Überforderung zu überrennen. Anstatt eine Euro-Krise oder Flüchtlingsströme zu bewältigen, konnte er sich auf den Ausbau seines globalen Einflusses konzentrieren. Während sich die Amerikaner unter Trump aus der Weltpolitik zurückzogen, baute China seinen Einfluss in internationalen Organisationen wie den Vereinten Nationen systematisch aus, stockte dort das Budget auf und platzierte eigene Leute auf strategisch wichtigen Posten.

Regelmäßig traf Xi sich auch mit seiner 16-plus-1-Gruppe, einer Allianz mit osteuropäischen Staaten, die in aller Offenheit versuchte, die Europäische Union zu untergraben. Die Bemühungen trugen politische Früchte: Griechenland, wo Chinas Einflussversuche besonders erfolgreich waren, weigerte sich im Juni 2017, eine EU-Stellungnahme zu Menschenrechtsverletzungen in China im UN-Menschenrechtsrat zu unterstützen. Der 2015 gegründeten Asiatischen Infrastruktur-Investitionsbank, die unter anderem von China und Indien finanziert wird, gehörten inzwischen mehr als 50 Staaten an, darunter auch EU-Mitglieder wie Deutschland.

Während der Westen vor jedem Tweet des US-Präsidenten Trump zitterte, baute Peking seinen Einfluss offen aus, investierte in Häfen, Kraftwerke und Erdölpipelines quer durch Asien, Afrika bis nach Südamerika.

Nach Angaben des Berliner MERICS-Instituts hatten chinesische Firmen allein 2016 rund 35 Milliarden Euro in der EU investiert, 77 Prozent mehr als im Vorjahr. Größtes Zielland war Deutschland mit elf Milliarden Euro, bei dem gerade das Kaufangebot für Roboterhersteller Kuka die deutsche Öffentlichkeit schockierte. Nachdem sich Chinas Unternehmen jahrelang still und heimlich in deutsche Firmen eingekauft hatten, ging plötzlich die Angst um. Drohte ein Ausverkauf der deutschen Hightechindustrie und damit ein Ende Deutschlands als Wirtschaftsstandort?

Erst im Mai 2017 hatte Xi hochrangige Vertreter aus mehr als 100 Staaten eingeladen, um die Eröffnung der »Seidenstraßen-Konferenz« zu feiern. Eine pompöse Inszenierung für ein Investitionsprogramm, das laut Xi nicht weniger sein sollte als eine »Straße des Friedens und des Aufschwungs«. Waren dafür eine Milliarde Dollar veranschlagt oder doch eine Billion? »Eine Billion? Ist das kein Übersetzungsfehler?«, fragten mich Redaktionskollegen aus Düsseldorf. Doch Xi ging tatsächlich in die Vollen.

In Peking traf man im Angesicht solcher Dimensionen eher hilflose Europäer. Bundeswirtschaftsministerin Brigitte Zypries wirkte noch kleiner als üblich in der riesigen Konferenzhalle, in der sie versuchte, ein Verständnis vom Umfang der chinesischen Pläne zu gewinnen. Am Ende unterschrieben die Europäer die Abschlusserklärung der Seidenstraßen-Konferenz nicht. Doch für China spielte die europäische Zögerlichkeit keine große Rolle. Am Tag nach der Konferenz titelten seine Staatsmedien: »Die Welt zu Gast in China«. Die Botschaft lautete: Eine neue Ära ist angebrochen. Die Erfüllung des Chinesischen Traums, wieder eine wirkliche Weltmacht zu werden, schien in erreichbare Nähe gerückt.

Der Übermut Pekings war grenzenlos. So erklärte die staatliche Nachrichtenagentur Xinhua vollmundig, die »aufgeklärte chinesische Demokratie« würde den Westen in den Schatten stellen. Während die westlichen Demokratien, altersschwach und überschwemmt von Krisen und Chaos, vor dem Kollaps stünden, sei es der chinesischen »Demokratie« nie besser gegangen als jetzt.

In immer mehr Teilen der Welt verfing die Behauptung, dass China mit seiner oft und gern beschworenen hundertjährigen Weitsicht zu einem alles überragenden Vorbild aufgestiegen sei, in dem sich die Vorteile der Planwirtschaft mit seiner 5000-jährigen Weisheit und einem starken privaten Sektor vermischt hätten. Damit konfrontierte China westliche Demokratien mit der Frage, ob Rechtsstaatlichkeit und Eigentumsrechte noch nötig wären, um langfristiges Wachstum zu erreichen. Das zumindest war die Botschaft, die Peking der Welt übermitteln wollte. Und diese Botschaft war lange und gründlich vorbereitet worden.

2. Kapitel

Eine andere Welt

Ein neuer Anfang

Fast 20 Jahre ist es her, aber ich erinnere mich noch, wie mit dem Landeanflug Panik einsetzte. In wenigen Minuten würde ich in Peking landen und dort zehn Monate lang leben. Zehn Monate in einer chinesischen Familie, die ich nie zuvor getroffen hatte. Ich war 16 Jahre alt.

Ein halbes Jahr davor hatte ich meinen Eltern erklärt, dass ich in dieses Land ziehen würde, über das man in meiner Heimat Schleswig-Holstein nicht viel wusste, außer dass Chinesen angeblich sehr klein und arm waren. *Made in China* stand für minderwertige Produkte. Klassenkameraden frotzelten: »Komm bloß nicht mit Schlitzaugen wieder.«

Ich hatte mir vorher nur wenig Gedanken gemacht. Wie wenig, wurde mir klar, als unser Shuttle auf die Schnellstraße in Richtung Peking abbog. Ein großes Straßenschild kam auf uns zu – ich konnte es nicht lesen. Viele der Austauschschüler, die mit mir nach China geflogen waren, hatten vorher Chinesischunterricht genommen. Für die meisten hatten Eltern das Land ausgesucht, »weil China die Zukunft ist«. Ihre Kinder sollten Kontakte knüpfen, die ihnen später vielleicht nützlich sein könnten. In meiner Heimatstadt Rendsburg gab es keine Chinesischlehrer, wir hätten uns auch keinen leisten können.

Für mein Austauschjahr waren mir nur zwei Dinge wichtig: Erstens sollte es ganz weit weg sein. Schon deshalb hatte ich gerne Freunde in Kiel besucht, weil mir die Hafenstadt an der

Ostsee so international vorkam. Zumindest im Vergleich zu Rendsburg mit seinen rund 30 000 Einwohnern. Hier war Fernweh angesagt, denn mitten durch unser Städtchen verlief der Nord-Ostsee-Kanal, auf dem Tag und Nacht Schiffe aus aller Welt vorbeizogen, und auf der Hochbrücke über unseren Köpfen ratterten im Stundentakt Züge von Hamburg nach Westerland und Dänemark.

Zweitens wollte ich unbedingt ein Land besuchen, in das sonst niemand ging. Neuseeland oder Australien waren zwar weit weg, kamen mir aber langweilig vor. Nach meiner Bewerbung erhielt ich im Frühjahr 2007 einen Anruf von der Austauschorganisation AFS: Ob ich die sei, die keine Länderauswahl angegeben hätte? »Kaum jemand will nach China, deshalb sind dort noch viele Plätze frei«, sagte die Frau am Telefon. Wäre ich also bereit, dort hinzugehen? Ich sagte zu. 8000 Euro kostete die Jahresgebühr, viel Geld für meine Familie. Meine Mutter löste ein Sparkonto auf, seit ihrer Ausbildung hatte sie jeden Monat ein paar Mark darauf eingezahlt. Für einen Traum, den sie sich irgendwann mal verwirklichen wollte. Jetzt erfüllte sie meinen.

Rückkehr auf die Weltbühne

Ohne es zu ahnen, reiste ich im August 2007 in ein Land, das selbst große Pläne hatte. Am Flughafen begrüßte uns eine Uhr, die den Countdown bis zum Beginn der Olympischen Spiele im August 2008 in Peking anzeigte. Nebenan wurde das neue, internationale Terminal fertiggestellt, ein Entwurf des britischen Stararchitekten Norman Foster. 50 000 Arbeiter bauten an dem Koloss, dem größten Flughafen-Komplex der Welt, 10 000 Menschen hatten für ihn ihre Häuser aufgeben müssen.

Die Entscheidung des Olympischen Komitees 2001, die Sommerspiele 2008 an China zu vergeben, hatte das Land in einen Jubeltaumel versetzt. Die Olympiade war mehr als nur sportlicher Wettkampf. Im Januar 2008 stellte Pekings Bürgermeister Wang Qichen klar: »Wir müssen gute Olympische Spiele bieten. Ansonsten werden nicht nur unsere Generation, sondern auch unsere Vorfahren ihr Gesicht verlieren!« Sein Ziel: nicht weniger, als »die besten Spiele der Geschichte« auszurichten.

In einem Meer aus roten Flaggen hatten Zehntausende 2001 die Entscheidung des Internationalen Olympischen Komitees für Peking als Austragungsort gefeiert. Bei meiner Ankunft stand dort in übergroßen Schriftzeichen der Slogan des Großereignisses: »Eine Welt, ein Traum«. Er wurde auch zum Motto meines Austauschjahres. Die Chinesen behandelten mich wie die Vorhut eines Spektakels, das sie seit Jahrzehnten erwartet hatten: Überall, wo ich in den nächsten Monaten hinkam, waren die Vorbereitungen in vollem Gange. Peking rekrutierte fast eine halbe Million freiwillige, zum Teil mit roten Armbinden gekennzeichnete Helfer, meist Parteimitglieder, die auf den Straßen patrouillierten. Jederzeit bereit, einem umherirrenden Ausländer den Weg zu zeigen oder, wichtiger noch, potenzielle Störenfriede zu melden, die es wagen würden, die Inszenierung zu durchkreuzen.

Auch in meiner chinesischen Schule standen die Olympischen Spiele in fast allen Fächern auf dem Stundenplan, geübt wurde die korrekte Begrüßung auf Englisch, dazu sollte jeder lernen, den ausländischen Gästen die wichtigsten Pekinger Attraktionen wie die Verbotene Stadt oder den Sommerpalast erklären zu können. Und nicht nur Schüler paukten. Von den ruppigen Pekinger Taxifahrern bis hin zu den Bewohnern der Hutongs, den Gassen in Pekings Altstadt, ließ sich fast jeder für den Umgang mit anderen Kulturen schulen. Der Andrang auf solche Kurse war groß, die Neugier auf die ausländischen Besucher riesig.

Die Spiele bedeuteten für Peking die Rückkehr auf die Weltbühne. Nach 30 Jahren Modernisierung war das Land zu einer führenden Kraft der Weltwirtschaft geworden. Die Chinesen sehnten sich nach Anerkennung, wollten zeigen, wie weit ihr Land gekommen war.

Für die Kommunistische Partei war die Veranstaltung eine einmalige Chance, China ein neues Image zu verpassen: als freundliche und weltoffene Nation. Glanzvolle Spiele würde ihre Legitimität stärken. Dafür scheuten sich die Kader nicht, Zeichen zu setzen, die man bis dahin kaum für möglich gehalten hätte: Während bislang auf jedem Geldschein Staatsgründer Mao Zedong prangte, druckte die Zentralbank einen Monat vor Beginn der Spiele einen Zehn-Yuan-Schein mit dem Bild des neuen Nationalstadions. Die Arena war nicht einmal von Chinesen entworfen worden, sondern von den Schweizer Architekten Herzog & de Meuron.

Auch bei der Eröffnungsfeier einige Wochen später fehlte Mao. Überhaupt erinnerte nichts daran, dass ein kommunistischer Staat zur Feier lud, mit einer Partei, die ihre Macht im Hintergrund mit 100 000 Polizisten und Sicherheitskräften in der Stadt sicherte und Dissidenten unter Hausarrest stellte. Anstelle des Staatsgründers Mao, dessen sogenannte Kulturrevolution allein zwischen 500 000 und zwei Millionen Menschen das Leben gekostet hatte, zelebrierten die Macher lieber den Denker Konfuzius.

China war in dieser Inszenierung kein Einparteienstaat, der 20 Jahre zuvor mit mörderischer Gewalt einen Volksaufstand niedergeschlagen hatte, um die Macht über das Land zu behalten. Nein, hier feierte sich eine uralte, friedliebende Zivilisation reich an Geschichte und Kultur, die vor den Augen der Welt den großen Sprung in die Moderne wagte. Nebenbei sollte das Land natürlich auch bei den Medaillen ganz oben stehen. China musste sich beweisen: 17 000 Kaderathleten wurden dafür in Rekordtempo ausgebildet, 70 Millionen Euro dürfte Peking pro gewonnene Goldmedaille investiert haben.

In vieler Hinsicht waren die Spiele der Beginn des Chinesischen Traums. Endlich sollte das Land zu seiner alten Stärke zurückkehren, die es im 19. Jahrhundert verloren hatte. Präsident Hu Jintao erklärte zur Eröffnung: »Der historische Moment, auf den wir lange gewartet haben, ist da.« Sogar US-Präsident George W. Bush war angereist. Die Stimmung war hoffnungsvoll. China erwartete eine bessere Zukunft, nicht irgendwann, sondern genau jetzt.

Zweifellos gab es in China Kritiker. Immer wieder wurde appelliert, die Spiele zu boykottieren. Menschenrechtler befürchteten durch die Spiele eine weitere Legitimation der Partei, die ihre Bevölkerung unterdrückte. Wichtigstes Zeugnis dieser kritischen Stimmen war die von über 300 bekannten Anwälten, Wissenschaftlern und Bürgerrechtlern unterzeichnete Charta 08, in der sie eine Beendigung der autoritären Parteiherrschaft und Demokratie forderten.

Der Schriftsteller, Systemkritiker und Mitautor des Manifests, Liu Xiaobo, der zwei Jahrzehnten für Demokratie und Menschenrechte in China kämpfte, wurde im Dezember 2008 verhaftet und ein Jahr später zu elf Jahren Haft verurteilt, wo er 2017 starb. Seine Auszeichnung mit dem Friedensnobelpreis 2010 konnte er nie annehmen.

Doch gab es auch viele Unterstützer, die auf eine liberale Entwicklung hofften: Sie sahen in den Spielen die Chance, dass Peking sich demokratisieren könne. Nicht zuletzt durch die Öffnung zur Welt, die in den Chinesen einen neuen Drang zur Freiheit wecken könnte. Ihr Optimismus hatte etwas Ansteckendes. Hoffnung gab die neu erstarkte Zivilgesellschaft, Menschenrechtsaktivisten, die auf die Stärkung der Rechtsstaatlichkeit drängten, und auch die vielen hitzigen Debatten über den Kurs Chinas, die von Chinesen im Internet geführt wurden.

Neues Peking, großartiges Olympia

Unter dem Motto »Neues Peking, großartiges Olympia« sollte die staubige Hauptstadt in kürzester Zeit zur Weltmetropole werden. Zu jener Zeit wucherte die Stadt in alle Richtungen aus, Gassen wurden zu Autobahnen, Häuser zu Wolkenkratzern. Die ganze Stadt war eine Baustelle, überall las man das Zeichen *chai*, das für den Abriss vorgesehene Häuser markierte. Über den Dächern drehten sich Tag und Nacht die Kräne. Offiziell lebten 17 Millionen Menschen in der Stadt, möglicherweise viel mehr – die Zahl der Wanderarbeiter, die sich ohne Anmeldung in Peking aufhielten, war schwer zu schätzen.

Die Familie, die mich aufnahm, gehörte zur neu entstandenen chinesischen Mittelschicht. Mein Gastvater arbeitete in einem Staatsunternehmen und gehörte zu den mehr als 90 Millionen Mitgliedern der Kommunistischen Partei. Ein kleiner, herzlicher Mann mit roten Wangen, der gerne mit seiner Frau im Arm durch unser Viertel schlenderte. Meine Gastmutter war gertenschlank und lachte viel, aber wenn sie sauer war, reichte ein missbilligendes Zischen, um meiner Gastschwester, die wie ich 16 Jahre alt war, und mir gehörig Angst einzujagen.

Bei meiner Ankunft führte mich mein Gastvater stolz durch ihre Wohnung. Sie lag im Chaoyang-Distrikt, einem aufsteigenden internationalen Viertel im Nordosten der Stadt, in dem viele ausländische Unternehmen angesiedelt waren. Der Rundgang begann in der Küche, dann ging es weiter durch drei kleine Schlafzimmer, Bad mit Dusche und Klo und ein Wohnzimmer, in dem wir auf Plastikhockern mittags und abends aßen.

Eine Toilette mit Wasserspülung, fließendem Wasser und Heizung im Winter: Tatsächlich lebten in Chinas Hauptstadt längst nicht alle mit einem solchen Luxus. Die »gated communities«, wie die umzäunten Häuserblocks in Peking genannt werden, waren der schnell wachsenden Mittelschicht vorbehalten. Millionen lebten hingegen noch wie die Schwester meiner Gastmutter in einem der ärmeren Viertel am Rand der Stadt, das aus Backsteinhäusern und Wellblechhütten bestand. Dort sammelten sich Müll auf Straßen und in Schlaglöchern, und Menschen verrichteten ihr Geschäft in öffentlichen Plumpsklos, nie ließen meine Gasteltern mich dort allein hingehen. Selbst in ihrer Begleitung durfte ich dort nichts essen, nichts anfassen. Im Winter zu Besuch bei der Tante trug ich alle meine Klamotten übereinander, um die eisige Temperatur in der Wohnung auszuhalten.

Davon bekamen die vielen Tausend Ausländer nichts mit, die in dieser Zeit durch Peking strömten. Sie durften dafür imposante Bauten wie das Nationaltheater bestaunen, das kurz nach meiner Ankunft eröffnet und von den Pekingern das »Ei« genannt wurde. International bekannte Architekten wie Albert Speer, Sohn von Adolf Hitlers Lieblingsarchitekten und Rüstungsminister, entwarfen überall in der Stadt monumentale Prachtbauten, die Pekings Gesicht grundlegend veränderten.

Während die Behörden ganze Stadtviertel abrissen und Tausende Familien vertrieben, die dort seit Generationen gelebt hatten, stritten sich Intellektuelle über diese »importierte Architektur«.

Frage war, ob es richtig war, Chinas wichtigste Bauten durch Ausländer entwerfen zu lassen. Darunter eben auch das Nationaltheater, das nur wenige Meter vom Platz des Himmlischen Friedens entfernt lag, dem Zentrum des historischen Pekings. Doch nach Meinung der Offiziellen brauchte es die aufsehenerregende Architektur, um aus Peking eine vorzeigbare Hauptstadt zu machen. Je größer die Nervosität wurde, desto spektakulärer die Projekte und ihre Umsetzung.

Wer die gewaltigen Bauwerke entworfen hatte, interessierte meinen Gastvater wenig: Jedes Mal, wenn wir mit dem Auto an einem der Prachtbauten vorbeifuhren, platzte er fast vor Stolz. Er sorgte dafür, dass ich alles zu sehen bekam, was die neue Pekinger Skyline zu bieten hatte. Eines Tages organisierte er sogar Karten für eine Tour durch das neue Nationalstadion, das wegen seiner spektakulären Stahlträgerkonstruktion »Vogelnest« genannt wurde. Mit größter Sorgfalt packte er am Vortag seine Nikon-Kamera ein, die bei jedem unserer Ausflüge dabei war. Immerzu schoss er Fotos. Schau mal hier, Lea. Schau mal dort, rief er dabei vergnügt wie ein Tourist im eigenen Land.

Erinnerungen an Armut und Hunger

Manchmal kam es mir vor, als würden ihm die Fotos helfen zu begreifen, wie schnell sich seine Heimatstadt veränderte. Als Mao Zedong 1976 starb, war mein Gastvater elf Jahre alt. Er wusste also noch, dass Chinas oberster Führer nach zehn Jahren sogenannter Kulturrevolution und unerbittlichem Machtkampf ein zerstörtes, ruiniertes Land hinterlassen hatte. Nun konnte mein Gastvater mir – einer Ausländerin – ein neues China zeigen. Ein starkes China.

Wenn wir abends zusammen aßen, erzählte er manchmal, wie seine Familie in seiner Kindheit kaum genug Essen zum Überleben hatte. Meist gab es nur ein paar Brocken Brot, gebacken aus Mais. »Jetzt schau her, was wir alles haben«, rief er dann: Schüsseln voller fetter Fleischstücke, gefüllte Pfannkuchen und süßes Gebäck. In Restaurants bestellte er jedes Mal eine große Schüssel Reis, die dann fast unangetastet auf dem

Tisch zurückblieb. Ein Symbol des neuen Wohlstands. Wobei es dazugehörte, dass meine chinesische Mama die Reste einpackte. Wie die meisten Chinesen war sie äußerst sparsam.

Gleichzeitig wurde schon damals deutlich, wie sehr Arm und Reich in China auseinanderdrifteten. Alle paar Wochen nahm mich eine chinesische Klassenkameradin, die für ein Austauschjahr in Deutschland gewesen war, mit zu ihrer Familie aufs Land. Ihr Vater war mit einem Unternehmen reich geworden, Details erzählte sie mir nie. Am Stadtrand bewohnten sie eine Villa, abends gingen sie in ein Restaurant, das als Dekoration mit Ferraris zugestellt war. Am Buffet gab es Austern, Kaviar und Eiscreme von Häagen-Dazs, so viel wir wollten.

Auf dem Weg dorthin fuhren wir an Baustellen vorbei, auf denen Wanderarbeiter bis tief in die Nacht schufteten. Im Gegensatz zu Pekinger Bürgern hatten sie kaum Rechte. Grund dafür war das *hukou*-System. Bis heute regelt diese sogenannte Haushaltsregistrierung, wenn auch etwas gelockert, wo eine Person offiziell als ständiger Einwohner gemeldet ist. Das in dieser Form 1958 unter Mao Zedong eingeführte System sollte vor allem die Binnenmigration kontrollieren, um massenhafte Landflucht zu verhindern. Das gelang nie. Stattdessen sorgt das System bis heute dafür, dass Menschen vom Land in den Städten keinen oder nur eingeschränkt Zugang zu Sozialleistungen haben. Ihre Kinder können zum Beispiel nur zur Schule gehen, wenn ein Elternteil mehrere Jahre ins Sozialsystem der Stadt eingezahlt hat, auch wird meist nur ein geringer Teil der familiären Arztkosten übernommen. Es macht das Leben für Chinesen zu einem Glücksspiel, wer auf dem Land geboren wird, kämpft von Geburt an gegen Widerstände, die die reiche Mittelschicht in den Städten nicht kennt. Den Behörden wiederum verleiht die prekäre Situation große Macht über Millionen billige Arbeitskräfte, die sich leichter steuern lassen als registrierte Stadtbewohner.

Viele der 200 bis 300 Millionen Wanderarbeiter sind gezwungen, ihre Kinder bei den Großeltern zu lassen, während sie in anderen Regionen des Landes Geld verdienen, um die Familie zu ernähren. Mehr als eines von fünf Kindern, insgesamt rund 67 Millionen, wuchs 2020 nicht bei seinen Eltern auf, auf Chinesisch nennt man sie *liushou ertong*, die Zurückgelassenen. Häufig sind ihre Großeltern kaum in der Lage, sich um sie zu kümmern. Viele ältere Bauern sind Analphabeten, ohne staatliche Rente müssen die meisten auch im hohen Alter noch arbeiten. Ihre Enkelkinder sind gezwungen, sich größtenteils selbst zu versorgen. Ihre Eltern sehen sie meist nur einmal im Jahr während des chinesischen Neujahrsfests.

Auch wenn inzwischen Computer oder Handys den Kontakt erleichtert haben, belegen Studien, dass zurückgelassene Kinder häufiger übergewichtig sind, überproportional oft Depressionen und Angststörungen entwickeln und sogar langsamer wachsen als Kinder, die bei ihren Eltern leben. Viele werden Opfer sexueller oder körperlicher Gewalt, tragische Unfälle oder Gewalttaten lösen immer wieder Debatten über die harsche Realität der Wanderarbeiter-Kinder aus, zuletzt im März 2024, als drei Kinder im Alter zwischen 12 und 14 Jahren in der Provinz Hebei einen 13-jährigen Klassenkameraden ermordeten.

Das Leben der Wanderarbeiter war für meine Gasteltern weit weg. Zumal auf den Olympia-Baustellen die Löhne besonders gut waren, um Vorwürfen der internationalen Presse vorzubeugen, man beute die Arbeiter aus. Abseits der Prestigeprojekte kämpften allerdings viele Tagelöhner mit schlechten Arbeitsbedingungen. Sie trugen das Risiko für Unfälle selbst, und nicht selten weigerten sich Auftraggeber, den vereinbarten Lohn zu zahlen. Immer wieder kam es zu spontanen Protesten, bei denen Wanderarbeiter ihren gerechten, »mit Schweiß und Blut« verdienten Lohn einfordern mussten.

Nicht überall waren sie willkommen. Viele Pekinger schauten auf die Arbeiter herab, die durch ihre sonnengebräunte Haut ebenso auffielen wie durch ihre Dialekte, die sich meist sehr von der Pekinger Mundart unterschieden. Auch mein Gastvater warnte mich davor, mit Leuten »von auswärts« zu sprechen. Er war stets besorgt, dass ich an jemand Falsches geraten könnte. Für ihn waren die Männer und Frauen mit der dunklen Haut gefährliche Fremde, abfällig als »Bauern« bezeichnet. Die ausgemergelten Männer mit ihren müden Gesichtern und dreckigen Klamotten passten nicht in das Bild von China, das Peking der Welt präsentieren wollte. Kurz vor den Spielen jagten die Behörden die meisten Arbeiter, Bettler und Straßenverkäufer aus der Stadt. Nichts sollte den Anschein »zivilisierter« Spiele stören, zu denen Schlangestehen ohne Drängelei ebenso gehörte wie ein Spuckverbot. Träumen durften vorerst nur wenige.

Bewunderung fürs Ausland

Zu Beginn meines Aufenthalts in China merkte ich schnell, wie wichtig der wohlwollende Blick von außen für die Chinesen war. An meinem ersten Tag in der neuen Wohnung, in der ich fast ein Jahr leben würde, erwartete mein Gastvater offensichtlich eine Reaktion von mir. Anscheinend sollte ich nach der Besichtigung meine Zustimmung signalisieren. Ich bemühte mich, besonders anerkennend zu nicken.

In den nächsten Monaten lernte ich, dass meine Meinung als Ausländerin viel wert war, weil alle davon ausgingen, dass ich alles konnte. Immer wieder dieselben Fragen und Sprüche: Wie viele Sprachen sprichst du noch mal? Sechs, sieben? Und Geige kannst du spielen? Klavier? Sing doch mal für uns. Lea muss die

Klügste in unserer Klasse sein, alle Deutschen sind klug wie Goethe!

Überall wurde ich zudem mit Fragen bestürmt: Was kostet dies oder jenes in Deutschland? Ist die Qualität der Produkte in China genauso gut? Wie groß ist eure Wohnung? Wie viel verdienen deine Eltern? Wie viele Autos habt ihr? Die wichtigste Frage für die meisten Chinesen aber war, ob meine Eltern einen Mercedes-Benz oder einen BMW führen. Sie konnten es nicht glauben, wenn ich erklärte, dass sie einen gebrauchten Citroën Berlingo besaßen, einen klobigen Kastenwagen ohne automatische Fensterheber. Für sie war das Auto ein Gebrauchsgegenstand und kein Prestigeobjekt, um ihre Nachbarn zu beeindrucken.

Weil mein Chinesisch noch nicht reichte, um schwäbische Sparsamkeit zu erklären (mein Vater stammt aus Tübingen), sagte ich zunächst nur, dass meine Eltern nicht viel Geld besäßen: »Ein Mercedes-Benz oder ein BMW wäre zu teuer«, was stimmte.

Doch bald merkte ich, dass mir die Freunde meiner Gasteltern nicht glaubten. Sie hielten es für falsche Bescheidenheit und vermuteten sogar, dass ich mich über sie lustig machte. Fast alle empfanden es als unangenehm, wenn ich es bei Fragerei nach Preisen und Marken mit einem Kompliment versuchte: Chinesische Produkte seien doch inzwischen weltweit begehrt. »Nein!«, riefen sie dann empört. »Wir sind nicht so weit – noch nicht!«

Ihr Glaube an die absolute Autorität einer 16-jährigen Deutschen in allen Dingen des Lebens reichte so weit, dass meine neuen chinesischen Verwandten anfingen, die gleichen Sachen zu kaufen, die ich aus Deutschland mitgebracht hatte. Dazu gehörten als Erstes meine Nike-Laufschuhe. Erst kaufte mein Gastvater sich ein Paar, dann meine Gastmutter und Gastschwester. Schließlich besaß auch die weitere Verwandtschaft ein Paar Nikes, strahlend weiß geputzt, die sie nur am Wochenende trugen, wenn wir zum Essen in ein Restaurant fuhren.

Für immer Ausländer

Die Rolle des Ausländers legte ich nie ab. Auch fast 20 Jahre nach meiner ersten Reise nach China fragen mich chinesische Gastgeber bei Besuchen, ob ich Essstäbchen benutzen könne und mich an das chinesische Essen gewöhnt habe. Sie könnten mir sonst auch eine Kartoffel kochen.

Es ist erstaunlich: Auch 40 Jahre nach Beginn der Öffnungspolitik zeigen Erwachsene wie Kinder mit dem Finger auf Leute, die sie für nichtchinesisch halten, und rufen das chinesische Wort *laowai*, was wörtlich so etwas wie »alter Außenseiter« bedeutet. Seit die Zahl der Ausländer in China wieder sinkt, scheint mir dieses Phänomen sogar wieder zuzunehmen. Selbst in der Hauptstadt wird man auf der Straße, in der U-Bahn und beim Einkaufen beobachtet wie eine seltene Spezies. Erst vor Kurzem bei einem Zoobesuch mit meinem zweijährigen Sohn drängten sich viele Menschen um ihn, um ein Foto vom »Ausländer-Kind« zu machen, sodass selbst die Affen neugierig wurden, was sich da vor ihrem Gehege abspielte.

In gewisser Weise ist es nachvollziehbar, dass Chinesen erstaunt auf Ausländer reagieren: Der Unterschied ist nun mal sichtbar. Wenn Chinesen unseren Sohn auf der Straße ansprechen, geht es fast immer um seine blauen Augen und seine – ach so schöne – weiße Haut. Während dieser positive Rassismus von uns belächelt wird, haben es dunkelhäutige Menschen in China ungleich schwieriger. Nicht nur, dass sich mein damaliger Gastvater von den braun gebrannten Arbeitern vom Land abgrenzte, vor allem dunkelhäutige Ausländer werden bis heute auf eine Weise stigmatisiert, die nicht so recht in das Bild eines aufgeschlossenen Chinas passt.

Im Internet werden Videos, die sich gegen Menschen mit dunkler Hautfarbe richten, erstaunlich oft geteilt. Vor allem Afrikaner werden darin als verarmte, ungebildete und unselbstständige Menschen dargestellt. Die Organisation Human Rights Watch berichtete 2023, dass chinesische Frauen, die ein Verhältnis mit schwarzen Männern eingingen, mit der Begründung verunglimpft wurden, sie würden die »chinesische Rasse kontaminieren«. Während regimekritische Kommentare innerhalb von Sekunden aus dem Netz gelöscht werden, bleiben solche verletzenden und beleidigenden Videos häufig unberührt.

Auch indische Freunde erzählen mir, wie schwierig es für sie sei, einen Job in China zu finden, besonders, wenn es sich ums Unterrichten handelt. Obwohl sie meist überqualifiziert sind, sagen ihnen die Schulleiter unverblümt, dass sie nur Weiße als Englischlehrer suchten. In den Kindergärten für die chinesische Oberklasse gibt es dagegen häufig ausländische Mitarbeiterinnen, die Englisch unterrichten, aber die Sprache kaum beherrschen, weil sie gar keine Muttersprachler sind.

Die Vorliebe für weißhäutige Ausländer nutzt in China ein eigenes Gewerbe, das sie anheuert, um bei einer Ladeneröffnung einen Kunden oder Mitarbeiter zu spielen oder bei einer Wohltätigkeitsveranstaltung in der ersten Reihe zu sitzen, wo sie der Organisation »Gesicht verleihen«. Für sie gibt es eine wenig schmeichelhafte Umschreibung, man nennt sie gemeinhin »weiße Affen«.

Rassismus unter Chinesen richtet sich zu einem gewissen Teil auch gegen die eigene Person: Gerade Frauen klagen häufig über ihre Hautfarbe, weil sie ihnen zu dunkel vorkommt, sie geben viel Geld für »Weißungscremes« aus und tragen im Sommer »Facekinis«, Masken, die bis auf kleine Löcher für Augen,

Nase und Mund das Gesicht bedecken. Bei einer Recherche zum Thema Samenspenden erzählte mir eine Chinesin, dass es ihr wichtiger als eine gute Schulausbildung gewesen sei, dass der Spender »weiße Haut und große Augen« hätte – also keine typisch mandelförmigen Augen. Sie hätte sogar überlegt, einen ausländischen Spender zu nehmen. Dann hätte sie ein Kind mit *hunxue* gehabt, was so viel wie »gemischtes Blut« auf Chinesisch heißt. Sie entschied sich dennoch für einen einheimischen Spender, weil der Samen des Ausländers teurer war und sie fürchtete, dass ihre Familie das Kind nie ganz als chinesisch annehmen würde.

Wo die eigene Heimat ist, *laojia* genannt, entscheiden in der chinesischen Vorstellung die Vorfahren. In dieser Logik gehört ein chinesisches Kind, das von amerikanischen Eltern adoptiert wird, weiterhin »dazu«. Würde ein deutsches Kind von Chinesen adoptiert, bliebe es hingegen ein Ausländer. Chinesen, die im Ausland leben, nennt man in China auch *huaqiao,* zu Deutsch Auslandschinesen – selbst wenn sie die deutsche, amerikanische oder britische Staatsbürgerschaft annehmen. Die Partei sieht sie als Ressource. Chinesen im Ausland sollen Wissen und Technologie zurück nach China bringen, Werbung machen und, wenn nötig, Druck ausüben auf jene, die Chinas Machtanspruch kritisch sehen.

Wie weit die Vorstellung von andersartigen »Rassen« in China führt, zeigte mir ein eher kurioser Moment: Eine chinesische Freundin war gerade Mutter geworden und fürchtete sich vor der schlechten Qualität von Kinderprodukten in China. Ich brachte deshalb Babyprodukte aus Deutschland mit, darunter Trinkflaschen. Doch ihr Sohn musste sich immer wieder übergeben. Die Großmutter erklärte sofort, ausländische Kinder seien »anders«, die Flaschen nur für »Ausländer-Kinder« geeignet. Später schaute ich mir die Flasche genauer an und stellte fest, ich hatte die falsche Größe für ein Neugeborenes gekauft.

Es kam zu viel Milch heraus. Um die alte Frau nicht zu brüskieren, ließ ich das Thema dennoch fallen.

Man sollte das ambivalente Verhältnis der Chinesen zu allem Fremden mit Humor nehmen. Gleichzeitig kann diese ständige Abgrenzung auch verletzend sein, bedeutet sie doch: Du wirst niemals dazugehören. Es sind manchmal die kleinen Sachen, wie Hotels, die keine Ausländer aufnehmen, für diese andere Preise anbieten oder vorab am Telefon fragen, »welche Art von Ausländer« man denn sei, bevor man ein Zimmer reservieren kann. Unverhohlen kriegt man gesagt, dass Schwarze und/oder Amerikaner nicht so gerne gesehen seien.

Überhaupt können Ausländer für Jahrzehnte in China leben, arbeiten und mit einem Chinesen oder einer Chinesin verheiratet sein. Aber ein *laowai,* also ein »alter Ausländer«, werden sie immer bleiben. So wird es auch meinem Sohn Jonathan ergehen, der bislang besser Chinesisch spricht als Deutsch: Als mich ein chinesisches Mädchen auf dem Spielplatz fragte, woher er käme, sagte ich Peking. Dort sei er geboren, und bis zu diesem Zeitpunkt hätte er China noch nie verlassen. Das Mädchen lachte. Das könne gar nicht sein, erklärte sie mir. Er sei Ausländer, die könnten nicht aus China kommen. Sofort erzählte ihre Oma die Geschichte den anderen Großeltern auf dem Spielplatz, es folgte großes Gelächter über unseren kleinen Möchtegernchinesen.

3. Kapitel

Die chinesische Familie

»Du bist jetzt Teil der Familie«

Die anhaltende positive Aufmerksamkeit, die ich als weiße Ausländerin erhielt, war etwas, an das ich mich in meinem Austauschjahr erst gewöhnen musste. Für meine »Berühmtheit« hatte ich ja nichts geleistet. Einerseits blieb ich in den zehn Monaten eine Kuriosität, die man ein wenig herumzeigte. Gleichzeitig nahm mich meine chinesische Familie so herzlich auf, wie man es sich nur wünschen konnte. Es war ein Jahr voller außergewöhnlicher Momente und kultureller Missverständnisse. Da war zum Beispiel unser gemeinsames Weihnachtsfest. Meine chinesischen Eltern wussten, wie wichtig der Tag für mich sein musste. Mein Gastvater überraschte mich mit einem Kirchenbesuch. Meine Gastfamilie selbst war nicht religiös. Jahrzehntelang galt Religiosität unter der streng atheistischen Kommunistischen Partei als konterrevolutionär, während der Kulturrevolution wurden Tempel, Klöster und Kirchen zerstört.

Unter Deng Xiaoping wurde die Religionsfreiheit 1979 in die Verfassung aufgenommen, sie galt nun zumindest auf dem Papier für fünf Religionen: Buddhismus, Taoismus, Islam, Katholizismus und Christentum. In den 2000er-Jahren verzeichneten christliche Kirchen einen gewaltigen Zulauf. Sie profitieren vom Ruf als westliche Religion, viele Chinesen verbanden damit Modernität und Fortschritt, dazu kam der Einfluss durch die amerikanische Popkultur. Auch wenn die meisten Chinesen nichts über Weihnachten wussten, waren die Einkaufszentren in unserem Viertel mit Weihnachtsdekoration geschmückt, wie ich es aus amerikanischen Filmen kannte, Shops verkauften Tannenbäume und Engel. Und für einige Jahre akzeptierte Peking die Neugier, bis Xi Jinping die Repression gegen christliche Gemeinden wieder verstärkte.

Unweit unserer Wohnung war gerade die Chaoyang-Kirche gebaut worden, die 2000 Gläubige fasste. An diesem Heiligabend war der Andrang neugieriger Zuschauer groß, die sich diesen Glauben aus dem Westen genauer ansehen wollten. Vor der Tür hatte sich eine Schlange gebildet, die zwei Häuserblocks lang war. Mein Vater schob mich an den Wartenden vorbei. Als Ausländerin befand er, hätte ich Vorrang, und die Wartenden ließen uns bereitwillig vor. In dem mächtigen Gebäude wurden Liturgie und Liedtexte auf gewaltigen Leinwänden übertragen, einige Dutzend schafften es gar nicht bis in den Hauptraum, sondern verfolgten den Gottesdienst über Fernseher vor der Tür.

Nach dem Gottesdienst, von dem wir beide aus unterschiedlichen Gründen nicht viel verstanden, ich vor allem sprachlich, mein Vater inhaltlich, wartete zu Hause ein Abendessen auf uns, bei dem er versuchte zusammenzufassen, was er von diesem wundersamen »yesu« gehört hatte, der für ihn verwirrenderweise gerade erst geboren war. Aber zuerst kam meine Gastschwester: »Mama hat etwas Besonderes für dich gekocht«, erklärte sie. Ich hatte erzählt, dass bei uns in der Familie an Weihnachten aufwendiger gekocht wurde als sonst. Meistens eine Gans oder Ente. Meine Gastmama hielt mir nun eine dampfende Schüssel hin und erklärte: »Heute gibt es Hund.«

Nachdem mir meine Gastschwester zweimal übersetzen musste, was da auf dem Tisch vor mir stand, sagte ich zögernd, dass wir in Deutschland keine Hunde essen würden. Ich wüsste deshalb nicht, ob es mir schmeckt. Aber meine Gastschwester schob nach, ich solle mir keine Sorgen um das Tier machen, das sei nur ein kleiner, dreckiger Hund gewesen. Und gab mir noch einen Tipp mit: »Iss nicht zu viel, sonst bekommst du Nasenbluten.« Am Ende schmeckte das Tier gar nicht so schlecht, auch wenn ich auf einen Nachschlag verzichtete. Es war das einzige Mal, dass in meiner chinesischen Familie Hundefleisch auf den Tisch kam. Entgegen dem Klischee ist das Essen von Hunden nur in wenigen Regionen üblich, die meisten Chinesen knuddeln die Tiere lieber, als sie zu braten.

Meine Gastschwester hatte eine erfrischende Direktheit, die ich bewunderte. Sie gehörte zur ersten Generation der chinesischen Kinder, die ohne Geschwister aufwuchs. 16 Jahre lang hatten sich Eltern und vier Großeltern allein auf sie konzentriert. Nun stand ich ständig im Mittelpunkt.

Sie war ein halbes Jahr älter als ich, ich nannte sie *Jiejie,* große Schwester. Meine Gasteltern waren *Mama* und *Baba,* das war ihr ausdrücklicher Wunsch. »Du bist jetzt Teil der Familie«, sagten sie. Gleichzeitig legte mein Gastvater großen Wert auf Tradition, was bedeutete, dass ich ihn und meine Gastmutter siezte. Sobald sie abends nach Hause kamen, mussten Jiejie und ich unterbrechen, womit wir gerade beschäftigt waren, und sie förmlich begrüßen. Mama und Baba, ihr seid zurück, riefen wir also im Chor.

Neben meinen Gasteltern und meiner Gastschwester gab es natürlich noch viel mehr Familie: meine Tanten und Onkel, meine Cousinen und Großeltern. Bei jedem Besuch bei Tanten und Onkeln musste ich die richtige Ansprache wählen, die genau definierte, ob es sich um die Familie meiner Mutter oder meines Vaters handelte, um den großen oder den kleinen Bruder, ein furchtbar verwirrendes Geschäft.

Durch die Ein-Kind-Politik war die Sache natürlich einfacher geworden. Mit Slogans wie »Zieht weniger Kinder auf und dafür mehr Schweine« hatte Peking von 1979 bis 2015 landesweit meist nur ein Kind pro Familie erlaubt und Millionen Frauen zu Zwangsabtreibungen und Sterilisationen gezwungen. Die Folge waren ein Überschuss an Männern und eine rapide Überalterung, die Chinas Zukunft heute belastet. In meiner Gastfamilie hatten alle nur ein Kind, große Geschwisterkinder gab es nicht mehr. Nur ich änderte die Lage: Ich war *Meimei,* die jüngere Schwester.

Wir verbrachten jedes Wochenende miteinander, einige Jahre zuvor hätte die Familie auch noch in einem Haus zusammengelebt. Doch mit der Modernisierung hatte sich das Leben in den Städten verändert. Wie meine Gastschwester waren junge Frauen meist froh, wenn sie nicht mit ihrer Schwiegermutter zusammenleben mussten. Allerdings funktioniert das meist nur, bis Nachwuchs kommt. Die Erziehung der Enkelkinder übernehmen die Großeltern, auch aus Mangel an Alternativen. In China gibt es nur wenige Krippenplätze, und gute Einrichtungen sind kostspielig. Als Jiejie 2019 ein Kind bekam, gaben beide Großmütter ihre Jobs auf, unter der Woche lebte ihr Sohn bei den Eltern ihres Ehemanns, die Wochenenden verbrachte er bei meinen Gasteltern.

Als ich in die Familie kam, aß Jiejie gerne in Fett frittierte Hühnerflügel, während sie Musikshows im Fernsehen sah. Sie hatte einen geheimen »Boyfriend«, mit dem sie abends chattete, und Sport mochte sie überhaupt nicht. Sie war ein Teenager wie jeder andere. Gleichzeitig repräsentierte Jiejie auch die sogenannte Generation Jiulinghou, die jungen Chinesen, die zwischen 1990 und 1999 geboren und während der Olympischen Spiele erwachsen wurden: In den zwei Jahrzehnten des Wirtschaftsbooms groß geworden, besaß sie einen Computer, ein Handy und einen mp3-Player, auf dem sie chinesische Poplieder hörte. Am Wochenende aß sie gerne bei McDonald's und Pizza Hut und erklärte unseren Eltern ungeduldig, wie die Welt außerhalb Chinas funktionierte. Sie war zwar noch nie im Ausland gewesen. Dafür erzählte sie aus dem Englischunterricht und schaute ausländische Filme wie den US-Klassiker »The Sound of Music«, den sie auf DVD hatte.

Zur gleichen Zeit war sie wie die meisten jungen Leute ihrer Generation zutiefst patriotisch, was im Frühjahr 2008 Anlass eines heftigen Streits zwischen ihr und meinen Gasteltern wurde: Am 12. Mai um kurz vor halb drei nachmittags erzitterte in der westchinesischen Provinz Sichuan die Erde. Das Beben der Stärke 7,9 zerstörte Dörfer und Städte, mindestens 69 000 Menschen starben. Besonders tragisch war der Tod von fast 5000 Schülern in den mehr als 7000 eingestürzten Schulen. Grund waren Baumängel wegen Korruption, wie man später herausfand. Die sogenannten Tofu-Konstruktionen wurden zu Todesfallen.

Aber davon erfuhr meine chinesische Familie nicht viel. In den ersten Tagen hatten sich zwar mutige chinesische Journalisten der Anweisung der Zensurbehörden widersetzt und waren in die Krisengebiete gefahren, aus denen sie über die katastrophale Situation berichteten. Doch nach zwei Wochen hatten die Sicherheitsbehörden die Lage so weit im Griff, dass selbst ausländische Reporter, die meist mehr Spielraum als ihre lokalen Kollegen hatten, nicht mehr unkontrolliert aus der Region berichten konnten.

Meine Gasteltern bekamen nur mit, was abends in den Fernsehnachrichten berichtet wurde. Und dort liefen immer die gleichen Szenen ab: Die Staatsmacht in Gestalt Tausender Soldaten suchte nach Überlebenden, rettete Menschen, baute Häuser wieder auf. Gerade in den ersten Tagen führte das zu der merkwürdigen Situation, dass ich im Lehrerzimmer meiner Schule, wo ich manchmal den Computer benutzen durfte, auf *Spiegel Online* von rasant steigenden Todeszahlen und verzweifelten Szenen las, während meine Gasteltern solche Nachrichten des Westens als Missverständnisse abtaten und auf die Heldentaten chinesischer Soldaten verwiesen.

Tatsächlich erfasste das Land ein gewaltiges Gefühl der Solidarität. Meine Gastschwester saß stundenlang vor dem Fernseher, bis sie schließlich ihre Tasche packte. Sie wollte nach Sichuan fahren und helfen. Wie zu erwarten, verboten ihre Eltern der 17-Jährigen einen solchen Alleingang. Als Reaktion darauf schleuderte ihnen Jiejie ein »Für China!« entgegen und träumte weiter davon, eine chinesische Heldin zu sein, die im schlimmsten Notfall ihrer Heimat Stärke beweisen würde.

Der Deal mit dem Volk

Zum ersten Mal verstand ich, dass ihr China ein anderes Land war als das, von dem mir in Deutschland erzählt wurde: Jiejie kannte den Schriftsteller und Menschenrechtler Liu Xiaobo nicht, auch von der Charta 08, dem Manifest chinesischer Intellektueller und Bürgerrechtsaktivisten, hatte sie nie etwas gehört. Die Debatten vor den Olympischen Spielen um eine demokratische Öffnung und Pressefreiheit lagen Welten entfernt von dem Zimmerchen, in dem wir abends Schulter an Schulter vor einem Klapptisch saßen, unsere Hausaufgaben machten oder *Harry Potter* lasen. Sie hatte auch noch nie vom »Vorfall« auf dem Pekinger Platz des Himmlischen Friedens gehört, bei dem das Militär im Jahr 1989 die Waffen gegen das eigene Volk gerichtet hatte. Möglich, dass einige Klassenkameraden Bescheid wussten oder Geschichten in der Familie gehört hatten. Doch ein Thema waren die Ereignisse in meiner Familie oder in der Schule nie.

Gleich in meiner ersten Schulwoche stellte ich mit Erstaunen fest, dass meine Klassenkameraden, wir waren in der 11. Klasse, keinen Geschichtsunterricht hatten. Im Politikunterricht lernten wir Definitionen des Sozialismus auswendig. Es wiederholten sich Parolen wie: Liebt die Partei! Liebt das Vaterland! Das klingt nach Indoktrination, doch in Wirklichkeit störte es die Lehrer nicht, wenn wir in diesem Teil des Unterrichts schliefen. Die entscheidenden Fächer waren Mathematik, Physik, Chemie.

Schon damals wurde das Netz zensiert. Wer die Zahl 64 in die Suchmaschine tippte, fand nichts. Bis heute wird der vierte Tag des Juni im Jahr 1989, also die Zahl 64, mit größtem Aufwand aus der Erinnerung gelöscht. Das Vertuschen geht so weit, dass die Behörden bei den Asian Games im Oktober 2023 das Foto von zwei Sportlerinnen zensierte, die sich nach ihrem Zieleinlauf in den Armen lagen – ihre Wettkampfnummern auf den Trikots ergaben die Zahl 64.

Heute sollen sämtliche negativen Ereignisse der Parteigeschichte aus dem kollektiven Gedächtnis gestrichen werden, Kritik bezeichnet Xi Jinping als »historischen Nihilismus«: eine Kampagne, die jeden Versuch, Pekings Erfolgsstory infrage zu stellen, zu einem Verbrechen erklärt. Es gibt eine offizielle Interpretation der Geschichte, die Kader wie Schüler auswendig lernen, in Filmen und Büchern muss die offizielle Parteigeschichte wiedergegeben werden. Und gerade mit Blick auf Katastrophen wie die Kulturrevolution oder 1989 zeigt die staatlich verordnete Amnesie Erfolg.

So sehr, dass die *New York Times* 2019 von jungen Zensoren berichtete, die zu Beginn ihres Jobs erst einmal lernen mussten, was sie löschen sollten. Drei Jahre später sorgten Studenten für Aufsehen, die dachten, einen Programmierungsfehler auf Wechat gefunden zu haben, nachdem sie die Nachricht »200 Pfund Teigtaschen« nicht versenden konnten. Sie teilten per Screenshots ihre vermeintlichen Entdeckung, um später herauszufinden, dass es sich um eine automatisierte Zensuranweisung handelte. 2017 hatte Xi Jinping in einem Fernsehbeitrag behauptet, er habe während der Landverschickung einen 100 Kilo schweren Weizensack über einen fünf Kilometer langen Bergweg getragen und nicht einmal die Schulter gewechselt. Viele hatten sich über die Angeberei lustig gemacht, taiwanische Bodybuilder versuchten sich sogar an der Aufgabe und scheiterten.

Wie wenig junge Leute heute noch über das Massaker wissen, zeigte Li Jiaqi, ein chinesischer Livestreamer mit 64 Millionen Followern, im Jahr 2022.

Am Vorabend des 33. Jahrestages des Massakers hielt der als »Lippenstift-König« bekannte Beauty-Influencer in einem Livestream einen Kuchen in die Kamera, der entfernt einem Panzer ähnelte. Offenbar war er sich nicht zu schade, damit Aufmerksamkeit für seinen Livestream zu schaffen, möglich auch, dass er nicht wusste, welches Ereignis sich am nächsten Tag jährte. Sein Auftritt wurde ohne Erklärung abgebrochen und ließ viele junge Menschen ratlos zurück, die keine Ahnung von einem Zusammenhang zwischen Panzer und Jahrestag hatten. Li Jiaqi kehrte erst nach dreimonatiger Zwangspause mit seinem Online-Programm zurück.

Spuren der Ereignisse am Platz des Himmlischen Friedens, dem Tiananmen-Platz, gibt es schon lange nicht mehr: Das Gelände im Herzen Pekings ließ sich früher von fast jeder Seite betreten. Heute riegeln es goldfarbene Zäune vollständig ab, überall stehen Wachleute hinter Absperrungen. Touristen müssen sich mit Klarnamen registrieren, Journalisten dürfen ihn nur mit einer Sondergenehmigung betreten, die fast gar nicht mehr erteilt wird.

Im Jahr 2019 traf ich das erste Mal einige der wenigen Zeitzeugen, die bereit waren, über die Geschehnisse zu reden. Nicht etwa in China, sondern in Taiwan, wo eine Konferenz der Überlebenden stattfand. Einer von ihnen war Fang Zheng, der sich als »einfachen Teilnehmer« der Proteste beschrieb. Am Morgen des 4. Juni gehörte er zu den Letzten, die den Platz verließen. Fang und seine Mitstreiter gaben auf, als sie erste Nachrichten von Toten aus den umliegenden Straßen hörten. Anstatt die jungen Menschen gehen zu lassen, schickte die Regierung Panzer.

Unweit des Platzes, auf denen sie 50 Tage für Freiheit und Demokratie protestiert hatten, rollten ihnen Militärfahrzeuge entgegen, die Gasgranaten auf sie feuerten. Als der 22-jährige Fang eine Kommilitonin aus der Schusslinie zerrte, geriet er in den Weg eines Panzers, der ihn überrollte. Fang erwachte ohne Beine in einem Krankenhaus.

Während er 30 Jahre danach erzählt, wirkt es, als läge ein Teil von ihm noch immer dort auf der Straße, die zum Platz des Himmlischen Friedens führt. In dem stickigen Vorlesesaal von Taipeh spürte ich, was mir erst nach den Corona-Lockdowns klar wurde, die später ebenfalls mit rasendem Tempo aus dem kollektiven Gedächtnis gelöscht werden würden: Den meisten Menschen in China gelang es, den Sommer 1989 zu verdrängen. Aber Männer und Frauen wie Fang, die in diesen Wochen so viel geopfert hatten, durchleben die Ereignisse immer wieder. Fang erzählte so lebhaft, als seien die Panzer erst gestern durch Peking gerollt.

Nachdem die Proteste niedergeschlagen waren, bei denen Schätzungen zufolge hunderte bis einige tausend Menschen ums Leben gekommen waren, gelang es der Regierung, alle Spuren der Bewegung zu beseitigen und die Forderung nach Demokratie als westliches Konzept abzutun, das nicht für Chinesen geeignet sei. Am meisten staunte ich, als ich die genauen Umstände der Proteste erfuhr: Sie waren keine Aktion einer Splittergruppe, keine Konterrevolutionäre, wie Peking die Demonstranten nannte. Es gab vielmehr eine landesweite Bewegung von Studenten, Arbeitern und Beamten. Mitte der 1980er-

Jahre profitierte nur eine kleine Clique im Umfeld der Partei vom neuen Wohlstand. Korruption grassierte, die Inflation lag zeitweise bei fast 30 Prozent. Selbst Journalisten, unter anderem von der Partei eigenen *Volkszeitung* hatten sich angeschlossen, um für mehr politische Teilhabe, bessere Lebensbedingungen und Menschenrechte zu kämpfen. Auch die Rolle der Arbeiter, die für eine echte Arbeitnehmervertretung in der Politik und gegen schlechte Arbeitsbedingungen kämpften, ist heute weitgehend vergessen.

Der massive Einsatz gegen das eigene Volk ist bis heute ein Tabu in China. Wer im modernen China ungestört leben will, muss über das Verbrechen schweigen. 2019 klagte die Aktivistengruppe »Tiananmen-Mütter« in einem offenen Brief, dass die »Fassade des Wohlstands aus Wolkenkratzern und Hochstraßen« alle Beweise für das Verbrechen verdecke.

Fast nie sprechen Menschen, die sich nicht sehr nahestehen, über jene Tage. Und wenn, dann meist unerwartet wie der Professor aus Shanghai, der mir beiläufig offenbarte, dass er damals mit einigen Lehrkräften Stadtbusse organisiert hätte, um sie vor den Toren seiner Uni zu platzieren. Die improvisierte Barriere sollte seine Studenten vor der Armee schützen. Ein Unternehmer aus Hongkong, das damals noch britische Kronkolonie war, erzählte wiederum, wie er und Kollegen nach dem Massaker die Berichte Hongkonger Zeitungen so lange an alle Nummern faxten, die sie in Telefonbüchern von Festlandchina fanden, bis Peking die Verbindung kappte. Eine Ausländerin, die damals in Peking lebte, berichtete mir, dass Leute, die den Demonstranten am Tag des Aufstands noch Essen gebracht hatten, am nächsten Tag so taten, als hätten sie von den Protesten nie gehört.

Auch wenn ich als Austauschschülerin keine Berührungspunkte mit diesem Teil der chinesischen Geschichte hatte, kam es 2007 doch zu einem Moment, in dem ich die Kontrollwut der Partei zu spüren bekam. Zu Hause hatte ich Fußball im lokalen Fußballverein gespielt und wollte meinen Mitspielerinnen ein Selfie aus China schicken. An einem Wochenende fuhr ich zum Platz des Himmlischen Friedens, zog aus meiner Tasche ein Stück Papier, auf dem der Name unseres Vereins stand und der Spruch »Nun auch in China«. Es war als Scherz gemeint, doch es dauerte nur Sekunden, bis Sicherheitskräfte in schwarzen Uniformen mich gepackt und mir das Schild aus der Hand rissen. »Was machst du hier?«, brüllte mich einer der Männer an, der mich für eine Demonstrantin hielt. Es war das erste Mal, dass ich die Paranoia der chinesischen Staatsmacht erlebte. Es würde nicht bei diesem einen Mal bleiben.

Das Jahrhundert der Schande

Bei meiner Gastschwester ging es noch um mehr. Sie wusste nichts über 1989, sie wollte aber auch nichts davon wissen. Natürlich hoffte ich mit ihr über solche Themen zu sprechen, über das politische System Chinas und die Debatten über fehlende Freiheit und Überwachung, wie ich sie von zu Hause kannte. Doch Jiejie wurde sauer, wenn sie das Gefühl bekam, ich kritisierte China. Sie schimpfte, wenn in den Abendnachrichten über die ausländischen Proteste gegen die Olympischen Spiele berichtet wurde. Oder über Tibet. Im März 2008 hatten Mönche mit friedlichen Demonstrationen an den ersten tibetischen Aufstand gegen die chinesische Herrschaft am 10. März 1959 erinnern wollen. Die Polizei schritt ein, Gerüchte, dass Mönche getötet wurden, machten die Runde. Was danach passierte, ist nicht ganz klar. Doch die Proteste eskalierten in Gewalt, vor allem von jungen Tibetern, die sich unter der Herrschaft der Chinesen wie Bürger zweiter Klasse fühlten. Die Revolte endete so schnell, wie sie ausgebrochen war. Die Militärpolizei schlug den Aufstand mit Gewalt nieder. Bis heute weiß niemand, wie viele Menschen dabei starben.

Für meine Gastschwester war Tibet ein untrennbarer Teil Chinas. Genauso wie Taiwan und Hongkong. Wie für viele Chinesen hielt sie die Proteste, die nach den Tibeter Ereignissen weltweit ausbrachen, für einen Versuch des Auslands, China in diesem historischen Moment schlecht aussehen zu lassen. Würde der Westen China denn niemals als ebenbürtig betrachten?

Sie fühlte sich in ihrer Würde gekränkt. Schlimmer wurde es noch, als ein Tibet-Demonstrant in Paris die Polizeikette beim olympischen Fackellauf überwand und versuchte, einer jungen Chinesin, die im Rollstuhl als Teil der Stafette mitfuhr, die Fackel zu entreißen. In China brachen wütende Proteste aus, Staatsmedien tauften sie den »lächelnden Engel im Rollstuhl« und forderten, dass China nie wieder gedemütigt werden dürfe. Für meine Gastschwester war die junge Chinesin eine Nationalheldin. Im ganzen Land reagierten die Menschen mit großer Verbitterung. Vor der französischen Botschaft marschierten Demonstranten mit Transparenten, auf denen Parolen die Franzosen anwiesen, »ihren Mund zu halten«.

Auch vor Pekinger Filialen der französischen Supermarktkette Carrefour versammelten sich Menschen, mit meinem Gastvater fuhr ich mehrfach an den Protesten vorbei. Einige Wochen zuvor war die deutsche Presse in den Fokus geraten, weil die *Bild-Zeitung* einen Artikel über einen möglichen Olympiaboykott mit Aufnahmen von Gewalt gegen Mönche in Nepal und Indien bebilderte. Mit China hatten die Fotos nichts zu tun. Auf dem Schulhof riefen mir Mitschüler hinterher: »Ihr Deutschen seid die Schlimmsten.« Auch wenn das eher die Ausnahme war, wiesen mich meine Lehrer an, nicht mit ihnen über das Thema zu sprechen. Die Sache sei zu kompliziert.

Es handelte sich wie so häufig um eine staatlich orchestrierte Kampagne, die Peking nur noch größere Unterstützung einbrachte. Allerdings dämmte die Partei die Proteste nach ein paar Wochen selbst wieder ein. Die Szenen passten nicht in das freundliche und weltoffene Bild, das Peking vor den Olympischen Spielen von sich zeichnen wollte. Gerade weil solche nationalistischen Ausbrüche immer auch die Gefahr in sich trugen, in gegen Ausländer gerichtete Gewalt umzuschlagen. Meine Klassenkameraden verstanden nicht, worum es den Demonstranten überhaupt ging. China war in ihren Augen ein freies Land, die Forderungen nach Menschenrechten nur vorgeschoben. Für sie kam die Bedrohung nicht von innen, sondern von außen, aus der Fremde.

Die nationale Demütigung war ein Thema, das in meiner Gastfamilie ständig präsent war: An einem meiner ersten Wochenenden in Peking fuhr mein Gastvater mit uns zum Yuan Ming Yuan, dem Alten Sommerpalast. Er liegt im heutigen Hightech-Viertel Haidian. Erbaut im 17. und 18. Jahrhundert, galt der Garten mit Hunderten Tempeln, Theatern und Bibliotheken einst als »Versailles Chinas«. Fünfmal größer als die Verbotene Stadt. Im Oktober 1860 brauchten Briten und Franzosen drei Tage und 4500 Soldaten, um den Palast in Schutt und Asche zu legen.

Mit der Zerstörung der Residenz statuierten die europäischen Kolonialmächte England und Frankreich am Ende des Zweiten Opiumkrieges ein Exempel. Es war ein weiterer Tiefpunkt in ihrer kriegerischen Auseinandersetzung mit China, die mit dem Eindringen der westlichen Mächte im 19. Jahrhundert begonnen hatten. Der Kaiser duldete keine ausländischen Kaufleute im eigenen Land. Während China begehrenswerte Produkte wie Seide und Tee nach Europa exportierte, fanden europäische Produkte kaum Absatz. England sah im Opiumhandel die Lösung, mit Kriegsschiffen zwangen die europäischen Mächte das Land, sich dem Welthandel zu öffnen. Es war der Beginn der Ära, die Chinas Propaganda heute als das »Jahrhundert der Demütigung« bezeichnet. Eine tiefe historische Wunde, die Peking gezielt offenhält.

Wie groß die Wut einiger Chinesen darüber noch heute ist, zeigte sich 2019, als viele Internetnutzer es für ausgleichende Gerechtigkeit hielten, dass Notre-Dame in Paris brannte. Fast 100 Millionen klickten den Hashtag »Sommerpalast« an, kommentierten den Brand als »Karma«. In vielen Kommentaren hieß es, die Pariser dürften sich jetzt gerne an den Sommerpalast zurückerinnern, den Briten und Franzosen nicht nur zerstörten, sondern auch plünderten. 300 Wagenladungen voller Juwelen, Skulpturen, Gemälde und anderer Kostbarkeiten hatten die Soldaten davongeschafft. Chinas Gesellschaft für kulturelle Relikte geht davon aus, dass 1,5 Millionen antiker Stücke gestohlen wurden. Einige Experten halten diese Schätzung für übertrieben. Eines ist aber sicher: Ein großer Teil der gestohlenen Schätze nahm seinen Weg in die Paläste Europas, in die Hände privater Sammler und später in Museen – wo sie heute noch liegen. Und wo sie sich Chinesen in Vitrinen anschauen müssen.

Als ich durch die Ruinen lief, begleitet von den Erzählungen meines Gastvaters, war ich sehr bestürzt. In Deutschland hatte ich nie etwas über diesen historischen Kulturraub gelernt. Wer wäre angesichts eines so großen Unrechts nicht beschämt gewesen!

Mein Gastvater, bewaffnet mit meinem Langenscheidt-Wörterbuch im Format einer Zigarettenschachtel, erzählte mir abends gerne davon, wie China als führende Handelsmacht bis ins 16. Jahrhundert die Welt mit seiner Technik, Wissenschaft und Kultur angeführt hatte. Zurück zu dieser Weltordnung, in der China an der Spitze stünde, das konnte er sich schon damals sehr gut vorstellen. Für ihn war China zu jeder Zeit »zhong guo«, das Land der Mitte. Er sammelte alte Porzellanvasen in unserem Wohnzimmer, jede hatte eine eigene Geschichte. Eines seiner Lieblingsthemen war, wie die Chinesen einst den Briten über die Seidenstraße den ersten Tee geliefert hätten. Gerne ließ er sich dann von mir bestätigen, dass Tee in England immer noch getrunken wurde. »Aber sie trinken den Tee mit Milch«, erzählte er dann meiner Gastmutter. »Mit Milch, kannst du das glauben?!« Ausländer waren für ihn immer eine Mischung aus Halbgöttern und Barbaren. Trotzdem hatte er für mich sein Haus geöffnet.

Welche Funktion hingegen das ständige Erinnern an die Kolonialzeit für die Parteiführung hat, verstand ich erst viel später: Denn der Kampf gegen den Westen, der angeblich nötig sei, um die Demütigung Chinas heimzuzahlen und sich nie wieder schwach zu zeigen – das ist heute ein nützliches Narrativ, das Partei und Volk zusammenschweißt. Unter Xi Jinping folgt Chinas Nationalismus dem altbekannten Muster: Er überhöht das eigene Volk, wertet andere Ethnien ab und kreiert Feindbilder im Ausland.

Das treibt im Land bizarre Blüten: Anstelle von englischen Übersetzungen von Ortsnamen und Sehenswürdigkeiten, wie sie für ausländische Touristen üblich sind, findet sich im Alltag immer mehr Pinyin, die phonetische Umschrift der Schriftzeichen. So heißt es an Bahnhöfen und U-Bahn-Stationen in Peking jetzt »Beijing Nan Zhan« anstelle von »Beijing South Station«. Aus dem »Olympic Park« ist der »Aolinpike Gongyuan« geworden. Peking will sich gegenüber dem Ausland nicht mehr beugen. Dass die Nicht-Übersetzungen für Ausländer unverständlich sind, scheint egal zu sein.

Während die Wirtschaft wankt, dient der Nationalismus als neues Machtinstrument. In dem staatlich verstärkten Stolz auf die kulturellen Errungenschaften schwingt stets die Vorstellung mit, die chinesische Kultur sei besser als andere. Die Folge ist das ständige Bedürfnis, andere Länder und Kulturen in eine Hierarchie mit sich selbst zu bringen.

Als Journalistin erlebt man diese Abgrenzung zwischen dem Ausland und China im Übrigen auch sehr praktisch: In Interviews ist es wieder unerlässlich, einen Übersetzer dabeizuhaben. Gesprächspartner reden dann mit diesen, anstatt einen direkt anzusprechen. Sie geben zum Beispiel eine Antwort und sagen dann zu meinem Übersetzer, »du kannst ihr ja erklärten, wie *wir* das machen«. Mit »wir« ist »wir Chinesen« gemeint, ich bleibe die Außenstehende. Bei einer Pressekonferenz eines deutschen Unternehmens im Jahr 2018 war ich mal die einzige ausländische Journalistin. Die chinesischen Kollegen fragten den deutschen Konzernchef, was denn die deutsche Firma »ihnen« bringen würde, gemeint war: China und dem chinesischen Volk.

Der Traum vom Aufstieg

Sosehr mich Fragen zu Chinas Vergangenheit und Politik beschäftigten, bald merkte ich, dass chinesische Schüler keine Zeit zum Grübeln hatten. Die Anforderungen der Schule hielten meine Gastschwester und mich vom Denken ab: Der Schulalltag war mit nichts zu vergleichen, was ich aus Deutschland kannte. Jeden Morgen um 7 Uhr verließen wir das Haus, erreichten per Bus um 7:30 Uhr die erste Stunde, die für Wiederholungen genutzt wurde. Montags begann der Unterricht mit einem Flaggenappell und dem Singen der chinesischen Nationalhymne. Eine Stunde folgte fast pausenlos auf die nächste, mittags gab es 60 Minuten Pause, in der wir hastig aßen, um danach mit dem Kopf auf dem Tisch etwas zu schlafen. Dann ging der Unterricht bis 17 Uhr weiter. Wir fuhren nach Hause, aßen mit Mama und Baba und lernten weiter. Meine Gastschwester meist bis Mitternacht.

Meine Mitschüler waren ständig erschöpft. Aber niemand so sehr wie mein Sitznachbar Jiawei. Ein dünner, schlaksiger Junge, dem fortlaufend die Hose seiner Schuluniform herunterrutschte. Seine Familie hatte wenig Geld, jeden Morgen musste er mehr als eine Stunde mit dem Bus in die Stadt fahren. Abends war er so müde, dass die Lehrer ihn anschrien und zwangen, die letzten zwei Stunden zu stehen, weil er sonst mit dem Kopf auf dem Tisch einschlief. Unsere Klassenlehrerin hatte mich neben ihn gesetzt, damit ich ihm beim Englischlernen half, sein schwächstes Fach.

Der Unterricht bestand aus Vorträgen unserer Lehrer, die stundenlang mathematische Formeln an die Tafeln schrieben. Die naturwissenschaftlichen Fächer waren meinem bisherigen Unterricht drei oder vier Jahre voraus. Innerhalb kürzester Zeit mussten meine Klassenkameraden so viel wie möglich auswendig lernen. Debatten, Fragerunden oder Referate, deren Inhalte wir selbst erarbeiten mussten, gab es faktisch nicht. Eigenständiges Denken war nicht erwünscht, was ich im Englischunterricht schnell merkte: Als ich einmal eine Hausaufgabe mit einer offenen Frage an eine Mitschülerin beendete, in der es um ihre Meinung zur Mülltrennung ging, konnte weder sie noch ein einziger meiner Mitschüler sie beantworten. Stattdessen sollten sie bis zum nächsten Tag meinen Aufsatz auswendig lernen.

Wie für die meisten chinesischen Kinder war es für meine Mitschüler unmöglich, neben der Schule eigene Interessen zu entwickeln. Nebenbei bei der lokalen Zeitung zu arbeiten, wie ich es damals in Rendsburg tat, oder sich bei einer Vereinigung wie dem Technischen Hilfswerk zu engagieren, war nicht zu schaffen. Solche Angebote gab es auch gar nicht. Es ist ein grundsätzliches Problem im Land: Nach zwölf unmenschlichen Schuljahren sind die meisten jungen Menschen so ausgebrannt und gleichzeitig planlos, dass sie nicht wissen, was sie mit ihrem Leben anfangen sollen. Größtenteils entscheidet die Note der großen Abschlussprüfung, *gaokao* genannt, über Studienort und Fach, selbst wenn sie der Studiengang nicht interessiert. Häufig treffen auch die Eltern die finale Entscheidung, indem sie ihre Kinder für den einen oder anderen Weg verpflichten. Ausbildungsbetriebe oder eine duale Ausbildung haben sich trotz großer Bemühungen Chinas, die praxisnahe Ausbildung aus Deutschland zu kopieren, bisher nicht durchgesetzt.

Der Glaube daran, dass Bildung, gemeint ist ein Uniabschluss, für das eigene Kind als Aufstiegschance dienen kann, ist in China absolut. Von klein auf dreht sich deshalb alles um die besagte Abschlussprüfung. Der Traum jeder Familie ist es, dass ihr Kind auf einer der sogenannten 985-Universitäten aufgenommen wird. Die Liste entsprang dem Versuch unter Führung von Jiang Zemin mit den 39 besten Hochschulen des Landes, ein Hochschulsystem von Weltklasseniveau aufzubauen. Im Mai 1998 hatte Jiang die Pläne angekündigt, daher der Name 985. Meine Klassenkameraden wussten genau, wie viele Punkte sie bei der großen Abschlussprüfung brauchen würden, um es an die Universität Peking zu schaffen oder an die Universität Tsinghua.

Mehr als einmal appellierten unsere Lehrer an meine Mitschüler, sie sollten durchhalten: Die Unizeit gilt als Entschädigung für die Qualen der Schule. Die Durchfallquoten im Studium sind gering, was wiederum ein Problem für Unternehmen ist. Der Chef eines deutschen Mittelständlers in Chengdu erzählte mir, dass er Ingenieure grundsätzlich auf Grundlage des Uni-Namens einstelle und sich dann überraschen lassen müsse, ob sie ihrer Aufgabe halbwegs gewachsen wären.

Jeden Tag ermahnten, motivierten und schimpften unsere Lehrer, wenn meine Klassenkameraden unaufmerksam waren oder keine guten Noten schrieben. Im Flur hingen die Testergebnisse aller Schüler. Jeder wusste, wie gut die anderen abgeschnitten hatten. Fiel ein Schüler zurück, gab es Gespräche und Demütigungen vor der Klasse. Meine Freunde mussten aufstehen und sich erklären, warum sie nicht härter gearbeitet hatten. Dabei gaben Lehrer den Druck nur weiter, denn auch sie mussten sich vor der Schulleitung rechtfertigen, wenn ihre Schüler unter den Durchschnitt zurückfielen.

Versagen ist keine Option

Es ist eine unheimliche Belastung, die sich tragischerweise auch in einer hohen Suizidrate von Kindern zeigt. Laut einer 2023 in der Zeitschrift *China* CDC *Weekly* veröffentlichten Studie hat sich diese zwischen 2010 und 2021 von 0,2 auf etwa 0,8 pro 100 000 Menschen vervierfacht. Viele Kinder sind abhängig von Computerspielen oder haben andere mentale Probleme. Wegen psychischer Belastung oder Depressionen einige Monate auszusetzen ist im chinesischen System aber nicht vorgesehen.

Für Schüler wie meine Gastschwester, die sich mit dem Lernen schwertaten, war die Schule eine Qual. Jeden Sonntagabend spürte ich, wie es ihr schlechter ging, sie unruhig wurde und schlecht schlief. Nach Feiertagen und Schulferien wurde sie häufig so krank, dass sie nicht zur Schule gehen konnte und bei meinen Eltern nur noch mehr Sorgen auslöste. Sie ließen dann einen Arzt kommen, der ihr eine Infusion legte, die sie schnell wieder aufpäppeln sollte. Ich sehe noch, wie sie in unserem Wohnzimmer unterm Tropf saß und Vokabeln büffelte. Versagen ist für chinesische Kinder keine Option.

Eines der Vorurteile gegenüber Chinesen ist, dass sie stets auf Harmonie bedacht sind und Kritik nur selten auf direkte

Art üben. Doch zumindest innerhalb meiner Familie war das nicht der Fall. Meine Gasteltern redeten andauernd über uns, während wir danebensaßen. Sie sprachen darüber, dass meine Schwester nicht klug genug war, zu faul, zu dick. Die Nachbarskinder waren immer klüger und fleißiger mit besseren Noten. Auch ich musste mir harsche Kritik anhören. Andere Austauschschüler lernten schneller Chinesisch und waren gehorsamer. Meine Gasteltern folgten der chinesischen Erziehungsphilosophie, dass es Kinder motiviert, wenn sie sich vor dem Missfallen der Eltern fürchten. Positive Bestärkung gibt es eher selten, zu viel Lob könnte Kinder faul machen. Die Idee dahinter war, Kritik als Zeichen von Zuneigung zu erweisen.

Es war nicht leicht, sich daran zu gewöhnen. Während ich in Deutschland sehr selbstständig gelebt hatte, in meinem Verein als Kassenwart größere Geldsummen verantwortete, schon mit elf Jahren zum Fußballtraining in ein anderes Dorf geradelt war, als Jungreporterin sogar die Lokalpolitik unserer Stadt kommentierte, waren solche Freiheiten für meine chinesischen Eltern unvorstellbar. In China war ich mit 16 Jahren ein Kind, konnte keine eigenen Entscheidungen treffen, musste behütet und gescholten werden, meine Meinung war nicht relevant.

Nach einigen Wochen in der Schule handelte ich mir zum ersten Mal größeren Ärger ein. In der letzten Stunde fiel wie so häufig der Sportunterricht aus, damit vor einer Prüfung neuer Stoff wiederholt werden konnte. Weil ich nichts zum Wiederholen hatte, beschloss ich, mich in der Nachbarschaft umzuschauen. Ich hatte gerade das chinesische Wort für Supermarkt gelernt und wollte ausprobieren, ob ich mich damit zu einem Laden durchfragen könnte. Am Ende der Stunde kam ich stolz mit zwei Schokoladenriegeln in die Schule zurück. Mein Ausflug zog eine Krisensitzung zwischen meiner Schule und meinen Gasteltern nach sich, in denen mein »besorgniserregendes« Verhalten diskutiert wurde.

Die Erwartung an mich war klar: Ich hatte in die Schule zu gehen und danach meine Schulaufgaben zu machen. Meine Eltern sprachen nie mit uns, welche Ausflüge sie mit uns planten, oder Probleme, mit denen sie sich konfrontiert sahen. Ähnlich verhielten sich die Lehrer. In der Schule machten wir zweimal einen Ausflug, über den wir erst am Morgen informiert wurden. Plötzlich saßen wir in einem Bus, und meine Lehrer machten sich über mich lustig: »Lea fragt immer nach dem Warum«, sagten sie. »Es gibt kein Warum, frag nicht so viel«, war die Antwort, die ich bald auf fast alles erhielt.

Wie alle Kinder in meiner Schule hatte ich nie Verabredungen nach der Schule, es gab keine Sportaktivitäten oder Feiern am Wochenende. Die Folgen der Erziehung spürte ich deutlich: Meine Klassenkameraden, so gut wir uns verstanden, kamen mir deutlich jünger vor, als sie waren. In der Pause spielten sie Fangen und Jungs ärgerten Mädchen, die sie gerne mochten, indem sie an ihrer Schuluniform oder gar an den Haaren zogen. Die Leiterin des Kindergartens meines Sohnes Jonathan, eine rein chinesische Einrichtung, erklärte mir später mal: »Die chinesischen Eltern wollen, dass ihre Kinder alles können, schon im Kindergarten ist die Angst groß, den Anschluss zu verlieren. Aber selbst bringen sie ihren Kindern nichts bei«, klagte sie. »Die Kinder kommen mit vier, fünf Jahren zu uns und können weder ihre Jacke ausziehen noch ihre Schuhe binden. Wenn sie aus dem Schuh rutschen, schreien sie, bis ihnen jemand diesen wieder anzieht. Wie kleine Könige sind sie daran gewöhnt, dass die Eltern und Großeltern alles für sie machen.«

In der Schule war das Einzige, was meine Klassenkameraden neben Hausaufgaben machen durften, Nachhilfestunden und Extrastunden, zum Beispiel Musikunterricht. Am Samstag fuhren meine Gastschwester und ich in der Regel in eine andere Schule, um dort vormittags Nachhilfeunterricht von denselben

Lehrern zu erhalten, die uns auch unter der Woche unterrichteten. Damit umging die Schule die Regel, wonach Lehrer kein Geld mit Nachhilfestunden verdienen durften. Normal war dieser Extraunterricht trotzdem. Eltern trauten sich nicht, ihr Kind zu Hause zu lassen. Sie könnten sonst zurückfallen. Für die Lehrer waren die Nachhilfestunde ein Zusatzeinkommen, mit dem sie ihr schlechtes Gehalt aufbesserten.

Es war das erste Mal, dass ich auf einen der drei neuen Berge stieß, die sich vor den Chinesen auftürmen: den Bildungsausgaben.

China ist nach Südkorea laut einer Untersuchung des Pekinger Instituts für Bevölkerungsforschung Yuwa vom Februar 2024 das teuerste Land, um ein Kind großzuziehen. Im Schnitt zahlen chinesische Eltern von der Geburt bis zum 18. Geburtstag ihres Kindes rund 70 000 Euro, mehr als das 6,3-Fache des Bruttoinlandsprodukts pro Kopf, für Eltern in Großstädten sind es mehr als 86 000 Euro. Und wer das irre Wagnis eingeht, sein Kind in der Finanzmetropole Shanghai großzuziehen, muss sogar mit Kosten von 130 000 Euro rechnen, in Peking sind es ein paar Tausend Euro weniger. In Deutschland betrugen die Kosten in den letzten Jahren etwa das 3,64-Fache des BIP pro Kopf. Verschärft wird die Situation dadurch, dass Chinas Eltern in der Regel keine staatlichen Hilfen wie Kindergeld erhalten.

Seitdem ich Mutter bin, schockiert mich immer wieder, wie teuer das Leben mit Kind in China ist. Im Einkaufszentrum um die Ecke kostet Schwimmunterricht für Babys 113 Euro die Stunde, für einen Trommelkurs bis zu drei Jahren sind rund50 Euro pro Stunde fällig, und Eltern, die ihre Kleinkinder in Programmierkurse stecken, sind mit 40 Euro pro Stunde dabei.

Für gut verdienende Ausländer wäre das vielleicht noch bezahlbar, doch all diese Kursangebote richten sich auch an normale Chinesen aus der Mittelschicht. In Europa kann man auch mit kleinem Budget etwas mit Kindern unternehmen, auch wenn sich nicht jeder einen Zoobesuch leisten kann, aber ab und an mal ins Schwimmbad zu gehen, ist für jede Familie drin. Dazu gibt es Vereine, die ehrenamtlich geführt werden und in denen Sport fast gar nichts kostet. In China hingegen, wo man gerne darauf verweist, dass man die Gemeinschaft betone, der Westen dagegen den Individualismus, fehlt gerade in diesem Bereich eine Zivilgesellschaft, die etwas für sich selber tut.

Ein Wandel ist von staatlicher Seite gar nicht gewollt: Unter Parteichef Xi steht jeder Gemeinsinn unter Verdacht, Vereine und Nichtregierungsorganisationen sind vielfach geschlossen worden. Engagement widerspricht Xis Vorstellung der totalen Parteikontrolle, die alle Bereiche des gesellschaftlichen Lebens durchdringen soll. Eigenverantwortlichkeit ist verdächtig, Engagement für Chinesen gefährlicher, als wegzusehen.

Häufig klagen chinesische Freunde über den kommerziellen Wahnsinn, der aus allem ein Geschäft macht, denn fast alles kostet in China heute Eintritt. Nicht nur nationale Sehenswürdigkeiten, sondern auch öffentliche Parks, Spiel- und Fußballplätze. So kosten 90 Minuten auf einem Spielfeld 45 Euro, wobei Proviant mitzubringen verboten ist und sich der Preis vieler Angebote am Wochenende oder Feiertagen noch mal vervielfacht. Sich Wettbewerben wie Programmier-Frühförderung und Klavierstunden zu entziehen, ist fast unmöglich. In vielen Grundschulen setzen die Lehrer voraus, dass fünf- oder sechsjährige Kinder bereits die Lautschrift Pinyin lesen können und Grundkenntnisse in Rechnen und Schreiben von chinesischen Schriftzeichen mitbringen.

Im Kindergarten meines Sohnes orientierten die Erzieherinnen ihren Lehrplan an den Ansprüchen der Grundschulen. Eigentlich war die Einrichtung ein Montessori-Kindergarten, doch in der Praxis folgten sie dem Erziehungsmodell der italienischen Reformpädagogin, die Kinder zur Selbstständigkeit erziehen soll, nur vormittags, nachmittags gab es selbst für die teils sechs Monate alten Kinder Frontalunterricht, für die man sie auf winzigen Stühlen festschnallte.

Auch dort schauten die Lehrkräfte schon in die Zukunft: Wenn die Kinder später auf eine internationale Schule gingen, durften sie mehr Zeit mit Spielen und Malen verbringen. Jonathans Klassenkameraden, die auf eine öffentliche chinesische Schule wechselten, mussten mit vier Jahren anfangen, Hausaufgaben zu machen und Tests zu schreiben. Seine Lehrerin erklärte mir: »Damit der Schock nicht zu groß ist.« In seinem Kindergarten sollten sich die Kinder zum Beispiel ihre Trinkflaschen eigenständig nehmen und zur Toilette gehen, wenn sie mussten. Die Lehrerin sagte: »In chinesischen Grundschulen bläst die Lehrkraft in eine Pfeife, und dann haben die Kinder drei Sekunden Zeit, einen Schluck zu nehmen.«

Bei Debatten über den Bildungswahnsinn nutzen Chinesen im Netz gerne die folgende Metapher: Demnach ist der Druck auf chinesische Eltern wie der Besuch in einem Kino, in dem die erste Reihe aufsteht. Sie zwingen auch die hinteren Reihen aufzustehen, um den Film sehen zu können. Am Ende steht das ganze Kino, aber niemand sieht besser als zuvor.

Oder anders gesagt: Ein rigider Leistungsdruck, unter dem alle Kinder stehen, führt dazu, dass kein Individuum mehr aus der Masse ragt, es sei denn, man setzt sie unter einen noch höheren Druck – eine Förderspirale ohne Sinn und Ende, die dazu führt, dass chinesische Kinder Arbeitstage haben wie ein deutscher Dax-Vorstand.

Lange wurden chinesische Kinder für diesen Eifer bewundert, schneiden sie doch bei Tests wie der Pisa-Studie erstaunlich gut ab. Allerdings bezieht sich das vor allem auf eine winzige Gruppe von Schülern in den Städten an der Ostküste. Schulen auf dem Land sind häufig schlecht ausgerüstet und Lehrer kaum ausgebildet. Die hohen Kosten, die Eltern für ihr Kind aufbringen müssen, schaden nicht nur der sozialen Mobilität: Mehr denn je hängen in China die Erfolgschancen vom Wohlstand der Eltern ab. Sie führen auch dazu, dass sich immer weniger Chinesen ein Kind leisten können, geschweige denn zwei oder drei, die Geburtenrate sinkt. Viele Chinesen sagen »shenghuo yali tai da«, zu Deutsch etwa: Der Druck ist zu groß, das Leben zu mühsam.

Chinas Führung hat das Problem inzwischen erkannt, im Juni 2021 nannte Xi Jinping die Profitgier im Bildungssektor eine »chronische Krankheit«. Firmen wurden plötzlich gezwungen, sich zu gemeinnützigen Unternehmen zu erklären und nicht mehr allein auf Gewinnmaximierung zu setzen. Doch geändert hat sich nicht viel, Privatunterricht findet nun im Geheimen statt. Englischlehrer werden zu Babysittern deklariert, und ihre Honorare sind gestiegen. Schulen scheitern daran, die Stoffdichte zu verringern: Verlangen sie weniger Hausaufgaben, protestieren die Eltern, denn nach wie vor kommt es ihnen darauf an, einen Platz für ihr Kind an einer guten Uni zu ergattern. Koste es, was es wolle.

Für meine Klassenkameraden war dieses Leben normal. Sie hegten keinen Groll gegen ihre Lehrer, denn ein guter Schulabschluss bescherte nicht nur ihnen große Vorteile. Später würden sie für Eltern und Großeltern sorgen müssen, und eine gute Uni garantierte ein gutes Gehalt. Der soziale Status der Familie lastete auf ihren Schultern. Der Glaube war bei meinen Klassenkameraden fest verankert: Wenn sie nur hart arbeiteten, würden sie es besser haben als ihre Eltern.

Meine chinesischen Freunde ließen sich immer wieder erzählen, wie wenig Zeit ich in Deutschland in der Schule verbracht hatte. Nachmittags freizuhaben, war für sie unvorstellbar. Ich wiederum dachte an die behäbige Art zu leben, die ich von zu Hause kannte. An den Wohlstand und die soziale

Sicherheit, für den wir deutschen Kinder im Vergleich mit chinesischen Schülern kaum etwas leisten mussten. Es kam mir unglaublich unfair und undankbar vor.

Abschied aus Peking

Als ich 2008 nach zehn Monaten meine Koffer packte, war die wichtigste Erfahrung eine, die ich erst verstand, als ich wieder in Deutschland war: Dort fragten mich meine Familie und Freunde nach China, wie die Überwachung funktionierte und ob die Unterdrückung schlimm gewesen sei. Ich verstand sie nicht. Meine Gastfamilie, meine chinesischen Freunde und der Einparteienstaat wollten in meinem Kopf nicht zusammenpassen. In Deutschland geriet ich in die Rolle der Verteidigerin, ich erklärte: So ist China doch gar nicht.

Kurioserweise ist es ebenjene Spannung, mit der ich heute als Korrespondentin fast täglich konfrontiert werde. Expats und Geschäftsleute beschweren sich über die Berichterstattung aus China. Sie finden, wir würden nicht über das »richtige China« berichten. Gerade in den vergangenen Jahren ist darüber in den sozialen Medien Streit ausgebrochen. Chinas Staatsmedien, die das eigene Volk von westlichen sozialen Medien aussperren, betreiben auf Youtube oder X eigene Kanäle, auf denen sie Chinas Glaspaläste zeigen, gewaltige Brücken, Chinas schönste Naturschutzparks und knallbunte Einkaufsstraßen. Angehörige chinesischer Minderheiten tanzen fröhlich in ihrer Tracht. Sieht so Unterdrückung aus? Kritiker des Regimes halten dagegen, zeigen Pekings Propaganda, geleakte Videos von Protesten, Bettlern, Armut und Gewalt gegen Frauen. Für sie sind diese Bilder das »wahre China«, das die Welt sehen muss.

Ich habe an diesen Kämpfen nie große Freude gehabt, wird

doch keine dieser holzschnittartigen Darstellungen einem großen Teil der Gesellschaft gerecht. Die Chinesen um mich herum sind kaum anders als wir: Ob in der U-Bahn im Kreis der Familien oder Freunde, unterhalten sie sich über ihre Arbeit, im Restaurant über das Essen. Sie freuen sich, wenn man sie wahrnimmt, und noch mehr, wenn man ihre Sprache spricht.

Dabei sind viele Beobachtungen richtig, die Ausländer in China machen: Das Land ist einer der wenigen Orte auf der Welt, an denen ich mich als Frau auf der Straße sicher fühle. Die Städte sind jederzeit sauber, die Züge pünktlich. Ausländer, die mit guten Rahmenverträgen nach China geschickt werden, führen ein sehr komfortables Leben. In den Metropolen gibt es großzügige Wohnungen, die besten Restaurants, internationale Schulen und Krankenhäuser, in denen man Termine am gleichen Tag bekommt und nicht erst nach Monaten. Auf Online-Plattformen wie Taobao oder Ele.me gibt es alles zu jeder Zeit und zu einem Bruchteil des Preises, den man in Europa zahlt.

Wenn es der eigenen Familie gut geht, besteht für in China lebende Ausländer kaum Anlass, Schattenseiten zu suchen. Jede negative Prognose, die deutsche Manager ans Hauptquartier in der Heimat melden, könnte dazu führen, eine sehr bequeme Position zu verändern. Unglücklicherweise wird so auch manche Debatte in Deutschland verzerrt.

Es stimmt, in China lassen sich Handwerker innerhalb von Minuten vor die Tür bestellen, anstatt monatelanger Kita-Suche steht eine Armee Kindermädchen bereit. Weder Streiks noch Bürgerinitiativen blockieren neue Projekte. Es gibt zwar mehrere Zehntausend Proteste jedes Jahr von Bauern, Arbeitern und Umsiedlern, die ihrem Unmut über lokale Ungerechtigkeiten Luft verschaffen. Aber darüber erfährt man fast nichts. Die Polizei ist meist schnell genug, sie zu unterdrücken. Sogar Kaffee wird einem in wenigen Minuten an die Tür serviert, wenn man das Geld dafür hat und den Aufpreis dafür nicht scheut, der mit Ausländergehalt kaum eine Rolle spielt.

Unsichtbar allerdings bleibt, dass der Lieferant dafür durch den Verkehr rasen muss, um seine Quote zu erfüllen; dabei kaum etwas verdient und bei einem Unfall keinen Krankenhausbesuch bezahlen kann. Aber klar, die ausländische Korrespondentin sieht schon wieder nur Probleme. Die Sache ist nur: Genau das ist unser Job. Journalisten sind keine Cheerleader der Politik, wie Peking das fordert. Es geht darum, Missstände aufzudecken, gesellschaftliche Entwicklungen zu begleiten und kritisch zu beobachten. Ich lasse mir auch gern meinen Kaffee an die Tür bringen. Wenn die Behörden aber die Fahrer zusammenschlagen, die sich gewerkschaftlich organisieren wollen, gehört das öffentlich gemacht.

Wenn jemand sein Kind verliert, weil eine Firma verunreinigte Impfstoffe verkauft hat oder weil bei Bauarbeiten geschlampt wurde, ist es wichtig, darüber zu berichten. Menschen brauchen Anerkennung. Und auch in China hat Journalismus Konsequenzen: Obwohl chinesische Journalisten in der Regel in Staatsmedien arbeiten und strenger Zensur unterliegen – sehr viel mehr als noch vor ein paar Jahren –, kommt es immer noch vor, dass ein kritischer Bericht einem Lokalpolitiker den Job kostet und sich Täter verantworten müssen. In den Provinzen reagieren Regierungsbeamte häufig deshalb aggressiv auf Journalisten, weil deren Recherche die Zentralregierung auf Missstände in ihrer Region aufmerksam machen könnte.

Das ist in China nicht anders als in Deutschland. Beim Vorwurf, Medien würden zu negativ berichten, stellt sich ja ohnehin stets die Frage: Zu negativ für wen? Immer wieder erklären sich Chinesen bereit, mit mir zu sprechen, weil sie hoffen, dass sich dadurch der Druck auf die Lokalbehörden erhöht. Eine Reportage über ein Wohnhaus, das von den Einwohnern längst bezahlt, aber nie fertig gebaut wurde, rückt die Baufirma und die Behörden in ein negatives Licht. Für die betroffenen Familien kann sie aber auch in China die letzte Chance sein, ihre Ersparnisse zurückzubekommen.

Die Partei ist sich derweil sehr bewusst darüber, dass es auch in westlichen Ländern eine gewisse Medienverdrossenheit gibt. Sie nutzt diese Vertrauenskrise, um sich selbst als Opfer ausländischer Medien und angeblicher China-Hasser zu inszenieren. Gerne schiebt sie vor, dass auch Chinesen sich über die Berichterstattung ärgern würden.

Dabei haben durchschnittliche Chinesen mit den heftigsten Medienkritikern in Deutschland eins gemeinsam: Die meisten China-Texte lesen sie gar nicht. Letztere aus Ignoranz, die anderen weil die Regierung inzwischen fast alle ausländischen Medien zensiert. Keine der Internetseiten von *New York Times* über die *Süddeutsche Zeitung*, den *Spiegel* oder Sender wie CNN und BBC können aus China noch aufgerufen werden. Als im März 2024 wiederum eine Liveschalte des chinesischen Staatsfernsehens über eine Explosion in Hebei mit sieben Toten von Männern in Uniform gewaltsam beendet wurde, war der Aufschrei in China groß. Staatsmedien haben meist eine klare Vorgabe, wie sie über solche Unfälle berichten sollen, können aber in diesem Rahmen arbeiten. Unabsichtlich zeigte der Übergriff, wie der Alltag für Reporter abseits der staatlich orchestrierten Medien aussah.

Wie effektiv die Zensur funktioniert, wurde in Wuhan deutlich, als die Menschen noch einen Tag vor der Corona-Abriegelung im Januar 2020 nicht wissen durften, wie ernst die Lage war. Die Staatsmedien sprachen lieber von Gerüchten, als die Menschen zu warnen. Später berichteten Bürger aus der abgeriegelten Stadt, was Sache war, weil sich die Staatsmedien über die wirkliche Lage ausschwiegen. Die Warner wurden später verhaftet oder verschwanden. Im Pressefreiheits-Ranking der Organisation Reporter ohne Grenzen belegte China im Jahr

2023 unter 180 Nationen Platz 179, nur in Nordkorea ist es noch schlimmer. In keinem Land sitzen mehr Journalistinnen und Journalisten im Gefängnis, aktuell sind es mindestens 100.

Der chinesische Überwachungsstaat agiert zu einem großen Teil im Geheimen, die Härte des Regimes und der Umgang mit Andersdenkenden und Minderheiten lässt sich sehr leicht ausblenden. Die meisten Ausländer erleben nie, was für Journalisten normal ist: Dissidenten, die von der Staatssicherheit festgenommen und über Jahre in Hausarrest festgehalten werden, Menschenrechtsaktivisten, die ohne Gerichtsverfahren in Haft sitzen, normale Bürger, die bei Protesten eingeschüchtert oder zusammengeprügelt werden. Das ist auch der Grund, warum Pekings Pandemieregeln für so viele Ausländer ein Schock waren: Die meisten spürten zum ersten Mal die Willkür der Behörden und waren empört darüber, dass die Bundesregierung sie als deutsche Staatsbürger nicht schützen konnte.

Neben den vielen ausländischen Fachkräften, die in China nur für drei bis vier Jahre leben und arbeiten, gibt es noch jene, die durch Leben und Liebe Teil einer chinesischen Familie oder eines Freundeskreises geworden sind. Ich zähle mich dazu. Auch wir erleben, wie weit entfernt die Politik vom Alltag normaler Chinesen sein kann. Sich nur mit Dingen zu beschäftigen, die einen unmittelbar betreffen, ist menschlich und in China eine Art Lebensversicherung. Politische Meinungen können schnell gefährlich werden. Viele Chinesen wissen trotz allem genau, was um sie herum passiert. Doch statt in Online-Debatten auf X oder Youtube diskutiert man hier nur im engsten Kreis. Das politische Klima hat viele helle Köpfe in den Untergrund gedrängt, man spricht darüber beim Abendessen oder bei Spaziergängen. Gleichzeitig ist das Gefühl, ohnehin nichts ändern zu können, häufig übermächtig.

Vorweg also: Ja, auch in China scheint die Sonne, die Menschen leben ihr Leben. Das ist manchmal aufregend, aber meistens hundsgewöhnlich. Die Chinesen sind kein monolithischer Block, nicht jeder ist auf Linie gebürstet. Es gibt Widersprüche, von vielem in China können wir auch lernen. Doch wer der Staatspropaganda nach dem Mund redet oder ihr das Feld überlässt, tut auch den Chinesen keinen Gefallen.

Bei meiner Rückkehr nach China im Jahr 2016 hatte Xi Jinping das Land bereits sehr verändert. In den kommenden Jahren würde sich zeigen, was das für Menschen und Politik bedeutete.

4. Kapitel

Die Partei führt alles

Inszenierte Harmonie

Als ich an einem späten Abend im März 2018 in meine Wohngemeinschaft im Zentrum Shanghais zurückkehrte, rannte mir meine chinesische Mitbewohnerin entgegen. Ich war gerade mit dem Zug aus Peking zurückgekommen, wo ich für meine damalige Zeitung, die *Wirtschaftswoche,* über den Volkskongress berichtet hatte. In der einen Hand hielt meine Mitbewohnerin ihr Handy, mit der anderen gestikulierte sie heftig. Sie rief: »Hast du das aus Peking gehört?« Ich kannte sie als stille Frau, die im Chat unserer Wohngemeinschaft stets genau ausrechnete, wer welchen Anteil an den Haushaltskosten zu tragen hatte. Abends kam sie spät von der Arbeit und blieb am Wochenende häufig in ihrem Zimmer, um Mangas zu zeichnen. Über Politik hatten wir nie gesprochen, nur selten über meinen Job als Korrespondentin, den ich nun seit 2016 ausübte. Doch heute hatte sie ein politisches Ereignis aufgebracht: »Leben wir jetzt in Nordkorea, oder was?«, schimpfte sie.

Zwei Tage zuvor hatte der Volkskongress beschlossen, die Verfassung zu ändern und die Amtszeitbegrenzung für den Präsidenten aufzuheben. Bislang konnten chinesische Präsidenten nur zweimal für jeweils fünf Jahre gewählt werden, nun durfte Xi für den Rest seines Lebens regieren.

Einmal im Jahr treffen sich die rund 3000 Abgeordneten des chinesischen Parlaments in der Großen Halle des Volkes. In Peking kündigt sich das Großereignis dadurch an, dass für uns Ausländer die Verbindung in das unzensierte Internet über spezielle Programme unerträglich langsam wird. Auf Brücken und Straßenecken patrouillieren Soldaten und sogenannte Freiwillige der Nachbarschaftskomitees mit roten Armbinden, während sich Parteikader, Soldaten, aber auch namhafte Unternehmer und Vertreter nationaler Minderheiten in der Halle am Platz des Himmlischen Friedens versammeln. Fernsehbilder des Treffens sollen für die 1,4 Milliarden Chinesen den Eindruck gesellschaftlicher Harmonie zwischen den 56 Volksgruppen und fairer Vertretung vermitteln. Doch bis auf einige, in traditionelle Kostüme gesteckte Ausnahmen sehen eigentlich alle gleich aus: Es sind männliche Abgeordnete in schwarzem Maßanzug und roter Krawatte, die Haare mit Pomade zu einem Helm frisiert. Die wenigen Frauen gehören meist nationalen Minderheiten an oder servieren der herrschenden Klasse den Tee.

Unter dem roten Stern in der Großen Halle des Volkes entscheiden in Wahrheit nicht die Abgeordneten, denn das Parlament steht fast vollständig unter der Kontrolle der Partei, Volkswahlen wie in Russland werden nicht einmal vorgetäuscht. Bei der Abstimmung des Jahres 2018 war deshalb nur eine Sache interessant: wie absolut die Zustimmung ausfallen würde. Würden sich Abgeordnete trauen, ihre Opposition gegenüber Xi Jinping mit einer Enthaltung oder gar einer Gegenstimme auszudrücken? Am Ende stimmten 2958 Abgeordnete für die Verfassungsänderung, zwei dagegen, drei enthielten sich, und ein Stimmzettel war ungültig.

Der Titel Präsident ist in China machtpolitisch kaum relevant, seine Macht zieht Xi Jinping aus zwei anderen Rollen: Er ist Generalsekretär der Kommunistischen Partei, dazu verfügt er über Chinas Militär, das weder Staat noch Parlament untersteht, sondern allein der Partei. Die zeitliche Beschränkung bezog sich nur auf die Präsidentschaft, für die beiden anderen Posten gab es nie ein zeitliches Limit. Dennoch machte die Aufhebung klar: Xi würde auch nach 2022 die Macht über Partei, Staat und Armee in sich vereinen. Die Männer in den schwarzen Maßanzügen hatten ihren Führer auf Lebenszeit gewählt.

Eine große Überraschung war das für politische Beobachter nicht. Ein halbes Jahr zuvor hatte das neue Zentralkomitee den 64-jährigen Xi für weitere fünf Jahre im Amt des Parteichefs bestätigt. Anders als üblich hatte er keinen Nachfolger vorgestellt. Dennoch war der Schock für viele Chinesen wie meine Mitbewohnerin groß. Sie las nicht viele Nachrichten und informierte sich ausschließlich im chinesischen Netz, öffentliche Diskussionen über die Entscheidung hatte es vorab nicht gegeben. Nun hörte sie Xi Jinping davon reden, dass die Wahl den Willen des Volkes widerspiegelte. »Absoluter Blödsinn!«, erklärte sie mir und war damit nicht allein.

In den kommenden Tagen mussten die Zensoren Sonderschichten einlegen, um wenigstens den größten Teil der Kritik aus dem Internet zu löschen. Sie blockten Proteste wie »Ich bin nicht einverstanden« und den Begriff »Verfassungsänderung«. Manche User teilten bearbeitete Karten, auf denen als Anspielung auf die Diktatur des Kim Jong-un aus China »West-Korea« wurde. Auch der Name des ersten offiziellen Präsidenten der Republik China, Yuan Shikai, war gesperrt. Kurz nach Ende des Kaiserreichs und der Republikgründung hatte er im Jahr 1912 die Prinzipien der Republik sofort verraten und versucht, sich als Kaiser zu inthronisieren. Yuan galt als höchst unpopulär und herrschsüchtig. Beiträge über ihn wurden gelöscht, zusammen mit Begriffspaaren wie »den Thron besteigen« und »Kaiser auf Lebenszeit«.

Zensiert wurde auch die Wortkreuzung »Xi Zedong«, die sich auf Chinas Diktator Mao Zedong bezog. Die Obergrenze von höchstens zwei Regierungsperioden zu jeweils fünf Jahren für Staatsoberhäupter wurde als Reaktion auf Maos Schreckensherrschaft gesetzlich verankert. Nach ihm hatte es allerdings mehrere Machtwechsel gebraucht, ehe dieses Gesetz umgesetzt wurde. Deng Xiaoping, der auf den Übergangsparteichef Hua Guofeng nach dem Tode Maos folgte, war nie Parteivorsitzender, sondern agierte als Vizepremier und Vize-Parteichef größtenteils im Hintergrund, während seine Vertrauten die höchsten offiziellen Ämter bekleideten. Dafür behielt er den Oberbefehl über die Armee, die unter seiner Ägide die Proteste im Jahr 1989 am Platz des Himmlischen Friedens niederwalzte.

Sein von ihm auserkorener Nachfolger Jiang Zemin übernahm zum ersten Mal alle drei Ämter, besaß aber nicht die gleiche Macht wie heute Xi Jinping. Als seine Zeit als Parteichef und Präsident abgelaufen war, blieb er noch zwei Jahre Chef des Militärs, dann folgte ihm Hu Jintao. Der unauffällige Technokrat war der erste und einzige Parteichef, der 2012 seine Macht und seine drei Ämter an seinen Nachfolger Xi Jinping übergab – und blieb damit auch der letzte.

Es war das Ende einer Ära, die Chinas Aufstieg zur wirtschaftlichen Weltmacht ermöglichte: Deng Xiaoping setzte auf Pragmatismus und Flexibilität. Sein Kernsatz: »Der einzige Maßstab der Wahrheit ist die Praxis«, beendete die Jahrzehnte ideologischen Irrsinns unter Mao, der noch mit dem Anspruch auf Totalherrschaft durch die Partei regiert hatte. Wirtschaftlich war China am Ende, Deng liberalisierte das Land radikal auf allen Ebenen. Dem Politiker war klar, dass nur eine Kehrtwende den politischen Zusammenbruch des zerstörten Landes verhindern konnte – und damit den Niedergang seiner Partei.

Seine Politik ermöglichte China einen atemberaubenden Aufstieg, Lokalregierungen räumte der Wirtschaftsreformer mehr Freiheiten ein. Ihr Erfolg wurde nicht mehr an ideologischer Treue gemessen, sondern anhand von Wachstumszahlen. In diesem Umfeld entstanden zum ersten Mal zarte Blüten einer Zivilgesellschaft, denn mit wachsendem Wohlstand forderten die Chinesen mehr Recht auf Mitbestimmung. Nichtregierungsorganisationen für Umweltschutz oder Frauenrechte gründeten sich, kämpften für Rechte von Minderheiten und nutzen dafür das Internet, um Menschen im ganzen Land zu erreichen. Unter seinem Nachfolger Jiang Zemin durften Unternehmer, einst als Klassenfeinde verfemt und verfolgt, Mitglieder der Partei werden. Der nächste Meilenstein war der Beitritt Chinas 2001 zur Welthandelsorganisation, der die endgültige Integration des Landes in die Weltwirtschaft besiegelte.

Auch Hu Jintao konnte 2012 eine ordentliche Bilanz vorweisen: Trotz globaler Finanzkrise wuchs die Wirtschaft im Rekordtempo, den Menschen ging es jedes Jahr besser. Doch die Unzufriedenheit nahm zu: Der neue Wohlstand verteilte sich nicht gleichmäßig, der Abstand zwischen Arm und Reich wurde größer. Experten sprachen von einem dreifachen Einkommensgefälle zwischen Stadt und Land, den östlichen Küstenregionen und dem Hinterland. Erschwerend kam hinzu, dass ein Sozial- und Rentensystem fehlte, Wanderarbeiter wurden immer noch wie Bürger zweiter Klasse behandelt, der Umwelt drohte ein Kollaps.

2006 gab die Regierung zu, dass sich die Kosten für die Verschmutzung auf zehn Prozent des Bruttoinlandsprodukts beliefen. Das Ausmaß der Krise war sichtbarer denn je: Smog hüllte Chinas Städte in giftigen Nebel, Industrieabwässer vergifteten Flüsse, Böden waren überdüngt und verseucht. Mehr als 50 000 Mal pro Jahr trieben Umweltskandale die Menschen auf die Straße, darunter Massenproteste wie der im Jahr 2007, bei dem mehr als 20 000 Menschen gegen eine geplante Chemiefabrik in der Hafenstadt Xiamen demonstrierten.

Als Xi Jinping 2012 an die Macht kam, feierten ihn viele Beobachter als Reformer, der China weiter öffnen würde: Als Vorbild schien Singapur zu dienen, eine Art geführte Demokratie, in der unter Führung der Partei ein gewisser Widerstand toleriert würde, Gerichte relativ unabhängig wären und Privatunternehmen florieren dürften, unterstützt von günstigen Krediten und Subventionen. Doch innerhalb weniger Wochen zeigte sich, dass Xi Jinping andere Pläne hatte.

Der damals 59-Jährige war davon überzeugt, dass nur ein zentralisierter Regierungsapparat unter enger Aufsicht der Partei in der Lage sein würde, auf Chinas zunehmend komplexe Probleme zu reagieren. Darunter zählten die Gefahr sozialer Spannungen, ein langsameres Wachstum und die Rivalität mit den USA. Seine Angst vor Kontrollverlust war getrieben vom Trauma des sowjetischen Zusammenbruchs und dem Niedergang des Kommunismus in Osteuropa: Aus seiner Sicht ging der ehemalige Bruderstaat an schwachen Führern zugrunde, die wie Michail Gorbatschow mit Reformen und öffentlichen Debatten die Prinzipien der Kaderpartei aufgaben. Sie gingen, wie in einer Studie des Merics-Instituts im Jahr 2019 beschrieben, im Kern auf Wladimir Lenin zurück, für den alle Bereiche des Lebens von Politik und Verwaltung über das Militär bis zur Wirtschaft der Partei zu unterstehen hatten. Politische Abweichungen waren demnach zu unterbinden, Kritiker zu verhaften, die Interpretation historischer Bedingungen musste kontrolliert und die öffentliche Meinung gesteuert werden.

Schlag auf Schlag baute Xi die Partei und Regierung nach seinen Vorstellungen um. Vor allem die große Autonomie der Lokalregierungen und das zügellose Wachstum mit Begleitproblemen wie der Umweltverschmutzung bedrohten aus seiner Sicht die Macht der Partei. Immer wieder mahnte er, wachsam zu sein, und warnte vor »schwarzen Schwänen« und »grauen Rhinozerossen«. Als schwarze Schwäne bezeichnet man in der Wirtschaft unvorhergesehene Katastrophen; zum grauen Rhinozeros wird ein Risiko, das man zwar erkannt hat, aber zu lange ignoriert. Parteichef Xi rezentralisierte die Macht auf die Parteispitze, Maos Nachfolger hatten stärker auf eine kollektive Führung gesetzt, nun entschied wieder nur einer: Xi Jinping. Bei einer 2018 durchgeführten Strukturreform legte er Dutzende Staats- und Parteiorganisationen zusammen und schaffte Posten von fast zwei Millionen Menschen ab oder baute sie um. Seine Reform ließ keine Zweifel zu, schwarz auf weiß wurde festgelegt: Die Partei führt alles – »ob im Osten, Süden, Westen, Norden oder im Zentrum«.

Kampf gegen Fliegen und Tiger

Gleich nach Amtsantritt rief Xi zum Kampf gegen die Korruption aus, was ihm die nötigen Machtinstrumente in die Hand gab, um Widersacher und Konkurrenten auszuschalten. Korruption hatte es seit der Staatsgründung 1949 immer gegeben. Durch die Verflechtung der Partei und Wirtschaft steckte sie immanent im System, ohne Kontrolle durch unabhängige Medien oder die Justiz ließ sie sich allenfalls zurückdrängen, aber nie vollständig ausmerzen. So gut wie jeder Beamte bis in die höchsten Ränge bereicherte sich, darunter offenbar auch engste Vertraute von Xi Jinping. Kurz vor seinem Amtsantritt hatte der US-Wirtschaftsnachrichtendienst *Bloomberg* über die Reichtümer seiner Familie berichtet, Peking reagierte mit einem Visumsstopp für das Medienhaus. Über die Besitztümer der Regierungsspitze zu berichten ist ein Tabu, das Peking rigoros bestraft.

2012 hatten Bestechlichkeit und Machtmissbrauch ein neues Maß erreicht. Die *Volkszeitung* meldete, dass sich seit der Öffnungspolitik mindestens 4000 Führungspersonen aus der Politik ins Ausland abgesetzt und dabei fast 50 Milliarden Euro mitgenommen hatten. *Luoguan*, nackte Beamte, nannten die Chinesen diese Staatsdiener, die Kinder und Ehefrauen ins Ausland vorschickten, um mit ihnen die Bestechungsgelder außer Landes zu schaffen.

Der zügellose Reichtum der Funktionäre war 2012 so sichtbar geworden, dass er anfing, die Legitimität der Partei zu gefährden: Einfache Beamte besaßen Luxusvillen in Hongkong, Milliardenvermögen auf ausländischen Banken, statteten ihren Nachwuchs mit Ferraris aus und ließen sie an den teuersten Unis in Amerika und Großbritannien studieren. Exemplarisch für Arroganz und Skrupellosigkeit der Funktionäre stand der sogenannten Li-Gang-Zwischenfall aus dem Jahr 2010, als der angetrunkene Sohn eines Vize-Polizeichefs der Millionenstadt Baoding unweit von Peking zwei Studentinnen auf einem Uni-Campus überfuhr. Als Sicherheitskräfte ihn stoppten, soll er gerufen haben: »Klagt mich doch an, wenn ihr könnt. Mein Vater ist Li Gang.« Der Satz wurde von Internetnutzern hundertfach verbreitet und wird bis heute von Zensoren gelöscht, wenn er online auftaucht.

In seiner ersten Pressekonferenz als Parteichef im November 2012 sagte Xi der Korruption den Kampf an: »Extravaganz, Luxus und Pomp haben in China nichts mehr verloren.« Innerhalb weniger Wochen schlugen seine Korruptionswächter zu. Im Fokus standen politische Rivalen wie Bo Xilai, der als aufstrebender Star in der Partei galt und den Xi wegen Korruptionsvorwürfen und Machtmissbrauch ins Gefängnis werfen ließ. Dazu traf es Parteifunktionäre, die sich an öffentlichem Geld bereicherten oder Bestechungsgelder annahmen. 2013 kam es zu einem Schauprozess gegen den früheren Eisenbahnminister Liu Zhijun, einst als Vater des chinesischen Hochgeschwindigkeitsnetzes gefeiert. Er hatte sich mit umgerechnet 8,1 Millionen Euro schmieren lassen. Sein Urteil: die Todesstrafe auf Bewährung, die in China nach einer Zwei-Jahres-Frist zu einer lebenslänglichen Haftstrafe umgewandelt werden kann.

Xis Handlanger ließen allein in den ersten zwei Jahren mehr als 400 000 Menschen verhaften und bestrafen, eine Zahl, die bis Anfang 2024 auf fünf Millionen anwuchs. Es verschwanden kleine Beamte, »Fliegen« genannt, ebenso einflussreiche Parteibosse, »Tiger« mit großen Netzwerken innerhalb der Partei. Darunter allein 50 Offizielle im Ministerrang und ein früheres Mitglied des Ständigen Ausschusses des Politbüros. Seit Deng Xiaoping hatten Mitglieder des Politbüros, des Machtzentrums Chinas, als unantastbar gegolten, auch um nach Maos politischen Säuberungskampagnen eine gewisse Stabilität zu garantieren. Wie mit vielen Grundsätzen brach Xi ebenso mit diesem Prinzip.

Beamte verloren ihre Jobs, wenn man sie als Gast eines Fünfsternehotels ertappte, ein hoher Funktionär wurde degradiert, nachdem sich sein Sohn in einem 700 000 Dollar teuren Ferrari totgefahren hatte. Händler räumten Luxusuhren aus ihren Schaufenstern, die sich Minister mit ihren offiziellen Gehältern nie hätten leisten können. Aus ausladenden Staatsbanketten mit zehn und mehr Gängen wurden bescheidene Runden, bei denen es Orangennektar aus dem Tetrapak statt Wein gab. Sinnbild für die neue Sparsamkeit wurde die Absatzkrise des Branntweins Maotai, Chinas edler Schnaps, gebrannt aus roter Hirse und Weizen.

Meine chinesischen Gasteltern hatten mir 2008 am Ende meines Austauschjahres eine Flasche davon für meine Eltern mitgegeben. Zurück in Deutschland, hatte meine Mutter daran gerochen, ihr Gesicht verzogen und den 300 Euro teuren Inhalt in den Abfluss gegossen. Chinas Nationalgetränk könnte doch unmöglich so penetrant riechen, geschweige denn so eklig schmecken! Der Schnaps müsse auf dem Flug schlecht geworden sein. Bis zur Antikorruptionskampagne war Maotai ein beliebtes Schmiermittel gewesen, auch mein Gastvater bewahrte als Parteimitglied neben Zigarettenstangen immer einige Flaschen davon zu Hause auf. Üppige Geschenke wie Uhren, rote Umschläge mit Geld und andere Gefälligkeiten wie Reisen und Bordellbesuche waren als Gegenleistung für Vereinbarungen und Verträge üblich. In den ersten zwei Jahren der Antikorruptionskampagne fiel der Preis des Edelgetränks um mehr als 60 Prozent, weltweit brach der Absatz für Wein, Champagner und Cognac ein.

In der Bevölkerung war der Jubel um die Kampagne groß, kannte doch jeder irgendwelche Beamten, die hin und wieder die Hand aufhielten. Zum Werkzeugkasten der Partei gehörten von da an Fernsehserien, die Folgen von Korruption vor Augen führten. Keine billige Propaganda, sondern aufwendige Produktionen wie eine 55-teilige Serie im Stil moderner US-Krimis. In dem Megahit unter dem Titel »Im Namen des Volkes« konnten die Zuschauer gleich in der ersten Folge im Jahr 2017 sehen, wie ein gut aussehender Kommissar in Lederjacke eine Luxusvilla stürmte und stapelweise Geldscheine in Kühlschrank und Betten entdeckte. Vergeblich warf sich der Villenbesitzer, ein Staatsbeamter, auf den Boden und flehte um Nachsicht. Natürlich hatte er keine Chance, denn die Antikorruptionsbeamten waren ebenso aufrechte wie gnadenlose Agenten der Partei.

Das Erscheinungsdatum der Serie war kein Zufall, denn einige Monate später fand in Peking der 19. Parteitag statt, bei dem Xi die Verfassungsänderung für seine unbegrenzte Herrschaft vorbereitete. Im Vorfeld dazu hatte die zentrale Disziplinarkommission, Pekings oberste parteiinterne Kontrollinstitution, den Befehl erteilt, mehr Filme und TV-Serien über den Kampf gegen Korruption zu drehen. Die Szenen waren nicht immer fiktiv: Der Fall des gierigen Villenbesitzers erinnerte an eine in China berühmte Untersuchung gegen einen stellvertretenden Abteilungsleiter der nationalen Energieaufsichtsbehörde, in dessen Wohnung im Jahr 2014 umgerechnet mehr als 28 Millionen Euro entdeckt wurden. Er wurde 2017 zum Tode verurteilt, was später zu lebenslanger Haft ohne Aussicht auf Bewährung reduziert wurde.

Die dauernde Angst vor den internen Kontrollbehörden wurde in den folgenden Jahren zum wichtigsten Instrument, mit dem Xi die Partei nach seiner Vorstellung umbaute: Wie einst unter Mao war niemand mehr sicher und konnte jederzeit in Ungnade fallen. Jede Kritik an Pekings Führung konnte als Zeichen mangelnder Loyalität interpretiert werden und ein Disziplinarverfahren nach sich ziehen. Im Januar 2024, mehr als zehn Jahre nach Beginn der Kampagne, erklärte Xi einen »überwältigenden Sieg« über die Korruption und ließ sich dennoch ein Türchen offen: Die Lage bleibe »ernst und kompliziert«. Diese drohende Einschätzung schaffte in der Corona-Pandemie die Grundlage für eine Politik, die Xi selbst dann noch durchprügeln ließ, als seine Maßnahmen schon lange nicht mehr rational zu rechtfertigen waren.

Ein Mann des Volkes

Als ich 2016 nach China zurückkehrte, war ich überrascht von Xis Popularität. Besonders wenn ich über Land reiste, traf ich Menschen, die mit Begeisterung von dem Parteichef sprachen, teils hatten sie in ihren Wohnungen neben das Porträt von Mao Zedong ein Foto von Xi gehängt. Wie passte das zu einem Regime, das Dissidenten verhaftete, Presse- und Meinungsfreiheit beschnitt und seine Bürger überwachte? So jedenfalls wurde es doch in Deutschland berichtet.

Auf der Suche nach Antworten reiste ich 2020 in das Dorf Liangjiahe. Es war der Ort, an dem der junge Xi einige Jahre während der Kulturrevolution verbracht hatte.

Seine Erzählungen aus jener Zeit waren inzwischen zentraler Teil seines Personenkults. Xi, ein »Mann des Volkes«, wie es in der Staatspresse hieß, wurde 1953 in eine Kommunistenfamilie geboren. Sein Vater Xi Zhongxun trat bereits im Jahr 1928 in die neu gegründete Kommunistische Partei Chinas ein, nach Gründung der Volksrepublik gehörte er zur ersten Führungsgeneration. Sein Sohn Xi Jinping war damit einer der »roten Prinzen«, von denen viele bis heute die höchsten Ämter im Land bekleiden. Mao warf seinem Vater 1962 Verrat vor, Xi selbst wurde wie Tausende andere Jugendliche ins Hinterland verbannt. Ein Sonderzug brachte ihn in das Dorf Liangjiahe, das in den Bergen Zentralchinas liegt, nahe dem Gelben Fluss, der als Wiege der chinesischen Zivilisation gilt, noch heute liefert er rund 200 Millionen Landwirten das Wasser für ihre Äcker und Reisfelder.

Seit Jahrhunderten wohnen die Menschen dieser Bergregion in Höhlen, die in die lehmigen Hänge geschlagen wurden. Im Winter ist es dort drinnen warm und trocken, im Sommer angenehm kühl. In den 1960er-Jahren waren die Bewohner einfachste Bauern, heute sind sie Statisten in Pekings großer Propagandashow. Nach Xis Amtsantritt hat die Regierung das Dorf zu einem Touristenziel umgebaut, das kleine Dorf ist umringt von Parkplätzen und Reisebussen. Tausende Menschen besuchen den staubigen Ort jeden Tag, 2019 kamen fast eineinhalb Millionen. Um zu verstehen, was die Pilger antreibt, schloss ich mich einer Gruppe an. Mit mir liefen ein älteres Ehepaar, zwei Studenten, eine pensionierte Ärztin und ausgerechnet eine Dozentin für Journalismus von einer Uni aus Peking. Während die anderen Selfies machten, schaute sie sich besonders aufmerksam um.

Am Eingang zum Dorf, das wie bei einem Festival mit Absperrgitter zur Einlasskontrolle abgeriegelt war, wurden die Ausweise aller Besucher gespeichert und die Gesichter gescannt. Als ausländische Journalistin sortierte mich die Polizei gleich aus und führte mich in einen separaten Raum, in dem ich verhört wurde. Nach einigen hektischen Anrufen entschied sich der diensthabende Polizist, mich durchzulassen, sodass ich wieder zu meiner Reisegruppe zurückkehren konnte. Von dort an folgte uns ein Dutzend Beamte, aus dem Nichts tauchte eine »Reiseführerin« auf, die uns ungefragt die Stationen des Rundgangs erklären sollte.

1969, kurz nach seiner Ankunft in Liangjiahe, hatte Xi versucht, vor dem harten Dorfleben zurück nach Peking zu fliehen, wurde dort aber verhaftet und zurückgeschickt. Auf diesen Teil der Geschichte gab es in Liangjiahe keinen Hinweis. Die Bildlegende, die auf den Ausstellungswänden erzählt wurde, stellte Xi als einfachen Mann dar: Er war kein verwöhnter Prinzling, sondern ein Bauernsohn. Alles, was er über das Leben wusste, hatte er in dem Dorf gelernt. Wie kaum einer vor ihm sei er in der Lage gewesen, Hunger und Entbehrungen zu ertragen, sei von Flöhen zerbissen worden, habe Tag und Nacht Kohle geschleppt und Schafe gehütet. Dazu habe er das Leben der Bauern verbessert, Brunnen und Sanitäranlagen soll der 15-Jährige gebaut haben.

All das entsprach dem Bild, das die Staatsmedien täglich von Xi zeichneten: ein »Mann der Entschlossenheit und des Handelns, ein Mann profunder Gedanken und Gefühle«, ein Macher, ehrlich und bescheiden. Einer, der sich hochgearbeitet und die Partei von Korruption gereinigt hatte. In den meisten Staatszeitungen stand sein Name inzwischen jeden Tag als Aufmacher an erster Stelle und tauchte in so gut wie jedem Artikel auf. Dazu gab es Kolumnen wie »die Momente von Xi« und eine App mit seinen Zitaten, ähnlich der sogenannten Mao-Bibel, die zur Pflichtlektüre der Kulturrevolution gehörte. Beim 19. Parteitag im Oktober 2017 gab es bei Xis Rede 70 Mal Applaus, und der Staatssender CCTV strahlte die drei, vier Minuten Klatscherei aus. Eine App machte die Begeisterung zum Volkssport. Wer in 19 Sekunden am heftigsten den Führer beklatschte, gewann.

In einem Buch über seine Zeit in Liangjiahe, das ich dort kaufte, hieß ein Kapitel: »Warum es richtig ist, auf Xi Jinping zu hören«. Bei unserem Gang durchs Dorf las die Führerin seine Sprüche vor, die auf Schildern am Wegrand standen. Als ich sie fragte, warum Xi eigentlich aufs Land verschickt wurde, reagierte sie nicht. Dabei waren Hunderttausende während der Kulturrevolution verfolgt und getötet worden. Xis Halbschwester war von Roten Garden in den Suizid getrieben worden. Hatte er in dieser Zeit gewusst, ob seine Familie noch lebte? Wie sieht er Maos Kampagne heute?, bohrte ich weiter. Die Frau wurde nervös. Sie erklärte mir: »Ich kann nur sagen, was hier steht.« Bitte keine Fragen mehr, Kopfschütteln, Blick in Richtung Polizei.

Die Lehrerin sagte wenig, zeigte sich auch gegenüber den anderen Besuchern zurückhaltend. Erst als ich sie nach ihrem Grund für den Besuch fragte, erzählte sie von dem neuen Fach, das sie an der Uni lehren sollte: das »Xi-Jinping-Denken«. Seine politische Theorie war 2018 neben der lebenslangen Amtszeit in der Verfassung verankert worden. Eine Ehre, die selbst Deng Xiaoping erst nach seinem Tod zuteilwurde. Seit 2021 stand das Gedankengut mit dem sperrigen Namen sogar auf dem Stundenplan von Grundschülern, die alles über »Großvater Xi« und die Liebe zum Vaterland lernen sollten.

Gleich nach Amtsantritt hatte Xi die Universitäten einer strikten Kontrolle unterworfen. In einem geheimen Strategiepapier, dem Dokument Nr. 9, wurden Themen wie Meinungsfreiheit, Zivilgesellschaft und Bürgerrechte zu Tabus. Es galt als der Beginn für Xis Kampagne gegen demokratische Konzepte und ihre Verbreitung in China. 2019 ließ der Parteichef das Recht auf Gedankenfreiheit aus den Chartas erster Unis streichen. Kritische Professoren wurden mundtot gemacht oder entlassen. So wie Xu Zhangrun, ein Juraprofessor aus Peking, der es 2018 gewagt hatte, die unbefristete Amtszeit für Xi zu kritisieren. Er wurde unter Hausarrest gestellt. Als er in der Coronakrise Xis repressive Politik indirekt für die Ausbreitung des Virus verantwortlich machte, folgte die Festnahme.

Neben solchen Repressalien schickte Peking die Disziplinarkommission an Universitäten, die eigentlich für die Korruptionsbekämpfung zuständig war, um Linientreue und ideologische Aufsichtspflicht zu prüfen. Inzwischen durften viele Lehranstalten keine Kooperationen mehr mit ausländischen Partnern eingehen. Wenn ein Ausländer bei einer Online-Diskussion dabei war, musste zwei Wochen vorher ein Antrag eingereicht werden. Manche Institute räumten sogar westliche Literatur aus ihren Bibliotheken.

Bei unserem Besuch in Liangjiahe erzählte die Lehrerin vom Alltag an der Uni, aber noch lieber redete sie über Amerika: Zwei Jahre hatte sie dort an der Ostküste gelebt. Dann kam Trump. Wie viele ihrer Freunde war auch sie nach Hause zurückgekehrt, weil ihr Visum nicht verlängert wurde oder sie sich nicht mehr willkommen fühlten. »Irgendwann gehe ich vielleicht noch mal zurück«, sagte sie. »Aber nicht unter Trump, auch die USA schotten sich ab.« Unsere Gruppe wurde bei diesen Worten lebhaft. Der ältere Mann, der mit seiner Frau reiste, erklärte: »Wir arbeiten hart, das stört die Amerikaner.« Seine Frau nickte heftig und sagte: »Wir brauchen einen Führer wie Xi. Einen starken Mann, der den Chinesischen Traum möglich macht.«

Xi war 1985 selbst mal für zwei Wochen in den USA. Im Haus seiner Gastfamilie in Iowa hatte er immer wieder Autos am Fenster vorbeifahren sehen, in denen Eltern ihre Kinder zur Schule fuhren. Für einen Chinesen war das damals ein Wunder, und nun schien dieses Wunder auch für sie wahr zu werden. Die Lehrerin sagte: »Amerikaner gönnen uns diesen Traum nicht. Vielleicht, weil sie selbst nichts mehr zum Träumen haben?« Sie zählte auf: Trump, Armut und Rassismus, man sei dort ja kurz vor einem Bürgerkrieg. Dann doch lieber in China leben.

Wie die Kerne eines Granatapfels

Der Kontrast zwischen der Sicht der Chinesen auf ihr Land und dem globalen Image Chinas in dieser Zeit hätte kaum größer sein können. Ähnlich wie ich es 2007 und 2008 vor den Olympischen Spielen in Peking erlebt hatte, als die Kritik an Chinas Konflikt mit Tibet wuchs, fühlten sich selbst akademisch gebildete Leute wie die Lehrerin in Liangjiahe wieder von den Vorwürfen aus dem Ausland attackiert: Sie betrafen nicht nur eine mangelnde wirtschaftliche Öffnung oder den systematischen Diebstahl geistigen Eigentums, sondern vor allem den Verlust von Rechten und Freiheiten, wie die rigide Reaktion auf die Proteste in Hongkong und die Verbrechen gegen die Uiguren.

Als 2017 erste Berichte über Internierungslager in Xinjiang bekannt wurden, lebte ich noch in Shanghai. Zwischen Starbucks und Start-up-Fieber schien es tatsächlich kaum vorstellbar, was Augenzeugen aus der Region berichteten: die massenhafte Internierung und Verfolgung Tausender Angehöriger muslimischer Minderheiten.

Einige Jahre zuvor war ich zum Urlaub in Xinjiang unterwegs gewesen und fasziniert davon, wie anders das Leben dort im Vergleich zum Rest von China war. Etwa zehn Millionen Uiguren leben in der Region im äußersten Nordwesten Chinas. Die Region besteht größtenteils aus Wüsten und ist fast fünf Mal größer als Deutschland, erst 1949 brachten die Kommunisten das Gebiet unter ihre Kontrolle. Xinjiang ist reich an Rohstoffen und gilt mit acht Ländergrenzen unter anderem zu Afghanistan, Tadschikistan, Kirgisistan, Kasachstan und Russland als Tor nach Zentralasien. Unter Xi Jinping ist die Rolle des Riesengebiets sogar noch wichtiger geworden, das als Knotenpunkt seines milliardenschweren Investitionsprojektes »Neue Seidenstraße« gedacht ist.

Die Uiguren sehen aufgrund ihrer zentralasiatischen Wurzeln nicht nur anders aus als Han-Chinesen, die mit mehr als 90 Prozent der Bevölkerung die größte Ethnie des Landes bilden, auch kulturell und religiös unterscheidet sich ihre Lebensweise. Mit Hochchinesisch kam ich nicht weit, die meisten Leute sprechen Chinas Nationalsprache nur gebrochen, ihre Muttersprache ist Uigurisch, eine in arabischer Schrift geschriebene Turksprache. Das Leben spielte sich zum großen Teil auf der Straße ab, Verkäufer backten in Keramiköfen runde, flache Brote, dazu gab es kräftig gewürzte Fleischspieße, gebratenen Reis und Teigtaschen, auf den Märkten verkauften Frauen Datteln, Nüsse und zuckersüße Wassermelonen.

Die Uhr schien hier langsamer zu gehen als an der Ostküste. Man lebte wie in einer anderen Zeit, schon darum spürbar, weil die Region als einzige in China eine eigene, inoffizielle zweite Zeitzone besitzt. Wenn man sich mit jemandem verabredete, musste man klären, ob es sich um die lokale Zeit oder die Pekinger Standardzeit handelte, die sich um zwei Stunden unterscheiden.

Schon damals waren die Sicherheitsvorkehrungen strikter, als ich es aus Chinas Großstädten an der Ostküste kannte. Polizeistationen und öffentliche Gebäude waren mit Betonpfeilern umzäunt, in den Jugendhotels, in denen ich wohnte, lagerten schusssichere Westen und Schlagstöcke, die Chinas Behörden an Mitarbeiter verteilt hatten. Aber die Hotelbetreiber witzelten mit uns Gästen darüber. Damals konnte ich mich noch frei bewegen, über die Märkte schlendern, Moscheen besuchen und mit Uiguren sprechen, soweit unser beider Chinesisch reichte.

Als ich später nach Shanghai zog, dem urbanen Glanzstück des neuen Chinas, wirkten die Berichte über Verfolgung und Unterdrückung unwirklich und buchstäblich weit weg: Zwischen Shanghai und Ürümqi, der Hauptstadt Xinjiangs, liegen 3200 Kilometer, eine Strecke etwa doppelt so lang wie die von Hamburg nach Madrid. Es fiel leicht, sich mit Dingen zu beschäftigen, die näherlagen. Doch spätestens 2018 waren die Beweise, die Augenzeugen und Satelliten vermittelten, erdrückend.

Im gleichen Jahr war ich zur *Süddeutschen Zeitung* gewechselt, und schon einige Wochen nach meinem Antritt erreichte die Zeitung ein Tipp. Demnach sollte die chinesische Regierung ihre Überwachung auch auf Smartphones und Laptops von Ausländern ausweiten, die über den Landweg in die Region einreisten und dafür eine geheime Überwachungsapp benutzten. Der Hinweis gab den Ausschlag, dass ich mit frischem China-Visum im Frühjahr 2019 nach Osch flog, der zweitgrößten Stadt Kirgisistans und von dort weiter nach Sarytasch, einem kleinen Dorf im äußersten Süden der zentralasiatischen Republik. Dort lag der 3700 Meter hohe Irkeshtam-Pass, über den ich nach Xinjiang reisen würde.

In einer Hütte auf einem verschneiten Berg in Kirgisistan traf ich einen europäischen Touristen, der später darum bat, seinen richtigen Namen nicht zu nennen und hier deshalb Peter Hart genannt wird. Mit der Reise entlang der alten Seidenstraße erfüllte er sich einen Lebenstraum. Mit leuchtenden Augen berichtete Hart von seiner Tour durch Usbekistan und Tadschikistan, und jetzt natürlich durch China, wo ein Spaziergang über den Großen Basar von Kashgar den Höhepunkt seiner Reise bilden sollte.

Ironischerweise klang er dabei so schwärmerisch wie Xi Jinping persönlich, der vier Jahre später im August 2023 forderte, mehr in- und ausländische Touristen sollten ins »schöne« Xinjiang reisen, um »alle Arten von ungenauen und negativen öffentlichen Meinungen« zu widerlegen. Zu dieser Zeit hatten die Vereinten Nationalen längst »schwere Menschenrechtsverletzungen« in Xinjiang angeprangert, Experten sprachen von einem »kulturellen Genozid«. 2019 verrieten geleakte Geheimdokumente der chinesischen Regierung, bekannt geworden als China Cables, die Absicht der Partei, Uiguren massenhaft zu internieren und sie zu zwingen, ihrer Religion abzuschwören und sich der Ideologie der Partei zu unterwerfen.

Ein Vorwurf, den China bis heute bestreitet. Pekings Erklärung: Ausländische Journalisten und Wissenschaftler würden versuchen, China zu diffamieren, hinter allem stünden die USA. Die Staatsmedien haben längst eine Gegenoffensive gestartet, Propagandavideos zeigen tanzende Uiguren. Peking karrt Diplomaten und Influencer in die Region, um ihnen das »echte« Xinjiang zu zeigen. Xi Jinpings Forderung ist, die »Xinjiang-Story« gut zu erzählen. Ich wünschte mir manchmal, die Propaganda wäre wahr, die Realität ist deutlich schwerer zu ertragen.

Meine Reise über den Landweg nach Xinjiang begann um sechs Uhr morgens, wir aßen gesüßten Reisbrei und stiegen ins Auto. Einige Lastwagen hatten die gefährliche Fahrt über die vereiste Straße und entlang der Schluchten in der Nacht abgebrochen und parkten am Straßenrand. Auf der folgenden 140 Kilometer langen Busstrecke zwischen der Grenze Kirgisistans und der Grenze Chinas fanden vier Kontrollen auf kirgisischer Seite statt, wo sich ein paar gelangweilte Soldaten auf Maschinengewehre stützten. Dann betraten wir chinesischen Boden.

An den acht Kontrollpunkten in China scannten Beamte immer wieder unsere Gesichter, kopierten unsere Pässe und durchsuchten unser Gepäck. Obwohl wir zwischendurch nirgendwo angehalten hatten, begannen die Kontrollen alle paar Kilometer von vorn. Peter Hart war ein älterer Mann, das Ein- und Aussteigen und langes Warten an den Checkpoints machten ihm zu schaffen. Hinzu kam, dass die Beamten viel herumschrien, auch wenn sie zu dem weißen Ausländer freundlicher waren als zu den Lastwagenfahrern aus Zentralasien.

An einem Posten, an dem wir durch Nacktscanner laufen mussten, durchwühlten Grenzbeamte seinen Koffer. Hart war nervös, seine Hände zitterten, als er Postkarten einer Moschee hervorholte. »Wo ist das?«, fragte der Beamte, während ein anderer filmte. Als Nächstes entdeckte der Grenzpolizist seinen »Lonely Planet«-Reiseführer; darin war ein Mann mit Turban zu sehen, offenbar ein Muslim. »Kennen Sie diesen Mann?«, fragte ihn der Polizist auf Chinesisch und deutete auf das Foto. Dann durchsuchten sie seine Brieftasche, seine Unterwäsche und Medikamente.

An dieser Station war es auch, an der sie ohne seine Einwilligung eine Software auf sein Handy einprogrammierten. Was sie genau auf seinem Handy machten, wertete später ein Rechercheverbund aus Journalisten und IT-Experten aus. Betroffen waren sein Kalender, seine Kontakte, SMS und Anruflisten. Seine Fotos und Videos glich die App mit Pamphleten und Gewaltvideos von Terrororganisationen ab. Sie suchte auch nach vergleichsweise harmlosen Inhalten wie Koran-Suren und einer Dalai-Lama-Biografie. Peter Hart erfuhr davon erst durch unsere Recherche.

Die App fand nichts auf unseren Handys, was Chinas Regierung für gefährlich hielt, also durften wir einreisen. Insgesamt hatten die Einreiseschikanen zwölf Stunden gedauert. Peter Hart und ich nahmen ein Taxi in die Stadt Kashgar. Bevor der Wagen startete, musste der Fahrer eine Sondergenehmigung bei der Polizei einholen. Im Taxi waren drei Kameras angebracht, Gespräche wurden mitgeschnitten. Der Fahrer, ein Uigure, schwieg. So wie Hart und ich. Die Landschaft flog vorbei, dann ein Schild: »Willkommen im schönen Xinjiang.«

Der erste Gedanke, der sich aufdrängte: Das hier ist kein Land, sondern ein Gefängnis: An jeder Fußgängerzone standen Busse voll bewaffneter Soldaten, fast ausschließlich Han-Chinesen. An jeder Straßenecke waren Polizeiposten aufgebaut, es gab keinen Winkel, den die Überwachungskameras nicht erfassten. Aus Lautsprechern dröhnte mehrfach am Tag die Nationalhymne, danach folgte ein fünfminütiger Vortrag über die Unteilbarkeit Chinas.

In einer anderen Stadt, in die ich später reiste, wehten chinesische Flaggen an jedem Haus, an manchen Türen waren Schilder angebracht, auf denen »gute Familie« stand. In einer Verlautbarung der chinesischen Regierung hieß es, dass diese Schilder solchen Familien vorbehalten wären, die Gesetz und Politik respektierten, an keinen illegalen religiösen Aktivitäten teilnähmen, ihre Kinder moralisch nicht »wie Vagabunden« aufwachsen ließen, keine Gewalt provozierten und sich gegen Separatismus aussprächen.

Öffentliche Gebäude, Schulen und Parteieinrichtungen waren fast überall durch Stacheldraht und Betonpfeiler abgeschirmt. Die meisten Wohnblocks ließen sich nur nach einem Gesichtsscan betreten, beim Einkaufen oder Tanken mussten Einwohner ihren Pass vorlegen. Die Moscheen, die ich aufsuchte, waren entweder verrammelt oder zerstört. Islamische Symbole und Minarette waren beseitigt und als Teil der von Xi ausgerufenen Kampagne zur »Sinisierung der Religionen« durch Han-chinesische Elemente und Pagoden ersetzt.

Ich besuchte auch frühere muslimische Friedhöfe, die abgerissen und verwüstet waren. Sie waren wie einige Moscheen, die ich besuchen wollte, mit Einkaufszentren oder Wohnhäusern überbaut.

Auf Schildern mahnte die Partei: »Alle Ethnien sollten eng wie Granatapfelkerne zusammenhalten« oder »Die Geschichte kann nicht verfälscht, die Wahrheit nicht geleugnet werden«. Darunter erklärte die Regierung, dass Xinjiang unzertrennlich und seit mehr als 2000 Jahren ein Teil Chinas sei. »Ostturkestan hat nie existiert.« Niemals werde die chinesische Nation deshalb die separatistischen Kräfte akzeptieren, die sich in der Region eingenistet hätten.

Mehrfach sprach ich mit Familien, deren Angehörige oder Freunde in Lagern verschwunden waren.

Eltern flehten, ich sollte nicht über den Besuch bei ihnen schreiben. Sie hätten noch mehr Kinder, niemand sei mehr sicher. Eine Familie erzählte über ihre Nachbarn, dass »die«, also Chinas Behörden, deren Tochter geholt hätten. Einmal sprach ich mit einem Mann, dessen Bekannter verschwunden war. Er sagte: »Wenn sie rauskriegen, dass ich dir das gesagt habe, holen sie mich auch.« Er drückte mich mit seinen Händen an die Wand: »Versteht du? Sie schnappen mich und rasieren mir den Bart.« Dabei zog er mit einer Hand an seinem imaginären Bart und imitierte mit der anderen Hand eine Schere. »Wir haben alle Angst. Ich sollte die Blockaufsicht rufen.« Er holte sein Handy raus, hielt dann inne. »Wissen sie, dass du da bist? Wenn ich sie rufe, führen sie dich ab. Okay, ich mache es nicht, aber verschwinde. Sonst werden sie mich als Nächstes holen. Dann bin ich weg.«

Es waren erschütternde Momente, die ich in der Region erlebte. Einmal fuhr ich zu den Orten, an denen Experten für Satellitenbilder mögliche Lager ausgemacht hatten. Am Anfang hatte China behauptet, dass es sie überhaupt nicht gäbe, inzwischen hieß es, dass es sich um Ausbildungsstätten handelte, und Ende 2019 wurde erklärt, alle »Schüler« hätten einen »Abschluss« gemacht. Heute sitzen Tausende dieser sogenannten Schüler in Hochsicherheitsgefängnissen oder sind zu Zwangsarbeiten in andere Provinzen geschickt worden.

Ein Lager, das ich besuchen wollte, war 2018 per Satellit geortet worden. Es lag 50 Kilometer außerhalb des Stadtzentrums, die Zufahrt war mit Stacheldraht und Betonblöcken blockiert, drei Soldaten mit geschulterten Gewehren sicherten die Zufahrt. Bevor sie uns sahen, bat ich meinen Fahrer, umzukehren und die gleiche Route noch einmal zu fahren, um mir das Gebäude genauer anzusehen. Von Weitem sah es aus wie eine Burg mit hohen Mauern und Wachtürmen, eine riesige Anlage inmitten der unbewohnten Wüste. Als wir schließlich auf die Zufahrtsstraße bogen, stoppte uns die Polizei, die Männer nahmen meine Personalien auf und befahlen dem Fahrer, mich zurückzubringen. Sein Wagen hatte keine sichtbaren Mikrofone angebracht, dennoch hatte er bis dahin geschwiegen. In der Stadt angekommen, drehte er sich zu mir um. Es war ein älterer Uigure mit wachen Augen, der nur einen Satz sagte: »Erzähl, was hier passiert.«

Solche Reisen waren nicht ohne Risiko. Behauptungen wie von Außenminister Wang Yi, der im Februar 2024 bei der Münchner Sicherheitskonferenz erklärte, »die Tür nach Xinjiang« stehe weit geöffnet, sind nicht mehr als Fabeln, frei bewegen kann man sich als Journalist in der Region nicht.

Tibet ist für Korrespondenten und Diplomaten offiziell Sperrgebiet, sie brauchen eine Sondergenehmigung, die faktisch nie erteilt wird, und wenn, dann nur für staatlich organisierte Reisen, in denen unabhängiges Arbeit nicht möglich ist. Nach Xinjiang kann man reisen, man wird aber meist am Flughafen oder Bahnhof von der Polizei abgefangen und von dort an verfolgt. Jedes Interview wird für Gesprächspartner zur Gefahr, entweder unterbrechen Sicherheitsbehörden Interviews, schüchtern die Menschen vorab ein oder durch ihre Präsenz vor Ort. Sicherheitsleute verfolgen einen bis in Restaurants oder Wohnungen des Gesprächspartners, als würden ihnen diese gehören. Wenn man sie anspricht, tun sie so, als sei man Luft. Es ist eine Praxis, die inzwischen fast in ganz China zum Alltag von Korrespondenten geworden ist.

Bei jeder Recherche muss man sich inzwischen überlegen, ob es eine Geschichte wert ist, die Verhaftung eines Gesprächspartners zu riskieren. Die Antwort ist in der Regel selbstverständlich Nein. Zudem bestraft die Regierung kritische Berichte, indem sie Visa entzieht oder verkürzt. Seit der Veröffentlichung der China-Cables-Recherchen 2019, die in der *Süddeutschen Zeitung* erschienen sind, erhalte ich nur noch drei- oder sechsmonatige Visa, die normale Dauer einer Arbeitserlaubnis für Journalisten beträgt ein Jahr.

Ein paarmal hatte ich in Xinjiang dennoch Glück. Anders als Fernsehteams brauchte ich keine Kamera, solange ich meinen Pass nicht zeigen musste, fiel ich nicht auf, einmal hielt mich ein Sicherheitsmann für eine Uigurin und winkte mich durch, ein anderes Mal wollte mich ein Polizist verhaften, aber die Festnahme wäre in seine Mittagspause gefallen. Er ließ mich laufen. So schaffte ich es, etliche Male einen oder zwei Tage ohne Überwacher unterwegs zu sein, bevor sie mich aufgriffen. In einem Nachtzug kam ich mit einem Han-Chinesen aus der Region ins Gespräch. »Die Lage ist außer Kontrolle hier«, sagte der Mann. Seine Familie war in den 1960er-Jahren in die Region umgesiedelt worden. Die gezielte Ansiedlung von Han-Chinesen war Teil der Assimilation der Kommunisten gewesen, die mit der Eroberung der Region 1949 begonnen hatte. Vor Gründung der Volksrepublik hatte der Anteil an Han-Chinesen nur 6 Prozent der Bevölkerung betragen, heute liegt er bei mehr als 40 Prozent.

Der Mann im Zug war mit seiner fast 90-jährigen Mutter unterwegs, die an Demenz erkrankt war. Als es dunkel wurde, begann sie sich zu fürchten und weinte. Ihr Sohn wollte einen letzten Ausflug mit ihr machen. Immer wieder entschuldigte er sich bei mir für die Störung, so kamen wir ins Gespräch. Er arbeitete bei einem chinesischen Mittelständler und hatte lange außerhalb von Xinjiang gelebt. Seine Mutter pflegte er mit großer Hingabe, gegenüber den Uiguren zeigte er sich unerbittlich. Was in der Region passierte, sei richtig. Dabei nahm er auch Bezug auf einen Anschlag, der sich 2014 in Kunming abgespielt hatte, also weitab von Xinjiang. Dort, in der südchinesischen Stadt, hatten maskierte Männer und Frauen rund 30 Menschen getötet und mehr als 100 verletzt. Er fragte mich: »Was würde passieren, wenn wir nicht durchgreifen? Seit 2017 ist alles ruhig. Sicherheit muss an erster Stelle kommen.«

Es war die Erzählung, die auch im Ausland verfing: Um die Unterdrückung in Xinjiang zu rechtfertigen, stellte sich China als Opfer des internationalen Terrors dar. Es stimmte, dass es in der Region seit den 1980er-Jahren immer wieder Anschläge gegeben hatte. In den ersten Jahrzehnten unter Mao wurden die Uiguren während der Kulturrevolution radikal verfolgt und hatten extrem gelitten. Unter Deng Xiaoping entspannte sich die Situation, bis zum Zusammenbruch der Sowjetunion, hinter dem die chinesische Führung auch ethnische Unabhängigkeitsbestrebungen vermutete. Die Reaktion war ein gezieltes Vorgehen gegen jegliche Gruppen, in denen sie separatistische Kräfte befürchtete. Ähnliche Aktionen trafen die Innere Mongolei und Tibet, wo Kultur und Sprache der Menschen unterdrückt wurden. In Xinjiang führte die verschärfte Politik zu neuen ethnischen Spannungen. Während Han-Chinesen vom wirtschaftlichen Fortschritt der Region profitierten, war es für die Uiguren schwer, am neuen Wohlstand teilzuhaben. Viele wollten nicht mehr, als gleich behandelt zu werden.

Immer wieder wurde aus Unzufriedenheit auch Gewalt. 2008, kurz vor den Olympischen Spielen, töteten Aufständische 16 Polizisten bei einem Anschlag auf eine Polizeistation in Kashgar, 2009 kamen knapp 200 Menschen bei Unruhen in der Hauptstadt Ürümqi ums Leben, etwa 1600 wurden verletzt. Im Oktober 2013 steuerten laut den Behörden Uiguren ein Auto am Platz des Himmlischen Friedens in eine Menschenmenge, fünf Menschen starben.

Die blutigen Angriffe brannten sich in das Gedächtnis vieler Chinesen und dienten der Partei als Vorwand, die Gewalt Einzelner zu dem Problem einer ganzen Kultur und des Islam zu machen. Die Regierung bezeichnete jeden Protest als islamischen Terror und Angriff auf die nationale Einheit, Geschichten von angeblich islamistischer Gewalt wurden tausendfach wiederholt.

Einmal erzählte mir eine hochrangige Funktionärin aus Peking von ihrer Reise nach Ürümqi, wo sie ein Museum über den islamistischen Extremismus in der Region besucht hatte. Dort hatte sie von einem angeblichen Fall eines siebenjährigen Mädchens gelesen, das durch die Partei vor der Zwangsheirat mit einem Imam in Xinjiang gerettet worden war, der bereits sechs Frauen hatte und gleichzeitig ihre Eltern als Terroristen rekrutieren wollte. Am Ende ihrer Erzählung hatte sie sich selbst zu Tränen gerührt und sagte zu mir: »Wir sind doch alle Eltern.« Natürlich weiß man nie, was in den Köpfen dieser Leute vor sich geht, doch sie schien wirklich vom Wahrheitsgehalt dieser Geschichte überzeugt. Dass sie der Wahrheit entsprach, war ziemlich unwahrscheinlich. In Xinjiang herrschte seit jeher ein überwiegend liberales Verständnis des Islam, die Leute trugen westliche Kleidung, das Kopftuch für Frauen war keine Pflicht. Die Vorstellung von Imamen mit sieben geknechteten Kindfrauen entsprang wohl eher der Fantasie der Propaganda als der Realität, doch sie verfing.

Xi Jinping kannte für die Uiguren keine Gnade. Spätestens ab 2014 standen Männer mit Bärten unter Verdacht, ebenso Menschen, die den Koran lasen, zu Ramadan fasteten und regelmäßig Moscheen besuchten. Uiguren konnten nicht mehr frei reisen, nicht mehr Menschen im Ausland kontaktieren, ohne ins Visier der Behörden zu geraten. Peking machte sie zu Fremden in ihrem eigenen Land.

Als ich mit Peter Hart aus Kirgisistan nach Xinjiang reiste, hatte ich Glück. Bei der Einreise hatten die Grenzsoldaten zunächst hektisch telefoniert, als sie mein Journalistenvisum im Pass entdeckten. Aber weil ich an diesem Punkt bereits Kirgisistan verlassen hatte, sahen sie auch keinen Weg mehr, mich zurückzuschicken. Ich durfte einreisen, die Polizei fing mich erst im Hotel ab. Ich verstieß zwar gegen kein Gesetz, dennoch boten mir die zwei Beamten ein Besucherprogramm an. Sie könnten mir »glückliche Uiguren« vermitteln, die über den Fortschritt von Xinjiang erzählen sollten. Als ich ablehnte, ändert sich ihr Ton. Sie verlangten, dass ich die Stadt sofort verließe. Eine Forderung, der sie am nächsten Morgen mit einer Eskorte zum Flughafen Nachdruck verliehen und noch einmal bei meinem Umstieg in Ürümqi, wo mich Sicherheitskräfte bis zum Flieger nach Peking begleiteten.

Am Abend davor hatte mich mein Reisegefährte noch zu einer Cola eingeladen. Peter Hart hatte vor seiner Reise von der massiven Überwachung in der Region gehört, aber war sich nicht sicher gewesen, was davon zu halten war. Jetzt saß er vor mir, ungeduscht und erschöpft. Dann platzte es aus ihm heraus: Warum ich überhaupt in China lebte? Die Polizei, der Stacheldraht, die vielen Menschen mit gesenkten Köpfen, die wir auf unserem Weg gesehen hatten, er stockte.

Dann erzählte ich. Von meiner Gastfamilie, meinen chinesischen Freunden, dem Wandel in den letzten Jahren. Ich hörte mich selbst den Satz aussprechen, den ich vor so vielen Jahren gesagt hatte: So ist China eigentlich gar nicht. Dieses Mal sagte ich ihn eher zu mir selbst.

»Kopf hoch!«, rufen wir, unsre Heimat ist hier

Die Wahrheit ist häufig nicht das, was wir hören wollen. Sie würde uns zum Handeln zwingen, und das hat seinen Preis. Wirklich verstanden habe ich das erst in Hongkong. Die Sieben-Millionen-Stadt am Südzipfel Chinas war ein Wunder, eine Enklave der Freiheit in Asien und für Jahrzehnte Zufluchtsort für Chinesen, die vor Hunger und Repression durch die Kommunistische Partei über die Grenze flohen. Nach der Übergabe 1997, nach 155 Jahren britischer Herrschaft, sollte diese Freiheit mindestens noch bis 2047 bestehen bleiben. Bei der Rückgabe hatten Großbritannien und China den Status einer »besonderen Verwaltungsregion« ausgehandelt. Mit der Formel »ein Land, zwei Systeme« sollte China für die Verteidigung und Sicherheit zuständig sein, ansonsten sollte die Stadt vollständig autonom bleiben – für mindestens 50 Jahre.

Schon in den 90er-Jahren zweifelten viele daran, dass Peking sein Wort halten würde. Andere gaben sich optimistisch. Immerhin würde ein autonomer Status den Chinesen Hongkong als eine Exklave mit freier Marktwirtschaft erhalten, eine fast unerschöpfliche Devisenquelle der Partei. Für die internationale Geschäftswelt war der Deal eine bequeme Lösung, die Abmachung schützte Hongkong als Finanzmarkt und wichtigstes Tor nach China. Als die Proteste im Jahr 2019 längst eskalierten, blieb das die Haltung vieler deutscher Unternehmer. Xi Jinping sei ein Realpolitiker und Hongkongs Freiheit damit sicher. Ihre Strategie: wegsehen und weghören – bis es zu spät war.

Im Sommer 2017 reiste ich zum ersten Mal in das Labyrinth aus Wolkenkratzern und Gassen. Eine britisch geprägte Stadt, in der sogar auf den Rolltreppen Linksverkehr herrschte, zu viel Milchtee getrunken wurde und wo man am Wochenende zum Picknick in die wilden Berge des Umlandes fuhr. Es war der 20. Jahrestag der Übergabe. Trotz Lärm und tropischer Hitze atmete ich später jedes Mal auf, wenn ich aus Festlandchina dort ankam. Die Hongkonger zeigten, was möglich war, wenn Menschen mit chinesischer Herkunft keiner Gehirnwäsche unterzogen werden. Das Internet war frei, die Presse unabhängig und die öffentliche Debatte von einer lebhaften Zivilgesellschaft geprägt. Interviews waren nie ein Problem.

Doch schon 2017 waren die Veränderungen nicht mehr zu übersehen. Während Xi im Juni in Richtung Hamburger G-20-Gipfel aufbrach, wo er sich als konstruktiver Akteur der Weltpolitik inszenierte, stand Hongkong unter Schock. Der in China geborene Kanadier Xiao Jianhua war im Januar aus dem Nobelhotel Four Seasons entführt worden. Inmitten Hongkongs hatten Herren in dunklen Anzügen den bewusstlosen Mann in einem Rollstuhl aus dem Gebäude gefahren. Xiao war ein Kritiker des Regimes, die Männer sehr wahrscheinlich Mitglieder der chinesischen Sicherheitsbehörden. Erst fünf Jahre später tauchte er in Peking wieder auf, wo er zu 13 Jahren Haft verurteilt wurde.

Der Vorfall war ein Symbol für Xis neuen Kurs in Hongkong. Wenn man die Veränderungen denn sehen wollte. Bei meinem Besuch traf ich Nathan Law. Der damals 23-Jährige, schlank, in blauem Pullunder und mit runder Hornbrille, war der jüngste Abgeordnete des Stadtparlaments. Morgens ging er in die Uni, abends saß er in seinem Eckbüro, von dem aus er die Bucht von Hongkong überblicken konnte. Law war Chef und Gründer der Partei Demosistō. Am Jahrestag der Übergabe würde er nicht im Parlament, sondern hinter einer Polizeisperre stehen. In der

Hand einen gelben Regenschirm als Schutz gegen Tränengaskartuschen und 2014 zum namensgebenden Symbol geworden. Nathan Law hatte die Regenschirm-Protestbewegung gegen Peking gemeinsam mit den Studenten Joshua Wong und Alex Chow angeführt.

Auslöser war schon damals ein gebrochenes Versprechen: Eigentlich sollte die Bevölkerung den Verwaltungschef der Stadt frei wählen dürfen, wie es im Grundgesetz Hongkongs bei der Übergabe festgelegt wurde. Passiert war das nie. Jetzt sagte Law: »Peking hat bei der Rückgabe versprochen, dass es sich aus Hongkong heraushält und Rechtsstaatlichkeit garantiert.« Die Stadt sei in Gefahr. Ein 23-jähriger Student sah voraus, was die Welt nicht sehen wollte.

Zwei Jahre später traf ich ihn erneut. Wieder in Hongkong, beim Gedenkmarsch für die Toten des Massakers am Platz des Himmlischen Friedens, der einzigen Solidaritätsdemo in ganz China. Je größer der Ärger über die Regierung, desto höher stieg die Teilnehmerzahl. 2019 schafften die Organisatoren einen neuen Rekord. Ihr Slogan war »Niemals vergessen«. Nur einige Tage zuvor war die Polizei gewaltsam gegen Demonstranten vorgegangen, die gegen ein Auslieferungsabkommen mit China demonstriert hatten. Viele Hongkonger hatten befürchtet, in die Fänge der chinesischen Justiz zu geraten, in der es für sie weder Recht noch Gesetz gab. Die Hongkonger Regierungschefin Carrie Lam zeigte sich hart, beschrieb ihre eigenen Bürger als quengelnde Kinder.

Von da an eskalierte die Gewalt. Die Mehrheit der Bewegung blieb friedlich, es gab Streiks und Kundgebungen in den kurzen Mittagspausen der Finanzmetropole. Abends versammelten sich die Menschen in Malls, um gemeinsam zu singen. Komponiert von einem Musiker, der sich Thomas nannte, war »Glory to Hongkong« zur Hymne des Protests geworden:

»In Tränen und Trauer gehüllt, von Wut und Enttäuschung erfüllt! ›Kopf hoch!‹, rufen wir, unsre Heimat ist hier, Freiheit und Demokratie!«

Doch auch wenn nicht die meisten Hongkonger an den Ausschreitungen beteiligt waren, zeigten sich laut Umfragen 80 Prozent der Bürger mit der Gewalt an der »Front« einverstanden. Yungmo, »die Tapferen«, nannten sie den harten Kern der jungen Radikalen. Bald kam es jeden Tag zu Straßenschlachten zwischen Polizei und Demonstranten, die sich mit Molotowcocktails und Ziegelsteinen gegen Wasserwerfer und Tränengas-Attacken zur Wehr setzten. Peking ließ Militär in Shenzhen an der Grenze zu Hongkong aufmarschieren. Im November verschanzten sich junge Leute schließlich an Universitäten, der letzte große Kampf fand an der Polytechnischen Universität statt, die größte staatlich finanzierte Hochschule der Stadt. Er dauerte zwölf Tage.

Die Polizei umstellte die Uni mit Wasserwerfern und gepanzerten Polizeiwagen. Über den Köpfen der Studenten kreisten Hubschrauber, bald kam niemand mehr rein oder raus aus dem Campus. Dort herrschte strikte Disziplin. Der Müll wurde getrennt, es gab einen Putzplan. Überall, wo nicht gekämpft oder campiert werden sollte, standen Schilder: »Sauber halten«. Selbst auf der Toilette der Hinweis: Liebe Demonstranten, Hände waschen nicht vergessen! Es gab ein Fundbüro, ein Pressezentrum mit Liveübertragung auf sechs Kanälen und eine Kantine. Daneben eine Krankenstation mit Krankenpflegern und Ärzten. Sie waren Teil eines geheimen Netzwerks aus medizinischem Personal, die Demonstranten behandelten.

Vor den Toren drohte die Polizei mit »tödlicher Gewalt«, in der Uni traf ich auf einen jungen Mann, mit Gefechtshelm gepanzert und mit Pfeil und Bogen bewaffnet. Der 20-Jährige nannte sich Yim und behauptete, er würde nur auf Arme und

Beine der Polizisten zielen. Ob ihm klar sei, dass dieser Bogen auch töten könne? Yim antwortete »Ja«, senkte den Kopf und versuchte, Tränen zurückzuhalten. »Die Polizei erschießt uns«, sagte er. »Ich will nur die Menschen schützen, die unten auf der Straße kämpfen.« Den Polizisten draußen schrie er wenig später entgegen: »Wenn wir brennen, dann brennt ihr auch!« Es war der Schlachtruf einer Bewegung, die erkannt hatte, dass Peking ihrer Stadt niemals die Freiheit schenken würde. Wenn das so war, sollte die Partei mit untergehen.

Wie groß die Unterstützung für sie war, zeigte sich nur einige Tage nach dem großen letzten Showdown an der Polytechnischen Universität. Peking hatte von Beginn an behauptet, dass es sich bei den Protesten um wenige Radikale handelte, die gesteuert durchs Ausland versuchten, China zu schwächen. Es war eine Behauptung, die bei Festlandchinesen schnell verfangen hatte und dazu führte, dass viele von ihnen den Hongkongern nur wenig Mitleid entgegenbrachten. Häufig hörte ich Freunde sagen, die Hongkonger hätten »zu viel Freiheit«, seien gar undankbar. Pekings Propagandamaschinerie bezeichnete die Demonstranten als Kakerlaken und Terroristen.

In Hongkong sah es freilich anders aus. Im November machten die sieben Millionen Einwohner die anstehende Bezirkswahl zu ihrem Referendum. Während Peking einen rauschenden Sieg für seine Wahlleute ankündigte, stimmten neun von zehn Hongkongern für Kandidaten aus dem prodemokratischen Lager. Es war eine Blamage für Peking, die es nicht akzeptieren wollte. Im Oktober 2019 hatte Xi Jinping beim 70. Gründungstag der Volksrepublik gebrüllt: »Keine Macht kann den Fortschritt des chinesischen Volkes aufhalten.« Jetzt zeigte der Parteichef, was es bedeutete, den Machtanspruch der Partei infrage zu stellen.

Die Demontage der Hongkonger Demokratie kam schnell und heftig. Nicht im Geheimen, sondern vor den Augen der

Welt schaffte Peking die Freiheit der Stadt mithilfe eines sogenannten Sicherheitsgesetzes ab. Die gemeinsame chinesisch-britische Erklärung, mit der die Rückgabe einst besiegelt wurde, betrachtete Peking nicht mehr als völkerrechtlich bindenden Vertrag. Vor laufenden Kameras wurden Tausende Aktivisten, Journalisten und Anwälte verhaftet, andere flohen. Hongkong wurde zum Warnzeichen dafür, wie schnell eine freie Gesellschaft durch autokratische Kräfte zerlegt werden konnte. Im Westen wollte man nicht sehen, welch autoritären Charakter das chinesische System hatte. Der Partei war für ihren Machterhalt jedes Mittel recht. Wenige Wochen später würde das auch in Wuhan deutlich werden. Mit Folgen für die ganze Welt.

5. Kapitel

Chronik einer Vertuschung

Welche Pandemie?

Es war der 22. Januar 2020, als mich die Meldung erreichte, dass Mitarbeiter des öffentlichen Dienstes die Stadt Wuhan nicht mehr verlassen durften. Ich saß im Zug, der gerade in Xinyang hielt, der letzten Station vor Wuhan. Die meisten Passagiere waren auf dem Weg zu ihren Familien, um mit ihnen das chinesische Neujahrsfest zu feiern, und freuten sich auf den längsten Urlaub des Jahres. Ich hingegen stellte mir die Frage: Wenn selbst Beamte nicht mehr Wuhan verlassen durften, wer durfte dann als Nächstes nicht mehr raus?

Den Entschluss, nach Wuhan zu fahren, hatte ich spontan getroffen. In meinem Rucksack nur eine Flasche Desinfektionsmittel, eine Maske und ein paar Unterhosen. Sollte ich aussteigen? Ich entschied mich fürs Weiterfahren. Ich wollte wissen, was in der Stadt vor sich ging, denn kurz zuvor war in den sozialen Medien ein Video aus einem Krankenhaus in Wuhan aufgetaucht, das einen Mann im Krankenbett zeigte, angeschlossen an ein Beatmungsgerät, seine Ärzte steckten in Ganzkörperanzügen. Zu diesem Zeitpunkt hatten die Behörden zwar zugegeben, dass man ein neues Virus entdeckt hätte, aber Peking beschwichtigte: Es gäbe keinen Grund zur Panik. Warum aber, fragten sich viele Menschen in China, trugen die Ärzte dann Schutzausrüstung, wenn die Krankheit nicht gefährlich war.

Andere scherzten: »Eine Gruselgeschichte mit vier Wörtern? Ich. komme. aus. Wuhan.« Im chinesischen Internet trendete der Hashtag »Fluhan«, Englisch für Grippe, viele sprachen vom »Wuhan-Virus«, später ein verpönter Begriff. Doch noch gab es keinen offiziellen Namen für das, was sich dort anbahnte.

Entscheidender Grund meines Argwohns war nicht, dass ich früher als andere ahnte, was drohte. Es waren vielmehr taiwanische, japanische und Hongkonger Journalisten, die ich einige Tage zuvor in Taipeh getroffen hatte. In Taiwan fanden Präsidentschaftswahlen statt, aber statt über Wahlergebnisse zu reden, sprachen die Kollegen über die neue Krankheit aus Wuhan. Sie zeigten Videos, die im Netz kursierten, und warnten mich: »Glaube den chinesischen Behörden kein Wort.« Anders als in Europa erinnerten sich viele Menschen in Ostasien sehr genau an das Jahr 2002 und 2003, als Peking den Ausbruch des tödlichen SARS-Virus vertuscht hatte und so lange log, bis sich der Ausbruch nicht mehr verheimlichen ließ. Weltweit starben 800 Menschen, etwa 350 davon in Festlandchina, 300 in Hongkong. Eine weitere Ausbreitung konnte die Weltgesundheitsorganisation, die damals weitaus energischer Druck auf China ausübte, nur durch strikte Quarantäne und konsequente Suche nach Infizierten mit der Seuche abwenden.

Die bittere Wahrheit war, dass Chinas Führung glaubte, aus der Krise 2003 gelernt zu haben: Sie hatte ein Frühwarnsystem entwickelt, das Meldungen über auffällige Infektionen direkt an das nationale Zentrum für Seuchenbekämpfung in Peking weiterleiten sollte, damit lokale politische Interessen umgangen und geschultes Personal schnell informiert würde. Eine ehemalige leitende Mitarbeiterin sagte später in einem Interview, die Nachricht einer unbekannten Lungenkrankheit in Wuhan habe sofort die Alarmglocken bei jedem Beschäftigten des Instituts schrillen lassen. Allerdings hätte sie das Zentrum zu spät erreicht.

Gerade in diesem Dilemma zeigte sich die verquere, von Angst geprägte Logik des chinesischen Systems: Die Ärzte in Wuhan hatten sich nämlich nicht an die nationalen Seuchenbehörden in Peking gewandt, sondern an ihre direkten Vorgesetzten in Wuhan. Sie fürchteten sich vor ihrer Wut, sollte bekannt werden, dass sie die Lokalbehörden übergangen hätten. Die Behörden in Wuhan dürften wiederum Angst gehabt haben, zum Überbringer schlechter Nachrichten zu werden. Im Frühjahr waren Kongresse auf Kommunal- und Provinzebene angesetzt, müssten sie wegen einer Epidemie ausfallen, brächte das ihren politischen Kalender durcheinander, ebenso wie den in Peking. So vertuschten die Lokalbehörden, zunächst auch gegenüber der Führung in Peking, die ebenso simple wie lebenswichtige Erkenntnis, dass das Virus von Mensch zu Mensch übertragbar war.

Drei lange Wochen verstrichen, und die Katastrophe nahm ihren Lauf. Anfangs war es auch für mich schwer, mit der Geschichte aus der recht unbekannten Stadt in Zentralchina in Deutschland durchzudringen. Kurz zuvor hatte US-Präsident Donald Trump die Welt mit der Ermordung des iranischen Generals Qassim Soleimani an die Grenze zum Dritten Weltkrieg manövriert. Mein Chef sagte, ich solle nicht betrübt sein, dass mein Themenvorschlag auf die lange Bank geschoben würde: »Bei dir passiert sicher auch bald wieder etwas Wichtiges.«

Als ich dann einige Tage später in Wuhan ankam, schaute ich mich zuerst um. Die Metropole am Jangtse ist die landesweit fünftgrößte Stadt, ein wichtiges Industrie- und Handelszentrum und Standort vieler deutscher Autozulieferer. Ende des 19. Jahrhunderts begann im »Chicago des Ostens« die deutsche Kolonialgeschichte in China mit einer Konzession im Stadtteil Hankou. Eine längst vergessene Zeit deutscher Geschichte, die kaum sichtbare Spuren hinterlassen hat. An diesem kalten Wintertag stiegen Geschäftsleute, Familien und junge Leute mit mir aus dem Zug, viele trugen Geschenke unter dem Arm. Andere flogen von dort in andere Teile der Welt. Nur Menschen, die Symptome der Krankheit zeigten, durften Wuhan nicht mehr verlassen. Eine amtliche Vorgabe, die im Sande verlief, weil sie kaum kontrolliert wurde.

Inzwischen hatten die örtlichen Behörden rund einen Monat, nachdem man den ersten Infizierten entdeckt hatte, mehr als 440 Fälle und 17 Tote in der Elf-Millionen-Stadt angegeben. Die tatsächliche Fallzahl dürfte damals schon deutlich höher gelegen haben. Experten in Großbritannien hatten eine Woche zuvor im Vergleich zu Fällen im Ausland errechnet, dass etwas mit den Zahlen aus Wuhan nicht stimmen konnte. Die Chinesen witzelten: »Chinesen sind gegen das neue Virus immun. Wieso? Es gibt nur im Ausland neue Fälle.« Bei meiner Ankunft wunderte sich der Taxifahrer, dass eine deutsche Journalistin aus Peking angereist war, nur wegen »ein paar Kranker«. Vor Krankenhäusern, die ich besuchte, herrschte noch kein Andrang. Wie's drinnen aussah, erfuhr ich nicht, weil davor Sicherheitspersonal stationiert war, das mich nicht reinließ.

Also fragte ich mich zum Fischmarkt durch, wo sich im Dezember viele Menschen mit dem Virus infiziert hatten. Dort warteten einige Dutzend Verkäufer vor dem Büro der Marktleitung, um sich für Waren entschädigen zu lassen, die per Dekret der Lokalregierung einkassiert und vernichtet wurden. Die hektische Desinfektion und Vernichtung der auf dem Markt verkauften Tiere erschwerten später Untersuchungen zum Ursprung des Virus.

Die Geschichte einer lebensgefährlichen Pandemie und ihrer Vertuschung begann bei Li Wenliang, einem Augenarzt aus Wuhan, und Ai Fen, einer Medizinerin, die in Wuhan eine Notaufnahme leitete. Im März 2020 gab sie dem chinesischen Magazin *Renwu* ein Interview über diese entscheidenden Tage im Dezember. Darin berichtete die Ärztin Ai Fen vom 27. Dezember, dass in ihrer Notaufnahme in der Nähe des Fischmarkts ein Patient mit auffälligen Symptomen eingeliefert wurde. Es war der zweite in kurzer Zeit, der eine Lungeninfektion hatte. Ai Fen schickte eine Probe an ein Labor. Einen Tag später tauchten fünf weitere Fälle mit dem gleichen Krankheitsbild in ihrer Klinik auf. Dem Magazin *Renwu* sagte sie, dass es das erste Mal war, dass sie an die Möglichkeit eines neuartigen Virus in der Stadt dachte. Zwei Ärzte aus anderen Krankenhäusern informierten da bereits das Zentrum für Seuchenbekämpfung in Wuhan. Die Warnung erreichte auch die Stadtregierung. Einen Tag später informierte Ai Fen die Krankenhausleitung und das lokale Zentrum für Seuchenbekämpfung.

Am 30. Dezember erhielt sie die Ergebnisse aus dem Labor. Sie sprach mit ihren Vorgesetzten und schickte den Laborbericht mit der Diagnose »SARS-Coronavirus« an andere Mediziner in Wuhan. Mit einem Farbmarker umkreiste sie die Ergebnisse und fügte ihrer Nachricht das Video von einem Lungenscan eines weiteren Patienten hinzu. Am selben Tag erreichte auch Augenarzt Li Wenliang der Hinweis. Er teilte die Nachricht in einer Gruppe von ehemaligen Kommilitonen und schrieb: »Sieben bestätigte SARS-Fälle am Huanan-Fischmarkt«. Ein alarmierender Befund, auch wenn sich später herausstellte, dass ein Labor den neuartigen Erreger Sars-CoV-2 mit dem bereits bekannten schweren Lungensyndrom SARS verwechselt hatte. Auf Lis Nachricht warnte ein Kollege, dass die Gruppe womöglich ins Visier der Zensurbehörden geraten könnte. Li antwortete: »Gebt es nicht weiter. Sagt euren Familien und Verwandten, dass sie auf sich aufpassen sollen.«

Die Warnung des Kollegen war berechtigt: Li Wenliang musste sich zunächst einem Verhör seiner Krankenhausleitung stellen und später den Fragen der Polizei, wo man ihn nötigte, eine Erklärung zu unterschreiben. Darin hieß es, er habe unwahre Behauptungen gemacht und die gesellschaftliche Ordnung ernsthaft gestört. In einem Brief für sein Krankenhaus, in dem er Selbstkritik üben sollte, musste er schließlich gestehen, die Nationale Gesundheitskommission bei der Aufklärung des Ausbruchs behindert zu haben.

In der polizeilichen Verfügung hieß es: »Wir wünschen, dass Sie sich beruhigen und sorgfältig nachdenken, und möchten Sie ernsthaft warnen: Wenn Sie weiter halsstarrig bleiben, ihre Vergehen nicht bedauern und mit diesen illegalen Aktivitäten fortfahren, werden Sie strafrechtlich zur Rechenschaft gezogen werden – haben Sie das verstanden?« Li unterschrieb mit: »Ich habe verstanden.« Darunter setzte er mit roter Stempelfarbe, wie in China üblich, einen Abdruck seines Daumens.

Kurz darauf wurden soziale Medien gezwungen, Beiträge zu löschen, die über den Ausbruch einer Epidemie informierten. Auf der Zensurliste standen sogar Begriffe wie »unbekannte Lungenkrankheit« und »SARS-ähnliche Symptome«. Es war der gleiche Tag, an dem die Weltgesundheitsorganisation (WHO) zum ersten Mal von Fällen in Wuhan erfuhr. Einen Tag später schlossen die Behörden den Fischmarkt. Nicht zuletzt, weil dort immer mehr Journalisten auftauchten.

Bei meinem Besuch Mitte Januar war das Gelände von Polizei umstellt, ein britisches Kamerateam wurde beim Versuch zu drehen festgehalten. Ich beobachtete, wie sie mit den Beamten stritten, und nutzte die Chance, an ihnen vorbeizuschlüpfen. Bei einem Rundgang um die Absperrungen, mit denen das Marktgelände eingezäunt war, sah ich noch einige Verkaufsschilder mit Angeboten für Schlangen, Kängurus, Stinktiere und Krokodile und dem stark gefährdeten Chinesischen Riesensalamander. Besonders geheim lief der Handel mit exotischem Getier also nicht ab. Ein Händler, den ich am Markt sprechen konnte, sagte schulterzuckend: »Angeboten wird, was gekauft wird.«

Anfang Januar schrieb Ärztin Ai Fen trotz aller amtlichen

Repressalien erneut den Gesundheitsbehörden. Der Leiter einer Klinik, in der mehrere Menschen mit einer Lungenentzündung behandelt wurden, war erkrankt. Sie empfahl daraufhin ihren Mitarbeitern, Schutzmasken zu tragen. Prompt wurde sie von der Disziplinarkommission des Krankenhauses vorgeladen und vergattert, niemanden über ihre Befunde zu informieren. Ai Fen widersprach, warnte, dass das Virus ansteckend sein könnte. Die Parteivertreter bestanden auf dem Schweigegebot: Sie streue Gerüchte, die den sozialen Frieden der Stadt Wuhan gefährde.

Später wurde bekannt, dass Krankenhäuser in den ersten zwei Januarwochen angewiesen waren, keine neuen Fälle zu melden. Krankenakten von Patienten mit Covid-19-Symptomen wurden verfälscht. Noch am 15. Januar verbreitete die WHO die Behauptung Chinas, dass es keine Belege für eine Übertragung von Mensch zu Mensch gäbe. Auf dessen Grundlage gab auch das Robert-Koch-Institut Entwarnung, die Gefahr für Deutschland sei »gering«. Aus einem geleakten Dokument der Seuchenbehörden in Wuhan wurde Wochen später ersichtlich, dass die Zahl infizierter Ärzte und Pfleger zu dieser Zeit bereits bei rund 500 lag. Im Interview mit *Renwu* sagte Ai Fen: »Ich bereue zutiefst, dass ich nicht mehr Menschen gewarnt habe. Wenn ich gewusst hätte, was ich heute weiß, hätte ich verdammt noch mal mit jedem darüber gesprochen, wann immer ich es konnte.«

Am 22. Januar telefonierte Parteichef Xi Jinping mit Bundeskanzlerin Angela Merkel, als gäbe es außer ein paar wirtschaftlichen Themen nichts Besonderes zu besprechen. Laut offiziellem Protokoll aus Peking ging es vor allem um China als Wachstumsmarkt und Chancen für deutsche Unternehmen vor Ort unter der Bedingung, dass Berlin im Gegenzug chinesischen Firmen freie Bahn ließe. Erst im letzten Absatz wird die Möglichkeit einer Epidemie überhaupt erwähnt. Darin hieß es,

Merkel habe China für seine Offenheit und Transparenz in der Krise gelobt.

Zurück vom Fischmarkt in Wuhan, rief mich mein Chef an: »Nichts wie raus da!«, lautete seine Ansage. Kurz vor Mitternacht nahm ich einen der letzten Züge, die aus Wuhan abfahren durften, in derselben Nacht wurde die Stadt abgeriegelt. Ohne Warnung, ohne Erklärung. Wer drin war, musste bleiben. 76 Tage dauerte die Isolation von Wuhan, die später auf die gesamte Provinz Hubei ausgeweitet wurde. Viele kriegten den Notstand erst mit, als die Behörden Flughafen und Bahnhöfe abgeriegelt hatten. Ohnehin kam die Entscheidung viel zu spät: Etwa fünf Millionen Menschen hatten die Großregion Wuhan bereits verlassen, in der kurz zuvor noch elf Millionen gewohnt hatten. Wie viele der Flüchtlinge das Virus in die Welt trugen, wird man wohl nie erfahren.

Am nächsten Morgen war nichts mehr wie vorher. Landesweit fuhren die Behörden das öffentliche Leben herunter, rund 45 Millionen Menschen steckten zum ersten Mal in einem Lockdown. In Wuhan brach wenige Tage später das Gesundheitssystem zusammen, Infizierte kollabierten auf offener Straße, Krankenhäuser wurden überrannt. Mit der Abriegelung der Stadt versiegte auch der Informationsfluss. Peking schickte 300 Mitarbeiter der Staatsmedien in die isolierte Metropole, wo die staatstreuen Helfer für »positive Stimmung« sorgen sollten.

Nachrichten von verzweifelten Menschen wurden im Netz gelöscht, Recherchen wie das *Renwu*-Gespräch mit Ai Fen zensiert, unabhängige Journalisten und Bürgerreporter festgenommen. Darunter Fang Bin, ein Kleidungshändler und Videoblogger, der in einem Krankenhaus und einem Bestattungsunternehmen verstorbene Corona-Infizierte gefilmt hatte. In einem geheimen Schnellverfahren wurde er zu drei Jahren Haft verurteilt. Oder Zhang Zhan, eine ehemalige Anwältin, die auf X und Youtube über die Lage in Wuhan berichtete, bis sie im

Mai 2020 verschwand. Weil sie die Lügen im Staatsfernsehen entlarvt hatte, landete sie für vier Jahre im Gefängnis, wo sie nach einem Hungerstreik schwer erkrankte. Im Gegenzug präsentierte Chinas Führung der Welt einen Livestream vom Bau zweier Krankenhäuser in Rekordzeit. Eines von vielen Jubelbildern, die nicht nur in China, sondern auch in Deutschland meist unkritisch übernommen wurden.

Noch Mitte Februar bot die Münchner Sicherheitskonferenz dem chinesischen Außenminister Wang Yi eine Bühne für seine Propaganda. Einen Tag zuvor war der erste Corona-Todesfall außerhalb Asiens gemeldet worden. Wang redete von »großen Fortschritten« im Kampf gegen das Virus, als Ergebnis chinesischer Anstrengungen wären bisher nur ein Prozent aller Fälle außerhalb der Landesgrenzen aufgetreten. Wenige Wochen später überrollte die erste Welle Deutschland.

»Wir sind hier ja nicht in Amerika«

In der Nacht auf den 7. Februar starb Li Wenliang, der Arzt, der das Virus früh publik machte, an Covid-19. Wut und Trauer über die Vertuschung und den sinnlosen Tod so vieler Menschen brachen sich im Internet Bahn. In meinem Social-Media-Stream teilte fast jeder, den ich kannte, Trauerkerzen und Bilder von Li. Dazu das Zitat, das er in einem seiner letzten Interviews gegeben hatte: »Eine gesunde Gesellschaft spricht mit mehr als einer Stimme.«

Li war weder Dissident noch gehörte er zu jenen Intellektuellen, mit denen sich viele Chinesen nicht identifizieren. Entweder weil sie Debatten über Menschenrechte für westlich gesteuert halten, darin eine Gefahr für den wirtschaftlichen Wohlstand des Landes sehen oder als Gesichtsverlust verstehen, weil Dissidenten innerchinesische Probleme ins Ausland tragen. Doch Li war anders. Der junge Mann führte ein normales Leben, hatte durch Fleiß den Aufstieg in die Mittelschicht geschafft, und zu Hause warteten ein Kind und eine schwangere Frau auf ihn. Er war alles andere als ein »Unruhestifter«, wie Chinas Behörden engagierte Menschen häufig diffamierten. Aber als er die Menschen seiner Stadt warnen wollte, erklärte ihn die Partei zum Staatsfeind.

Die Wut im Internet war heftig. Kaum vorstellbar, wie Peking sich davon erholen konnte. Ich beschrieb die Lage damals als drohenden »Tschernobyl-Moment«, der bei der Reaktorkatastrophe im Jahr 1986 die sowjetische Regierung rat- und tatenlos aussehen ließ. Ähnlich schien es der chinesischen Führung zu gehen, nachdem sie die Gefahr einer Pandemie vertuscht hatte und nun fürchten musste, angesichts der Massenproteste die Kontrolle zu verlieren. Doch jetzt zeigte sich ein weiteres Mal die Resilienz der Partei. Trotz katastrophaler Fehler und folgenschwerer globaler Ausbreitung des Coronavirus gelang es Peking, erst die Kontrolle über den Ausbruch und dann über die Berichterstattung zu gewinnen.

Wie das aussah, konnte ich bei meiner ersten Reise nach Ende der Abriegelung Wuhans im Sommer 2020 beobachten. Sechs Monate nachdem Peking zum ersten Mal sein hartes Lockdown-Regime durchgesetzt hatte, holte mich ein fröhlicher Taxifahrer in Wuhan vom Flughafen ab. Er begrüßte mich in der »sichersten Stadt der Welt«, seit Monaten hatte es keinen einzigen Infizierten mehr gegeben. Dann forderte er mich auf, meine Maske ordentlich zu tragen: »Wir sind hier ja nicht in Amerika!«

Während das chinesische Lockdown-Regime im Ausland wie die böse Fratze eines Überwachungsstaates wirkte, stand die Null-Covid-Strategie für viele Chinesen anfangs für Freiheit: Es mussten zwar immer wieder ein paar Unglückliche in

Quarantäne, aber nach dem anfänglichen Schrecken kehrte das Leben weitgehend zur Normalität zurück: Schülerinnen und Schüler gingen zum Unterricht, Restaurants und Kinos hatten geöffnet. Landesweit gab es kaum Infektionen, die meisten positiven Fälle betrafen Reisende aus dem Ausland. Offiziell waren bis Sommer 2020 nicht einmal 6000 Menschen an Corona gestorben. Auch wenn es gute Gründe gab, den Angaben der Behörden zu misstrauen, dürften die Zahlen zu jener Zeit ungefähr gestimmt haben.

Im Fernsehen sahen die Chinesen jeden Abend, wie im Rest der Welt die Todeszahlen stiegen. Fleißig zählten die Staatsnachrichten mit: Tausende in Europa! Hunderttausende in den USA! Die Botschaft der Behörden: Nur in China leben Menschen in Sicherheit. Im März 2020 behauptete ein Sprecher des Außenministeriums zum ersten Mal, dass das US-Militär das Virus nach Wuhan eingeschleppt habe. Die Franzosen, so dichtete der chinesische Botschafter in Paris, würden Infizierte zum Sterben in Pflegeheimen zurücklassen. Als die Entwicklung der Impfstoffe fortgeschritten war, folgten Horrormeldungen über angebliche Impfschäden.

Die staatlich orchestrierten Lügen zeigten schnell Wirkung. Dabei kam der Partei auch zugute, dass das Land durch die Schließung der Grenzen so abgeschottet war wie seit Jahrzehnten nicht mehr. Junge Chinesen konnten nicht mehr im Ausland studieren, Geschäftsreisende nicht mehr für Verhandlungen nach Hongkong kommen, Wissenschaftler nicht mehr ihre jährlichen Konferenzen besuchen. Reisepässe wurden nicht mehr ausgestellt, manchmal sogar von Mitarbeitern an Flughäfen zerschnitten.

Im Internet sahen Chinesen nur noch, was die Regierung zuließ. Das Ausmaß dieser Isolation wurde mir im August 2020 in einem anderen Zusammenhang deutlich: Bei einer Explosion im Hafen von Beirut kamen damals 200 Menschen ums Leben.

Erst überschwemmten die Bilder der Explosion das Netz, dann folgten global die Beileidsbekundungen. Hashtags wie »Betet für Beirut« und »In Gedanken in Libanon« trendeten in den sozialen Netzwerken. Weltweit hielten die Menschen inne. Wer allerdings fehlte: trauernde Chinesen.

Über die Mauer klettern, so nennt sich das, wenn Menschen in China die Internetzensur mit technischer Hilfe überwinden. Geblockt sind sämtliche sozialen Netzwerke aus dem Ausland, darunter Instagram, Facebook und X. Selbst die chinesische App TikTok produziert in ihrem Heimatland nur »Fehler 404 – Seite nicht gefunden«. Für Chinesen gibt es nur eine zensierte Version namens Douyin. Ihre Videos sind meist nur im eigenen Land sichtbar. Chinas Internet ist ein Intranet, lokal und abgeschottet.

Das Unglück in Beirut löste in China eine ungewöhnliche Debatte aus. Fünf Jahre zuvor waren im Hafen der nordchinesischen Stadt Tianjin 173 Menschen bei einer Explosion gestorben. Das Unglück in Beirut weckte bei manchen böse Erinnerungen, andere dagegen argwöhnten, wieder einmal von der Welt nicht geschätzt zu werden. Sie kommentierten bitter: »Wo waren die Gebete, als in Tianjin der Hafen in die Luft flog?«

Vielen Chinesen ist gar nicht bewusst, dass die Isolation von der Regierung künstlich geschaffen wird und Menschen im Ausland sehr wohl Interesse hätten, mehr über China zu lernen, über die sozialen Medien an ihrem Leben teilzunehmen, ihnen bei Mutproben oder Tanz-Challenges zuzuschauen oder in einem Katastrophenfall wie in Tianjin ihr Beileid zu bekunden.

Die Folgen der Abschottung zeigten sich auch in den ersten Wochen der Coronakrise, als viele Menschen in Wuhan schwer erkrankten, als Menschen die Bilder ihrer sterbenden Eltern veröffentlichten, manche auch Rechnungen der Krankenhäuser, die sie nicht bezahlen konnten, Infizierte, die darum flehten, dass sich jemand um ihre Kinder kümmert, falls sie nicht überlebten. Diese Videos tröpfelten allerdings nur sporadisch in westliche soziale Netzwerke. Die Pandemie und das durch sie verursachte Leid wurden für viele im Ausland erst greifbar, als sie die erste Welle selbst erreichte. Die globale Netzkultur ist also nur eingeschränkt global. Die Welt minus China.

Die staatlich verhängte Corona-Isolation machte es der Partei noch einfacher, sie einzuschränken. 40 Jahre nach der Öffnungspolitik von Deng Xiaoping lag die Deutungshoheit über das, was im In- und Ausland passierte, fast wieder allein in den Händen der Führung, das bedeutete, in Händen von Xi Jinping.

2016 hatte der Staatspräsident bei einem Besuch in drei Staatsmedien klargemacht, was seine Erwartung an Journalisten in China war. Um die öffentliche Meinung »korrekt zu lenken«, sollten diese den Willen der Partei widerspiegeln und ihre Autorität und Einigkeit schützen, kurzum sollten sie die Partei »als ihren Nachnamen« tragen. Was Xi als »Herz und Seele« der Medienkontrolle bezeichnete, sorgte dafür, dass die Menschen nicht möglichst viele Stimmen zu hören bekamen, sondern nur, was die Partei wollte. Erneut bewies Xi mit seinem Feldzug gegen den Journalismus, dass er aus der Geschichte gelernt hatte: Pressefreiheit und Diktatur vertragen sich nicht. 1989 hatten die Staatsmedien noch über die Proteste am Platz des Himmlischen Friedens berichtet, die *Volkszeitung* nannte die Forderung der Studenten nachvollziehbar, gar vernünftig. Später hatte die Führung diese Öffnung als einen zentralen Fehler im Umgang mit den Protesten gedeutet.

Wie weit Chinas Behörden ab 2020 bereit waren, im Kampf um die Deutungshoheit über Corona zu gehen, zeigte sich im April und Mai 2021, als in Indien die zweite Welle wütete. Ein Regierungs-Account aus Chang'an veröffentlichte damals die Montage von einer chinesischen Rakete neben einer Aufnahme von Leichenverbrennungen in Indien: »Chinesisches Feuer vs.

Indisches Feuer« stand darunter. Auch wenn die meisten Chinesen solche pietätlosen Ausfälle ablehnten, erfüllte sie doch mit Stolz, etwas geschafft zu haben, was nirgendwo sonst auf der Welt möglich zu sein schien: Sie nahmen sich zurück, um einander zu schützen. »*Zhongguoren ai ting hua*« – wir Chinesen lieben es, zu gehorchen, sagte meine ehemalige Gastmutter zu mir, als ich sie über ihre Meinung zum strikten Corona-Regime befragte. Die Chinesen trugen ihre Masken mit Stolz und erklärten, der Wissenschaft zu vertrauen. Spöttisch blickten sie auf Amerika, wo US-Präsident Donald Trump damit warb, Bleichmittel zum Schutz gegen Corona zu trinken: »Ihr seid zu frei«, sagten mir Freunde. »Was bringt euch Freiheit, wenn ihr tot seid?«

Bei meiner Rückkehr nach Wuhan versuchte ich, mit Menschen ins Gespräch zu kommen, die sich in den ersten Wochen mit dem Coronavirus infiziert hatten. Die meisten lehnten Interviewanfragen ab, eine Gesprächspartnerin zog ihre Zusage nur wenige Stunden vor unserem Treffen zurück, sie war von ihrer Familie von dem Treffen abgebracht worden. Die Corona-Politik war inzwischen so aufgeladen, dass Kritik an den Maßnahmen als unpatriotisch galt. Das Gerede Donald Trumps vom »China-Virus« und die global wachsende Zahl von antiasiatischen Übergriffen machten es der Partei leicht, berechtigte Kritik als Angriff auf alle Chinesen darzustellen.

Ausländische Forderungen nach einer unabhängigen Untersuchung zum Virus-Ursprung galten in China bald als ein Versuch westlicher Demokratien, die Chinesen für eigenes Staatsversagen verantwortlich zu machen. Auch wenn zweifellos Unzufriedenheit mit dem System bestand, waren viele Chinesen stolzer denn je auf ihr Land.

Die Kommunistische Partei feierte das Bestehen der »Feuerprobe« in Wuhan mit einer Dauerausstellung, die wochenlang ausgebucht war. Mit etwas Glück bekam ich eine Eintrittskarte. In der Halle, groß wie ein Hangar, hingen Flaggen der Partei von der Decke. Am Eingang: ein Porträt von Xi Jinping. Sein Gesicht thronte über allem, auf einem großen Bildschirm sprach er über die Maßnahmen, die er angeblich bereits am 7. Januar angeordnet hatte. Zwei Wochen bevor die Öffentlichkeit über die Gefährlichkeit des Virus gewarnt wurde.

Es war eine Geschichte, die der Partei besser passte: Die Zentralregierung hatte eine Corona-Fibel herausgebracht, auf 125 Seiten erklärte sie darin, wie transparent, offen und verantwortungsvoll die Regierung reagiert habe. Die Führung habe zentral und effizient gehandelt. Mit einem »sicheren Gespür für die Menschheit, ihre Völker, für Wohlstand und die internationale Gemeinschaft«.

Diese Version der Geschichte wurde in stundenlangen Heldenepen, Opern und 20-teiligen Fernsehserien erzählt. Wuhans Ärzte wurden als »weiße Engel« und »Krieger in weißen Kitteln« inszeniert und von den Zuschauern gefeiert. Heller strahlten nur noch die Heldentaten von Mitgliedern der Partei. Zu dieser gehörte nun auch Li Wenliang: Nach seinem Tod hatte Chinas Führung zwar zugegeben, dass der Umgang mit ihm »unangemessen« war. In der aktuellen Version war er kein »Staatsfeind« mehr, sondern Frontkämpfer der Partei.

In Wuhan war die Botschaft deutlich: Xi Jinping mache keine Fehler. Im Oktober 2022 stand der 20. Parteitag an. Dort wollte Xi sich zum Parteichef auf Lebenszeit machen lassen. Nichts durfte seine Autorität infrage stellen. In der Ausstellung führte er nicht nur sein Volk, die ganze Welt suchte Rat bei ihm. Bilder zeigten, wie er mit Kanzlerin Merkel telefonierte, mit Ursula von der Leyen, mit dem Chef der Weltgesundheitsorganisation Tedros Ghebreyesus. Auf den Titelseiten der Staatsmedien hörten andere zu, wenn Xi Jinping redete.

Retter in der Not

Das Coronavirus diente Peking nun als Beweis für die Überlegenheit seines autoritären politischen Systems: Während es China scheinbar gelungen war, seine Bevölkerung zu schützen, scheiterten westliche Demokratien mit ihren »sogenannten Freiheiten«.

In der Anfangszeit gelang es Peking, die Kosten seiner Corona-Politik für Menschen und Wirtschaft zu verdecken. Um international den Imageschaden wiedergutzumachen, schickte Peking im Zuge seiner »Maskendiplomatie« Hunderte Millionen Masken, Coronatests, Beatmungsgeräte und rund 200 Ärztinnen und Ärzte zur Unterstützung in hart getroffene Länder. Peking sollte nicht mehr als der Schuldige wahrgenommen und unangenehme Fragen sollten verdrängt werden. Die Partei gab sich als Retter in der Not. Dafür wurde die Ankunft von Lieferungen aufwendig inszeniert, Empfängerländer standen unter Druck, sich bei China für die Großzügigkeit zu bedanken.

Als eines der ersten Länder konnte China dabei einen Impfstoff vorweisen. Heimischen Impfstoffhersteller standen bei der Entwicklung schier unbegrenzte Ressourcen zur Verfügung. Mit Unterstützung der Regierung hebelten die Wissenschaftler auch gängige Sicherheitsstandards aus, um den internationalen Wettlauf bei der Impfstoffentwicklung zu gewinnen. Zum Ärger Pekings reichte es trotz vieler Regelbrüche nur für Platz zwei, Russland meldete seinen Durchbruch etwas früher. Doch die eigenen Impfstoffe nährten Chinas Nationalstolz. Nichts durfte die wissenschaftliche Leistung infrage stellen, sodass China nie ausländische Impfstoffe zuließ, auch wenn diesen in Studien eine höhere Wirksamkeit attestiert wurde. Darunter vor allem mRNA-Impfstoffe, die auch in China selbst erforscht, aber nicht rechtzeitig fertiggestellt wurden.

Die Bilanz der »Masken-Politik« erwies sich denn auch als

durchwachsen: Viele Materialien waren von so minderer Qualität, dass sie auf dem Müll landeten, später wuchsen auch Zweifel an der Wirksamkeit der Impfstoffe, die Peking zudem entgegen eigener Darstellungen nicht nur spendete, sondern zu einem großen Teil verkaufte.

Doch im Endeffekt profitierte Peking von der Schwäche des Westens: Während China gerade den Ländern des globalen Südens innerhalb kürzester Zeit mit Material und Impfstoff zur Seite stand, waren die Länder der Europäischen Union vor allem mit eigenen Problemen beschäftigt. US-Präsident Donald Trump, der Chinas drastische Maßnahmen zunächst gelobt hatte, änderte im Angesicht steigender Infektions- und Todesfälle in den USA den Ton gegenüber China: Nun machte er das Land für die Katastrophe verantwortlich und stoppte die Unterstützung für die Weltgesundheitsorganisation, die laut Trump das Versagen der chinesischen Behörden vertuscht hätte. Die chaotische Trump-Regierung war ein Geschenk für Peking. Jegliche amerikanische Kritik – sei es wegen rigider Eingriffe gegen Proteste in Hongkong oder Unterdrückung der Uiguren in Xinjiang – konnte die Partei jetzt zu einer vorgeschobenen Debatte im Konflikt zwischen den USA und China erklären.

Viele Chinesen hatten zu Recht das Gefühl, große Opfer in der Coronakrise zu bringen. Die Pandemieregeln waren nirgendwo strikter, nirgendwo wurden sie disziplinierter befolgt: Die Leute trugen Masken, hielten Abstand, blieben zu Hause. Gleichzeitig fühlten sich viele von ihnen durch die Debatte über den Ursprung der Pandemie erneut vom Westen zu Menschen zweiter Klasse degradiert. In dieser Stimmungslage hatten die Staatsmedien leichtes Spiel.

Neben dem Versuch, sich durch Lieferungen von Masken und Impfstoffen Einfluss zu verschaffen, setzte Peking, wie 2020 in einer Analyse des Schweizer Center for Security Studies beschrieben, auf harte Maßnahmen und Sanktionen, um Kritik abzuwenden. Am heftigsten traf es Australien, das im April 2020 darauf drängte, die Herkunft des Virus zu untersuchen. Peking reagierte mit Strafaktionen. Zahlreiche australische Produkte wie Kohle und Wein wurden mit Importzöllen belegt, der für Australien wichtige Handel mit China brach zusammen. Bis heute blockt Peking Versuche, dem Ursprung unabhängig im Land nachzugehen.

Auch Taiwan geriet wieder stärker in den Fokus der Partei. Das Land, das mit drastischen Mitteln wie einer strikten Einreisekontrolle, aber auf demokratischen Wegen die Pandemie in den Griff bekam, diente als globales Vorbild für die Krise. Erneut forderten Experten die Mitgliedschaft Taiwans in der Weltgesundheitsorganisation, die Peking strikt ablehnte. Dafür schickte es mehr Kriegsflugzeuge und Schiffe in Küstennähe der Insel als je zuvor. Gleichzeitig nutzte es die Not vieler Anrainerstaaten wie die Philippinen und Malaysia im Südchinesischen Meer, die mit den Folgen der Pandemie kämpften, um mit militärischer Präsenz neue Fakten zu schaffen. Auch im Himalaja erhöhte China im Grenzkonflikt mit Indien den Druck, indem die chinesische Armee drohte, in indische Gebiete vorzurücken.

Zutritt für ausländische Freunde verboten

Um die Verantwortung für den Ausbruch noch weiter von sich abzulenken, schürte Peking auch mit ganzer Kraft das Misstrauen gegen Ausländer im Land. Bei den täglichen Meldungen von Neuinfektionen unterschied es zwischen Fällen im Land und »importierten Fällen«, die den Eindruck erwecken sollten, dass es ausschließlich Ausländer wären, die das Virus immer wieder einschleppten. In Wirklichkeit handelte es sich in neun von zehn Fällen um Chinesen, die nach Hause reisten. Für Ausländer waren die Grenzen zum größten Teil schon im März 2020 geschlossen worden, doch das wurde stillschweigend unter den Teppich gekehrt.

Die ausländerfeindlichen Kampagnen in den Staatsmedien zeigten bald ihre Wirkung: Überall zogen Chinesen ihre Masken enger vors Gesicht, wenn sie Ausländer sahen. Sie stürzten aus Fahrstühlen, wenn man dazustieg, oder verließen fluchtartig Restaurants. Landesweit wurden Ausländer aus Bars und Fitnessstudios geworfen oder durften Hotels und Wohnviertel nicht mehr betreten. In einer Kneipe in Peking wurde ich einmal gebeten, nicht am Eingang zu sitzen, das ruiniere das Geschäft. »Zum Glück sind die Ausländer weg«, sagte der Barkeeper halblaut, als wir gingen. Eine chinesische Freundin wollte sich mit mir treffen, konnte aber nicht: Sie arbeitete für ein Staatsunternehmen, das ihr den Kontakt mit Ausländern verbot.

Im März 2020 ging ein Bild viral, das einen Ausländer auf einem Schiff und einen Haufen Müll zeigte, der von der chinesischen Küstenwache zurückgeschickt wurde. Die Überschrift: Vorsicht vor einer zweiten Welle, ausgelöst durch »ausländischen Müll«. Nur einige Wochen später sahen Hunderte Millionen Chinesen online ein Video, in dem erklärt wurde, in welche Mülltonnen Ausländer gehörten. Dass solche Videos und Karikaturen in Chinas strikt überwachtem Internet nicht gelöscht wurden, macht die Strategie Pekings deutlich, inneren Zusammenhalt durch Abgrenzung gegen Fremde herzustellen.

Klar ist, dass auch in anderen Teilen der Welt zu dieser Zeit die Angriffe gegen Fremde zunahmen, in Deutschland kam es zu einem heftigen Anstieg von antiasiatischem Rassismus. Eine Umfrage im Mai 2021 zeigte, dass jede zweite befragte Person mit asiatischem Migrationshintergrund während der Corona-Pandemie selbst Diskriminierung erlebte, 11 Prozent sogar körperliche Gewalt. Die Krise verstärkte bestehende Ressentiments gegen asiatisch gelesene Menschen, die lange verharmlost wurden.

Doch während Peking das Ausland warnte, das Coronavirus nicht zu »politisieren«, tat die Kommunistische Partei genau das. Das Coronavirus wurde zu einem ausländischen Virus erklärt, die Behörden bauten auf ein altbekanntes Leitmotiv: Traut keinen Ausländern. Während Peking sich selbst als stark und kompetent im Kampf gegen das Virus inszenierte, konnte jeder neue Ausbruch aufs Ausland geschoben werden. Dass das Coronavirus aus den USA kam, galt zu diesem Zeitpunkt in China bereits als allgemein akzeptiert.

Bei einer Rechercheréise im Sommer 2020 nach Harbin im Norden Chinas, wo es vor Corona noch viele russische Geschäftsleute und Touristen gegeben hatte, erlebte ich, wie groß die Angst war. Als ich mit dem Zug nach Peking zurückreisen wollte, umringten mich drei Gestalten in weißen Ganzkörperanzügen, »große Weiße« genannt, um mich am Betreten des Bahnhofes zu hindern. Weder mein negativer Coronatest, keine 24 Stunden alt, noch meine Corona-App konnten sie beruhigen. Auch der Einreisestempel im Pass reichte nicht, der belegte, dass ich China seit fünf Monaten nicht verlassen hatte.

»Als Ausländer bist du gefährlich, vielleicht infiziert«, sagte einer der Sicherheitsleute, die in den Anzügen steckten. In der Stadt wollten sie mich aber auch nicht behalten. Wenn sie mich in den nächsten Zug setzten, würde ich zum Problem der Behörden am Zielort. Ich durfte also fahren, nur in der Wartehalle sollte ich nicht sitzen. Stattdessen wurde ich in einen separaten Raum geführt. In den kommenden Stunden durfte ich weder zur Toilette (»für Ausländer gesperrt«) noch etwas zum Essen kaufen.

Ich hätte eigentlich nicht überrascht sein dürfen, hatte ich doch über Monate hinweg über die Stimmung im Land berichtet. Trotzdem verletzte es mich, wie hier von Angesicht zu Angesicht über mich entschieden wurde, obwohl ich wie jeder andere in China lebte, meine Maske trug und mich wahrscheinlich sogar öfter noch als die meisten Einheimischen testete.

Wer zwischen China und dem Ausland reiste, musste ab März 2020 zwei, drei und später manchmal vier Wochen in Zwangsquarantäne. Abgeriegelt in Hotels, häufig ohne Möglichkeit, Türen oder Fenster zu öffnen. Im Sommer 2022 hatte ich bereits dreimal die zwei bis drei Wochen Hotel-Quarantäne hinter mir. Rund doppelt so viel, wenn ich die Tage eingeschlossen in meiner Wohnung mitzählte, die ich nach Wuhan und anderen Reisen abgesessen hatte.

Plötzlich wirkte es normal, drei Wochen auf 15 Quadratmetern zu leben und permanent der Willkür lokaler Behörden ausgeliefert zu sein. Dazu tägliche Corona- und Bluttests und mit Hängeschlössern verrammelte Notausgänge, die die Quarantänehotels in potenzielle Todesfallen verwandelten. Das letzte Mal in Hotelquarantäne war ich mit Jonathan schwanger. Bei Komplikationen wäre es schwierig gewesen, in ein Krankenhaus zu kommen. Selbst bei schweren Verletzungen oder Notfällen dauerte es meist Stunden und teils Tage, bis die Lokalbehörden ihre Zustimmung zu Evakuierungen gaben. Doch das waren die Spielregeln, wenn man weiter nach China reisen wollte.

Nach damals sechs Jahren im Land war es für mich wie für viele Ausländer ein Schock, wie schnell die Stimmung gegen Fremde kippte. Dabei folgte die ausländerfeindliche Welle einem altbekannten Muster: Es war die staatlich geschürte Wut, die sich in den vergangenen Jahrhunderten immer wieder gegen alles Ausländische richtete, wenn Chinas Führung auf der Suche nach einem Schuldigen war.

Ein Professor mit chinesischen Wurzeln, der an einer Pekinger Universität unterrichtete und davor viele Jahre im Ausland gelebt hatte, fasste es in Worte, die mich noch eine Weile beschäftigten. Er sagte: »Das Vertrauen zwischen uns brach zusammen.« Wie in der Kulturrevolution unter Mao sei er gezwungen gewesen, seine Studenten und Freunde wie Feinde zu betrachten. Enttäuscht von der chinesischen Zivilgesellschaft kündigte er 2021 seinen Job und suchte nach Lehrstühlen in Europa.

Damit war er wahrlich nicht der Einzige: Bereits vor der Krise hatten nur rund 846 000 Ausländer in China gelebt. Nun flohen sie, so schnell es die wenigen Flüge aus dem Land erlaubten. Zwischen 2020 und Sommer 2022 halbierte sich die Zahl der Ausländer in China von 0,06 auf 0,03 Prozent – damit lebten in Berlin mit knapp vier Millionen Einwohnern doppelt so viele Menschen mit ausländischem Pass wie in China mit seinen fast anderthalb Milliarden.

Aus Öffnung wird Konfrontation

In dieser Stimmung und beinahe völlig abgekapselt vom Rest der Welt wurden im Februar 2022 ausgerechnet in China die Olympischen Winterspiele eröffnet. Zum ersten Mal richtete eine Stadt Sommer- und Winterspiele aus. Peking kündigte an, sein Volk im Rekordtempo in eine Wintersportnation zu verwandeln, auch wenn es im chronisch trockenen Peking nicht einmal ausreichend Wasser gab, um Kunstschnee zu produzieren. 300 Millionen neue Wintersportler versprach Peking der globalen Wintersport-Industrie. Ein Segen für eine Branche, die vielerorts mit Fragen der Nachhaltigkeit und den Folgen des Klimawandels kämpfte.

Ohne Rücksicht auf Natur und Kosten wurden Sportstätten gebaut, sogar eine ganze Wintersportregion entstand, sodass pünktlich am 4. Februar 2022 Athleten aus 91 Nationalen Olympischen Komitees in das hell erleuchtete Pekinger Nationalstadion marschierten. Doch während das Olympische Komitee von einem »starken Déjà-vu-Gefühl« fabulierte, konnte wenig darüber hinwegtäuschen, dass die Welt nun in einem gänzlich anderen Land zu Gast war als noch 2008.

Bei aller Kritik hatten die Sommerspiele zur Lockerung in vielen Bereichen geführt. In meinem Austauschjahr im Jahr 2008 hatte ich einmal mit einer Lehrerin das Kunstviertel 798 besucht, einen ehemaligen Rüstungsbetrieb der chinesischen Armee unter Mao Zedong. Während die Regierung erst erwogen hatte, die Ateliers zu zerstören, wurde es damals zum Aushängeschild des neuen und modernen China. Für den Zeitraum der Spiele waren Plätze ausgewiesen worden, auf denen demonstriert werden konnte, wenn die Proteste vorher angemeldet waren. Zumindest in Teilen wurde auch die Internetzensur gelockert. Rückblickend war es kaum begreiflich, wie offen die Journalistenkollegen damals noch mit Aktivisten und Professoren über die Herausforderungen in China sprechen konnten. Kritik, die 14 Jahre später undenkbar war. Fast alle Gesprächspartner aus jener Zeit saßen im Gefängnis oder äußerten sich nicht mehr öffentlich.

In Texten war es normal geworden, Interviewpartner nur noch mit Nachnamen oder Pseudonymen zu erwähnen, weil jede Erwähnung Konsequenzen für sie haben konnte. Immer häufiger kontaktierte die Polizei Interviewpartner nach Terminen, manchmal riefen Nachbarschaftskomitees die Sicherheitsbehörden nur, weil sie mich als Ausländerin in ihrem Wohnblock sahen. Dabei ging es nicht einmal um Recherchen zu Dissidenten, sondern um harmlose Gesellschaftsstücke wie die alternde Gesellschaft, junge Leute in China oder ein Porträt über Livestreamer.

2008 hatte in Peking ein Gefühl relativer Freiheit geherrscht.

Auch wenn die Öffnung nur eine Show fürs Ausland gewesen war, hatte sie nicht nur die Welt geblendet, sondern auch die Chinesen für einige Jahre ergriffen. Es herrschte eine optimistische, fröhliche Grundstimmung, die auch auf die Tausenden ausländischen Besucher überging. Bis heute erhalte ich Leserbriefe von Leuten, die in diesen Jahren nach China gereist waren und mir begeistert von der Herzlichkeit und Offenheit der Chinesen berichteten, wie ich sie auch als Schülerin erlebt hatte.

Im Februar 2022 war an Touristen überhaupt nicht zu denken. Der neue Slogan »Vereint für eine gemeinsame Zukunft« erinnerte zwar an die Spiele 2008, doch von Gemeinsamkeit war nicht viel zu spüren. Erneut forderten Menschenrechtsaktivisten einen Boykott der Spiele, dieses Mal ging es nicht mehr nur um Tibet, sondern auch um die Verbrechen in Xinjiang, die das chinesische Olympia-Organisationskomitee mit dem Satz »alles nur Lügen« kommentierte, und die Niederschlagung der Demokratiebewegung in Hongkong.

In unserem Wohnviertel, in dem Teilnehmer des Mega-Events untergebracht waren, wurden Hotels mit meterhohen Zäunen und Polizeibarrikaden abgeriegelt, kurz vor den Spielen ermahnte die Stadt ihre Bürger, nicht zu helfen, sollte ein Fahrzeug der Olympischen Spiele in einen Unfall verwickelt sein, so sollten Infektionen verhindert werden. »Achten Sie bitte darauf, einen Sicherheitsabstand einzuhalten«, lautete die Anweisung. Besser hätte man die Distanz zwischen Chinesen und der Welt nicht zusammenfassen können. Erst im Sommer 2021 hatte Xi den Ton gesetzt, in dem er das Ausland warnte, sich die »Köpfe blutig zu schlagen an einer Chinesischen Mauer aus Stahl, die von mehr als 1,4 Milliarden Chinesen geschmiedet wurde«.

Der erste Tiefpunkt der Winterspiele 2022 war schon nach ein paar Minuten erreicht, als Dinigeer Yilamujiang mit einem anderen Athleten das olympische Feuer entzündete. Die junge Skifahrerin war bis dahin in China völlig unbekannt und blieb es auch, sportlich spielte sie bei den Wettkämpfen keine Rolle. Die Ehre sei ihr zugekommen, weil sie die junge Generation repräsentiere, erklärten Chinas Staatsmedien, unterstützt durch das Internationale Olympische Komitee. Ein Zynismus, der kaum zu ertragen war. Immerhin war deutlich, dass es hier um ihre Herkunft ging: Die Sportlerin stammte aus dem Altai-Gebirge in Xinjiang. Ein billiger Propagandastunt, um von den Verbrechen in der Region abzulenken. Bei einer Recherche über die Verflechtungen zwischen dem Internationalen Olympischen Komitee und Peking hatte ich schon vor Monaten in einer Ausstellung in Tianjin die kuriose Behauptung der Chinesen entdeckt, dass ausgerechnet in diesen Bergen Chinas das Skifahren erfunden worden sei.

Auch wenn Chinas Propagandablatt Nummer eins, die *Global Times,* verkündete, die Spiele hätten global eine neue China-Begeisterung ausgelöst, war doch kaum zu übersehen, wie anders die Spiele dieses Mal waren: Nach zwei Jahren Corona-Pandemie war das Land immer noch abgeriegelt, in den Stadien würden nur chinesische Zuschauer sitzen. Die Einreiseregeln für Sportlerinnen und Sportler waren lange unklar, harsch und erschwerten einen fairen Wettkampf. Auch die Topathleten der Welt sollten in den Wochen vor dem Wettkampf in kleinen Hotelzimmern auf ihre Testergebnisse warten. In einer hermetisch abgeriegelten Olympia-Blase fürchteten sie sich vor einer Infektion und der dann folgenden Zwangsquarantäne. Andere wie Eisschnelllauf-Star Nils van der Poel haderten mit ihrem Gewissen im Angesicht von Unterdrückung und Zensur.

In den Wochen vor den Spielen wirkte es, als wären sie ohnehin nur Statisten für Pekings große Propagandashow. Während 2008 das ganze Land mit Countdown-Uhren dem Sportereignis entgegenfieberte, war 2022 alle Begeisterung verflogen. Die

Vorbereitungen waren, abgesehen von den neu gebauten Sportstätten, im Alltag kaum spürbar. Es herrschte wenig Vorfreude, viele Chinesen betrachteten es für eine Selbstverständlichkeit, dass China ein Großereignis wie die Olympischen Spiele ausrichtete. Von der Kritik bekamen die Menschen in China sowieso kaum etwas mit. In den Zeitungen wurden nur Lob und Begeisterung ausländischer Sportler und Funktionäre abgedruckt.

Chinas Bewerbung für die Spiele war 2001 auch erfolgreich gewesen, weil es zugesichert hatte, die Bedingungen für Journalisten zu verbessern. Tatsächlich erlaubten die Behörden ausländischen Journalisten zu den Spielen, ohne eine staatliche Genehmigung frei im Land zu reisen und chinesische Bürger zu interviewen, soweit diese denn einwilligten. Während chinesische Journalisten gewarnt wurden, nicht über »unvorteilhafte« Themen zu schreiben, bedeuteten die neuen Regeln für Korrespondenten zunächst mehr Freiheiten. Für einige Zeit gingen die nächtlichen Polizeibesuche bei Recherchen zurück, das Außenministerium sprang nun häufiger ein, wenn es zu Konfrontationen mit Lokalbehörden kam.

Der Kontrast zum Jahr 2022 hätte kaum größer sein können. Auch wenn die meisten Spielstätten nur wenige Kilometer von Peking entfernt waren, scheiterte ich daran, diese vorab zu besuchen. Anfragen an Behörden und chinesische Sportler wurden ignoriert. Versuche, auf eigene Faust in Spielstätten zu fahren, endeten mit Straßenblockaden auf den Zufahrtsstraßen zu den Stadien. In einem Fall erklärten Sicherheitsbehörden einem Kollegen, dass nicht einmal das Filmen des Olympia-Logos erlaubt sei. Größere Fernsehsender wurden verfolgt, sobald Korrespondenten ihre Büros verließen. Von außen kommenden Journalisten war überhaupt kein Arbeiten außerhalb der Corona-Blase möglich.

Der Verein der Auslandskorrespondenten in China kritisierte später, die Bedingungen für die Berichterstattung seien hinter internationalen Standards zurückgeblieben, »regelmäßig« hätten die Behörden Journalisten behindert. Aus einer großen Coming-out-Party, wie sie China 2008 gefeiert hatte, war ein makaberes Schauspiel geworden, kaum sichtbar hinter den Corona-Absperrwänden, wie sie im ganzen Land standen.

Bis zur Medaillenvergabe wurden die Spiele durch die Diskussion der Lage in China überschattet. Doch dann ereignete sich etwas, das selbst diese Sorgen zum Nebenschauplatz werden ließ: der russische Angriffskrieg auf die Ukraine.

6. Kapitel

Die schwarze Hand Amerikas

Eine Partnerschaft ohne Grenzen

Was hatte Xi Jinping gewusst? Gab es eine geheime Absprache, wonach er seinen Amtskollegen Putin gebeten hatte, erst nach Olympia anzugreifen? 2008 hatte Russlands Präsident die Eröffnungsfeier der Sommerspiele in Peking besucht, während seine Armee in Georgien einmarschierte. Westliche Geheimdienste deuteten kurz nach Kriegsbeginn an, dass die chinesische Führung zumindest bis zu einem gewissen Grad über die Pläne informiert gewesen wäre. Pekings bevorzugtes Kampfmittel ist die Erosion, nicht der offene Angriff. Ein Jahre dauernder Krieg, der Chinas Wirtschaft massiv belasten würde, dürfte nicht in Pekings Sinne gewesen sein. Kaum ein Land hat von Globalisierung und Stabilität so sehr profitiert wie China. Doch gegen Putins ursprünglichen Plan, den Westen ein wenig aufzurütteln, dem NATO-Bündnis seine Grenzen aufzeigen, zwei, drei Tage Unruhe zu stiften, bis die Ukrainer aufgeben, diese Idee dürfte Xi Jinping keine großen Kopfschmerzen bereitet haben.

Die zwei Autokraten verstehen sich gut, rund vierzig Mal haben sie sich seit Xis Amtsantritt getroffen, Putin nennt Xi einen »guten Freund«. Nur 20 Tage vor Kriegsbeginn kündigten beide eine »Partnerschaft ohne Grenzen« an und den Beginn einer »neuen Ära der Weltordnung«. Zum ersten Mal sprach sich Xi auch öffentlich gegen eine Erweiterung der NATO in Osteuropa aus. Schon wenige Tage nach Kriegsbeginn wurde deutlich, dass er nicht bereit war, von seinem Bündnispartner abzurücken.

Wie häufig profitierte China in Europa zunächst von einem bemerkenswerten Vertrauensvorschuss: Nachdem die Kritik an seinem Schweigen gewachsen war, wurde Xi plötzlich aktiv und telefonierte mit Bundeskanzler Olaf Scholz und Frankreichs Präsident Emmanuel Macron. Auch deutsche Zeitungen übernahmen Meldungen aus Pekings Propagandamaschine, ohne sie einzuordnen: »China fordert friedliche Lösung des Konflikts in der Ukraine«, hieß es da. Oder auch: »China mahnt zur Zurückhaltung«. Beim Abschluss des Volkskongresses im März 2022 versicherte der damalige Regierungschef Li Keqiang der Weltöffentlichkeit, dass China eine positive Rolle für den Frieden spielen werde.

Peking machte gerade genug, um Kritiker im Westen zu beschwichtigen und sich als neutraler Vermittler darzustellen. Die Wahrung nationaler Souveränität gehört zu den Grundprinzipien von Chinas Außenpolitik, es betont die Nichteinmischung in innere Angelegenheiten, auch um Kritik an der Menschenrechtslage im eigenen Land abzuwehren. Doch wer genau zuhörte, merkte im Fall der Ukraine schnell, dass Präsident Xi bereit war, über die Verletzung der ukrainischen Souveränität hinwegzusehen, und keinesfalls vom grundsätzlichen Kurs Chinas abwich. Ja, es sei bedauerlich, dass die Gewalt auf den europäischen Kontinent zurückgekehrt sei, sagte er. Doch die »legitimen Sicherheitsinteressen aller Länder« müssten ernst genommen werden. Gemeint waren Russlands Interessen.

Zu Hause übernahm Chinas Außenministerium bald Wort für Wort Russlands Propaganda, in den täglichen Pressekonferenzen schimpften Pekings Außenamtssprecher gegen die westlichen Sanktionen. Die Ähnlichkeit zu Auftritten ihrer russischen Kollegen war frappierend, von Diplomatie keine Spur.

Zudem vermieden sie, überhaupt von einem Krieg zu sprechen. Im Gegenteil, das Land übernahm den Sprech des Kremls, redete von einer »Spezialoperation«, einem »Konflikt« oder der »Ukraine-Frage«. In vielen Statements klang es nicht so, als sei die Ukraine ein unabhängiges Land.

Wenige Wochen nach der Geburt meines Sohnes beendete ich meine Elternzeit vorzeitig und machte mich auf in das Atelier von Fernsehmoderator und Blogger Sima Nan. 30 Millionen Menschen folgten ihm auf seinem Kanal in dem sozialen Netzwerk Weibo, dem chinesischen Pendant zu X. Sima Nan gehört zu den einflussreichsten Meinungsmachern im Land und war eine der lautesten Stimmen geworden, die Chinesen den Ukraine-Krieg erklärten. Der Blogger sagte, die Sache mit dem Krieg sei leicht zu verstehen: Die USA hätten Russland provoziert, irgendwann sei es nicht mehr auszuhalten gewesen. Manche könnten mit der Arroganz der Amerikaner leben, Russland könne es nicht.

Anstoß für meine Reportage über den chinesischen Meinungsmacher gab eine gute Freundin aus Peking. Als ich sie zu ihrer Haltung zum Krieg befragte, schockierte sie mich mit ihrer Antwort: Für sie war der Überfall kein Angriff des Kremls, sondern ein Verteidigungskampf der Russen gegen die USA. Putin war in ihren Augen kein Kriegsverbrecher, sondern ein Held, der sein Land verteidigte. Sie fragte mich: »Warum töten die Amerikaner nur so gerne?« Sie war eine gebildete Frau mit einem Uniabschluss aus Großbritannien, hatte dort mehrere Jahre gelebt. Wie war sie zu dieser Meinung gelangt?

Ein Teil der Antwort fand ich im Netz: Während Xi sich im Gespräch mit westlichen Staatschefs freundlich gab, sich sogar als Vermittler anbot, explodierte in Chinas Internet, angetrieben von Tausenden staatlichen Accounts die prorussische Propaganda. Und Sima Nan gehörte zu den Dirigenten. Anstelle eines Interviews, für das wir uns im Frühjahr 2022 verabredet hatten, machte der Blogger eine Show aus meinem Besuch. Als ich durch die Tür kam, hatte sein Assistent schon eine Kamera auf mich gerichtet. Die ausländische Presse berichtete ja ständig falsch über China, erklärte er, das würde er jetzt richtigstellen. Er wechselte noch schnell in ein weißes Hemd. Danach begann er zu reden, fast ununterbrochen für mehr als drei Stunden.

Sein Atelier war ein Sammelsurium aus Büchern, Büsten und ausgestopften Tieren, darunter eine echte Karettschildkröte, eine vom Aussterben bedrohte Art. Am Fenster stand das Modell einer Trägerrakete des chinesischen Raumfahrtprogramms. »Die USA und Europa wollten nicht mit uns kooperieren, sie haben die Technologie, aber wir Chinesen bekommen sie nicht«, schimpfte er. Doch bald könnte China die einzige Nation mit einer eigenen Raumstation werden, prahlte Sima Nan. Da war das bekannte Motiv wieder: der ewige Befreiungskampf der Chinesen vom Westen.

Am Revers des Bloggers hing eine Anstecknadel: Dem Volk dienen. Ein alter Mao-Slogan, wie er heute noch am Eingang zum schwer gesicherten Sitz der Kommunistischen Partei im Herzen Pekings steht, nur einige Schritte entfernt vom Platz des Himmlischen Friedens.

Sima Nan war damals 65, ein kleiner, drahtiger Mann, der am lautesten über seine Witze lachte. Eigentlich hieß er Yu Li, sein Pseudonym war eine Anspielung auf Sima Qian, der als Vater der chinesischen Geschichtsschreibung gilt. Im Regal hinter ihm stand ein Foto: Es zeigte ihn neben Li Na, der jüngsten Tochter von Mao Zedong. »Ohne Mao hätte Amerika nicht so schlechte Laune, denn seit Mao leben die Chinesen ein gutes Leben.« Er sprach vom Staatsgründer, der beim Versuch, China zu industrialisieren, die größte Hungerkatastrophe der Weltgeschichte ausgelöst hatte, mit zwischen 30 und 45 Millionen Toten.

Der Krieg, sagte Sima Nan in die Kamera und berichtigte sich sofort, die »militärische Spezialoperation« habe ihn überrascht, bis er die Rede von Putin am 24. Februar hörte. Gemeint war die russische Kriegserklärung, in der Putin nach dem Überfall die Staatlichkeit der Ukraine infrage gestellt hatte. Damals, erzählte mir Sima Nan, habe er den russischen Präsidenten, »das militärische Genie«, verstanden. Und dann leierte er fast wortgleich das herunter, was der Kreml den Menschen in Russland eintrichterte.

Jahrelang seien russischsprachige Menschen in der Ostukraine durch das Nazi-Regime in Kiew getötet worden, die wahre Verantwortung, sagte er immer wieder, liege bei den USA. Wie in seinen Videos fabulierte er von einer drohenden Hungersnot und frierenden Europäern, die Washington getrost in Kauf nähme. Seine Behauptung: Deutschland und China seien sich gar nicht fremd, beide würden von den Amerikanern unterdrückt. Die Deutschen könnten das aus Scham nur nicht zugegeben, »wegen Hitler«. Ich war erstaunt über den Bogen, den Sima Nan in kürzester Zeit von Mao bis zu Hitler spannen konnte, ohne dabei Luft zu holen. Dass ihm dabei regelmäßig bis zu 30 Millionen Menschen zugucken, machte mich nachdenklich.

Seine Videos bekamen besonders viele Klicks, wenn er über Amerika herzog, den globalen »Tyrannen«. Ob er selbst glaubte, was er seinen Followern erzählte? Eine Frage, die ich später einem ehemaligen chinesischen Diplomaten stellte. Han Yang lebte inzwischen in Australien und übersetzte in seiner freien Zeit besonders häufig geklickte Beiträge aus dem chinesischen Netz und teilte sie auf X. Er war Teil einer Gruppe, die sich »The Great Translation Movement« nannte. Aktivisten, die durch ihre Übersetzungen die neue, staatlich geschaffene und meist antiamerikanische, hasserfüllte Atmosphäre sozialer Medien in China aufdecken wollten. Und sich damit zu Staatsfeinden machten.

Ob Sima Nan nun überzeugt war von den Märchen, die er täglich mit seinen 30 Millionen Followern teilte? »Schwer zu sagen«, meinte Yang. Ziemlich sicher sei es aber profitabel. Ihn erinnerte der chinesische Blogger an den US-Medienmacher Tucker Carlson: Je krasser die nationalistische Stimmung, desto besser das Geschäft. »Patriotismus mit Profit« nannte er das. Je weniger Platz die Zensoren versöhnlichen Stimmen einräumten, desto höher die Einnahmen.

Im Netz, das einst als größte Chance für Chinas Öffnung begrüßt wurde, gaben immer häufiger ultranationale Kommentatoren den Ton an. 2021 startete die Jugendorganisation der Kommunistischen Partei eine Attacke auf die schwedische Bekleidungskette H&M und ihre 520 Läden im Land. Das Unternehmen hatte angekündigt, keine Baumwolle mehr aus Xinjiang beziehen zu wollen, weil es zunehmend schwierig sei, die Arbeitsbedingungen vor Ort zu überprüfen. Erst ein Dreivierteljahr später wurde die Meldung von der Kommunistischen Jugendliga im Netz aufgegriffen: »Lügen über einen Boykott Xinjiangs verbreiten und gleichzeitig Geld in China machen? Wunschdenken«, kommentierte sie.

Es folgte eine staatlich orchestrierte Kampagne, die innerhalb von Stunden das Land erfasste und eine Hasswelle gegen ausländische Hersteller wie H&M, Adidas, das japanische Uniqlo und Nike vor sich herschob. Das US-Logo, das meine Gasteltern rund 15 Jahre zuvor noch mit Stolz getragen hatten, pulten aufgebrachte Chinesen nun von ihren Schuhen und Pullovern, manche filmten sich dabei, wie sie ihre Klamotten verbrannten. Chinesische Stars traten als Markenbotschafter zurück, Shoppingmalls schraubten H&M-Schilder von ihren Wänden ab, in Peking bot eine Bar Freigetränke für Kunden, die chinesische Konkurrenzprodukte trugen.

Die Kampagne war als Strafaktion zu verstehen: Die Kommunistische Partei nutzte den Zugang zum Milliardenmarkt im eigenen Land als Waffe. Ausländische Unternehmen hatten sich an Pekings Vorgaben zu halten, andernfalls drohte der Rauswurf. Beispiele dafür waren Fluggesellschaften wie die Lufthansa, die auf ihrer Internetseite Flugziele in Taiwan als »Taiwan, China« aufführen musste.

Im Fall von H&M hatte der späte Protest gar nichts mit dem Unternehmen zu tun, sondern war in Wahrheit eine Reaktion auf Sanktionen, die Großbritannien, die USA, die Europäische Union und Kanada einige Tage vorher gegen chinesische Offizielle verhängt hatten, denen sie vorgeworfen hatten, in Xinjiang gegen Menschenrechte verstoßen zu haben. Das Staatsfernsehen erklärte: »Die Antwort an Unternehmen, die die Interessen unseres Landes verletzen, ist klar: Von ihnen wird nichts gekauft.«

In der Einkaufsstraße unserer Nachbarschaft, in der die Polizei sonst innerhalb von Sekunden auftaucht, wenn ich versuche, Interviews zu führen, ließen die Behörden plötzlich zu, dass vor und in den betroffenen Läden Proteste stattfanden. Handelsketten wie Alibabas Taobao entfernten die Marken ausländischer Modehersteller von ihren Plattformen, selbst auf Kartendiensten wie Baidu Maps, dem chinesischen Pendant zu Google Maps, waren ihre Läden nicht mehr zu finden. Gleichzeitig wurde die schwedische Modekette H&M in den Staatsmedien zu einem Werkzeug der Amerikaner erklärt.

Im Ukraine-Krieg folgte China dem gleichen Schema: Nicht Putin war schuld am Krieg, sondern »die schwarze Hand« Amerikas. Diese Behauptung wurde 2022 tausendfach im Netz geteilt. Während Chinas Zensoren sonst innerhalb von Sekunden unliebsame Inhalte löschten, sahen die Menschen nun schreckliche Szenen aus dem Krieg im fernen Europa. Keine fliehenden Ukrainer, sondern Interviews mit angeblichen Augenzeugen, die von ukrainischen Massakern an der russischen Zivilbevölkerung berichteten. Dazu russische Soldaten, die Lebensmittel an ukrainische Kinder verschenkten. Ein Telefonmitschnitt sollte beweisen, dass Wolodymyr Selenskyj bereits am 19. Februar die Flucht seiner Familie aus Kiew organisiert hatte. Ein Cartoon zeichnete die USA als Kriegsverursacher, der immer weiter Öl ins Feuer goss. Und Internetnutzer, die Chinas offizielle Erzählung in Online-Diskussionen anzweifelten, wurden als »Volksverräter« und »amerikanische Hunde« niedergebrüllt.

Zu Kriegsbeginn machte auch wieder ein Gerücht die Runde, das Chinas damaliger Sprecher des Außenministeriums, Zhao Lijian, im März 2020 in die Welt gesetzt hatte. In einer Pressekonferenz hatte er Russlands Vorwürfe aufgegriffen, die USA entwickelten in der Ukraine in geheimen Laboren Biowaffen. Hier hätte womöglich auch der Ursprung des Coronavirus gelegen, sagte Zhao. Eine Behauptung, für die es keine Belege gab. Der chinesische Außenamtssprecher unterstellte Washington, seine Forschung zu verschleiern. »Was sind die wahren Absichten der USA?«, fragte Zhao.

Der Diplomat war ein »Wolfskrieger« der ersten Stunde. Der Begriff steht für Pekings neue Art von Diplomatie, die in der Corona-Zeit ihren Anfang nahm. Hatte Deng Xiaoping noch gemahnt, »sein Licht unter den Scheffel zu stellen und im Verborgenen stärker zu werden«, gab Xi die unter dem Reformer eingeübte Zurückhaltung endgültig auf. Während der Öffnungspolitik ab Ende der 1970er-Jahren hatte China versucht, die Welt von seinen friedlichen Absichten zu überzeugen. Xi Jinping war es nun wichtiger, Stärke zu demonstrieren und das eigene System als überlegen darzustellen. Der Parteichef hielt es für überflüssig, sich im Ausland um sein Image zu scheren, vor allem nicht in der westlichen Welt.

In einer Mischung aus Stolz über die Leistungen während der Pandemie und dem Gefühl, wegen des anfänglichen Versagens in Wuhan jegliche Kritik sofort zum Schweigen bringen zu müssen, setzten Chinas Diplomaten auf einen neuen aggressiven Ton. Benannt nach einer gleichnamigen Actionfilmserie, in der eine chinesische Version des amerikanischen Raufbolds Rambo die Volksrepublik im Alleingang gegen den fiesen Westen verteidigt, beleidigen die Wolfskrieger ihre Gastländer, drohen Staatschefs und stürmen auch mal aus einem Gipfeltreffen, wenn es ihnen passte.

Seit dem Ukraine-Krieg ist das Verhältnis zwischen Russland und China so eng wie seit den 1950er-Jahren nicht mehr. Seit 2022 haben beide Länder ihre Zusammenarbeit in fast allen Bereichen von Sicherheit, Militär bis zur Wirtschaft intensiviert. Der russische Rohstoffexport nach China, von Öl, Gas über Metalle und Düngemittel liegt auf einem Rekordniveau und dient Peking bei seinem Bestreben nach größerer Autarkie. Durch die westlichen Sanktionen bezieht Russland inzwischen einen Großteil seiner Industrie- und Konsumgüter aus dem Nachbarland, die günstigen Waren aus China helfen dem Kriegsland dabei, dem russischen Volk das Gefühl von Normalität vorzugaukeln.

Unter den Exporten sind auch Mikrochips und andere Technologien, die das russische Militär dringend benötigt. Ohne China stände Putins Kriegsführung schon längst vor Engpässen. Aus dem anfangs als Zweckbündnis belächelten Verhältnis ist eine feste Allianz geworden. Die staatliche Nachrichtenagentur Xinhua nennt die NATO inzwischen offen einen »todbringenden Mörder« und Geist, der im Dienste der USA weltweit für Chaos sorge. Das Außenministerium spricht von einer »Kriegsmaschine«, die für das Leid von Millionen Menschen verantwortlich sei. Gerade im globalen Süden stößt die antiwestliche Rhetorik auf Zuspruch, dessen Länder dem Westen Doppelmoral vorwerfen und die internationale Ordnung zunehmend ablehnen.

Die Vorstellung, dass China seine Beziehungen zu Europa

und den USA, trotz allem seine wichtigsten Handelspartner, nicht wegen des deutlich kleineren Marktes in Russland gefährden würde, hat sich als falsch herausgestellt. Im Gegenteil, Xi und Putin sind durch ihren gemeinsamen Feind, die USA, geeinter denn je.

Xi Jinping scheint endgültig überzeugt, dass sich die Rivalität mit den USA trotz positiver Signale der Entspannung nicht mehr grundsätzlich umkehren lässt. Er hält sich an Mao, der einst erklärte, »alles, was der Feind bekämpft, müssen wir unterstützen; alles, was der Feind unterstützt, müssen wir bekämpfen«. Auch wenn Europa und die USA näher zusammengerückt sind, der Ukraine-Krieg bindet Kräfte in Washington, führt zu Streit um Ressourcen und Prioritäten, was das Land lähmt. Bei Xis Staatsbesuch im März 2023 erklärte Xi seinem Freund Putin: »Es finden Veränderungen statt, wie wir sie seit hundert Jahren nicht mehr gesehen haben. Lass uns diese Veränderungen gemeinsam vorantreiben.«

Die Sprache unserer Feinde

Chinas Unterstützung ist essenziell für Putins Krieg. Doch Xi rüstet auch seine eigene Armee auf: Beim 19. Parteitag 2017 kündigte er zwei zentrale Ziele an: Bis 2035 soll Chinas Militär grundlegend modernisiert worden sein, um bis 2049 über die global führende Armee zu verfügen. Seit Jahren gibt es im März zum Volkskongress immer die gleiche Meldung: China erhöht die Militärausgaben.

Stets wächst dieser Etat schneller als das Bruttoinlandsprodukt, seit Xis Machtantritt haben sich die Verteidigungsausgaben fast verdoppelt. Daran haben auch die Wirtschaftsprobleme nichts geändert. Experten gehen davon aus, dass die tatsächlichen Ausgaben sogar noch deutlich höher liegen. China hat nach den USA inzwischen den zweitgrößten Militäretat der Welt, auch wenn der US-Etat immer noch dreieinhalb Mal höher liegt. Ein Sprecher des Nationalen Volkskongresses nannte die ständigen Steigerungen im Jahr 2023 »angemessen und vernünftig«, das Land müsse komplexe Herausforderungen für seine Sicherheit bewältigen und seiner Verantwortung als großes Land gerecht werden.

Es sind vor allem Xis Aussagen, die Sorgen bereiten: Am Rande des Nationalen Volkskongresses 2023 sprach er von einem Umfeld für Chinas Entwicklung, das sich »dramatisch verändert« habe, die Unwägbarkeiten hätten stark zugenommen. »Insbesondere die westlichen Länder, angeführt von den USA, verfolgen eine umfassende Eindämmung, Einkreisung und Unterdrückung Chinas, was nie da gewesene schwere Herausforderungen für die Entwicklung Chinas mit sich bringt.« Bereits 2018 stellte Xi klar: »Wir sind entschlossen, blutige Kämpfe gegen unsere Feinde zu schlagen.« Und: »Wir haben starke Fähigkeiten, unseren rechtmäßigen Platz in der Welt einzunehmen.«

Um seine wachsenden Macht- und Gebietsansprüche in der Welt durchzusetzen, wächst die Armee wie keine andere Streitmacht. Mit mehr als 350 Kriegsschiffen verfügt China inzwischen über die größte Flotte der Welt, bis 2030 sollen weitere 100 Schiffe dazukommen. Viele patrouillieren um Taiwan und im Südchinesischen Meer, wo Peking seit 2012 seine Präsenz in rasantem Tempo ausweitet. Auch wenn der Ständige Schiedshof in Den Haag Pekings »historische« Ansprüche auf die Gebiete im Südchinesischen Meer eindeutig zurückgewiesen hat, hat China dort Felsen und Atolle mit zivilen und militärischen Anlagen gebaut und künstliche Inseln aufgeschüttet. Das Seegebiet gehört zu den wichtigsten Schifffahrtsrouten der Welt, in der Region werden große Erdöl- und Gasvorkommen vermutet. Zudem dürfte Peking die Gebiete mittelfristig zu einem

Schutzwall für seine U-Boot-Flotte aufbauen, die auf der Tropeninsel Hainan im Südchinesischen Meer stationiert ist.

Das Land hat entlang der rund 22 500 Kilometer langen Landgrenze inzwischen mit fast allen Nachbarn neue Konflikte begonnen oder alte aufleben lassen. Nach dem Indisch-Chinesischen Grenzkrieg von 1962 kommt es seit einigen Jahren wieder verstärkt zu Zusammenstößen an der abgelegenen indisch-chinesischen Grenze im Himalaja. Im August 2023 veröffentlichte Peking seine neue Standardkarte, die als Vorlage für Schulen und Wissenschaftler dient und den von China beanspruchten indischen Bundesstaat Arunachal Pradesh als *zangnan* bezeichnet, übersetzt Südtibet. *Xizang* ist das chinesische Wort für Tibet, seit 2021 weigern sich Chinas Staatsschreiber und Diplomaten, auch in fremdsprachigen Texten den Namen Tibet zu benutzen. Grundlage dafür ist eine Anweisung der Propagandabehörden, die deutlich zeigt, wie aggressiv die Partei die Zwangsassimilierung der Region vorantreibt.

Die Militarisierung ist längst im Alltag angekommen. Um die »Kampffähigkeit und Bereitschaft« der Truppen zu erhöhen, fordert China eine »eiserne Einheit« zwischen Armee und Regierung und Armee und Bevölkerung. In der »neuen Ära« von Xi Jinping sollen sich Zivilisten wie Soldaten eng um die Partei scharen. Was das bedeutet, wird im Alltag immer sichtbarer: In den Städten hängen große Plakate mit Soldaten und Parolen wie: »Es lebe China! Zollt dem Vaterland euren Tribut!« An Bahnhöfen und Flughäfen entstehen großzügig ausgestattete Warteräume, die dem Militär vorbehalten sind. Selbst bei einem Besuch im Pekinger Zoo erlebten wir mal einen Soldaten, der sich in der Ticket-Schlange an uns vorbeidrängelte. Als ich fragte, warum er sich nicht hinten anstellte, rief er der Kassiererin zu: »Ich bin vom Militär. Sag der Ausländerin, dass wir nun immer Vorrang haben.«

Auch die größten Kinoproduktionen sind mittlerweile Kriegsfilme, ihr Lieblingsthema ist der Koreakrieg, der 1950 zwischen den nordkoreanischen Truppen und Südkorea ausbrach. Nachdem die USA und UN-Truppen auf der einen Seite eingriffen und rund 200 000 sogenannter Freiwilliger auf chinesischer Seite, wurde daraus ein dreijähriger Stellvertreterkrieg, der rund vier Millionen Tote forderte und in einem Waffenstillstand ohne klaren Sieger endete. In Amerika wurde der Koreakrieg durch die Strahlkraft des Sieges im Zweiten Weltkrieg und die späteren Gräueltaten im Vietnamkrieg überschattet. Auch in China erinnerte man nach der Annäherung an die USA in den 1970er-Jahren vergleichsweise zurückhaltend an den Krieg.

Bis zu Xis Amtsantritt, seitdem spielt die Erinnerung an den Krieg eine immer größere Rolle. Die Chinesen nennen den Konflikt »Krieg zum Widerstand gegen die USA und zur Hilfe für Korea«. Der Kinofilm »Die Aufopferung«, den ich 2020 in einem bis auf den letzten Platz besetzten Kino sah, eröffnete mit einer Einführung in Chinas Version des Konflikts. Ein Sprecher erzählte, dass im September 1950 die USA das kommunistische Nordkorea überfallen hätten, »unter dem Deckmantel« einer UN-Mission, wobei der Name Vereinte Nationen in den Untertiteln des Films in Anführungszeichen gesetzt war. Jedes Kind in der Schule lernt, dass China aus reiner Notwehr gegen die amerikanische Invasion in den Krieg eintrat. »Frieden durch Kämpfen« heißt es in den Geschichtsbüchern, Xi befahl zum 70. Jahrestag von Chinas Kriegseintritt: »Die Sprache der Invasoren sprechen.« Seine Botschaft ans chinesische Volk lautet: Schon einmal haben wir gegen die USA gekämpft und gesiegt. Das Land müsse sich wappnen, solle aber keine Angst haben.

Auch im Fernsehen wird mehr denn je geschossen: Die in China so beliebten Liebesdramen mit dreißig bis fünfzig Folgen, die ich in meinem Austauschjahr häufig mit meiner Gastschwester bis tief in die Nacht geschaut hatte, haben sich verändert. Damals verliebten sich die Frauen in erfolgreiche Unternehmenschefs. Junge Männer, die gerade vom Studium im Ausland heimkehrten. Sie trugen westliche Anzüge, wechselten in Dialogen spontan ins Englische und verhandelten mit ausländischen Managern auf Augenhöhe. Seit einigen Jahren heißen die Serien »Ruhm der Spezialkräfte« oder »Mein lieber Beschützer« und »Du bist mein Held«. Sie erzählen vom aufopfernden Leben der Soldaten, ihrem Kampfgeist und Mut, dem Frauen nicht widerstehen können.

Auf Geheiß des Zentralkomitees soll auch die patriotische Ausbildung in Schulen gestärkt werden. Neben dem wöchentlichen Flaggenappell, wie ich ihn schon in meiner Schulzeit 2007 bis 2008 erlebte, absolvieren Schüler und Studenten seit dem Massaker am Platz des Himmlischen Friedens zum Schulbeginn ein mehrtägiges militärisches Training. Auch in der schulfreien Zeit schicken immer mehr Eltern ihre Kinder zu militärischen Sommerlagern. Die Kinder üben den Umgang mit Messern, Gewehren und Handgranaten, ebenso korrektes Salutieren und werden über die Geschichte militärischer »Märtyrer« belehrt. Unter Xi Jinpings Regime gehört dies alles zum »Kampf gegen den historischen Nihilismus«. Wer es wagen sollte, chinesische Kriegshelden zu verleumden, wird seit 2018 bestraft. 2024 geriet der chinesische Literaturnobelpreisträger Mo Yan, eigentlich Nationalheld in China, durch die Klage eines ultranationalistischen Bloggers unter Druck, der ihm vorwarf, in seinen Büchern japanische Soldaten als »zu schön« darzustellen und Mao Zedong zu beleidigen.

Dass die Militarisierung inzwischen selbst die Kleinsten betrifft, lernte ich beim Nationalfeiertag in der chinesischen Kita meines Sohnes. Dort musste die Gruppe der Ein- bis Dreijährigen aufgrund einer neuen Anweisung des Bildungsministeriums am Nationalfeiertag strammstehen, während die Betreuer in Militäruniform anmarschierten und die Nationalflagge hissten. Einige der älteren Kinder trugen Tarnfleckuniformen, auch meinem damals anderthalbjährigen Sohn wurde eine chinesische Flagge auf die Wange gemalt.

Demokratie auf Chinesisch

Xi Jinping bereitet sein Land systematisch auf eine Konfrontation mit dem Westen vor. Nirgendwo ist die Eskalationsgefahr größer als in der Straße von Taiwan, die 180 Kilometer breite Meerenge zwischen China und Taiwan.

Bei einer Urlaubsreise nach Shanghai im Jahr 2014 traf ich zum ersten Mal einen jungen Taiwaner. Wir stiegen vor einem Hotel zufällig ins gleiche Taxi. Zunächst fiel mir sein Chinesisch auf, das außergewöhnlich sanft und höflich klang. Dann folgte eine Tirade des Taxifahrers, der den taiwanischen Akzent sofort zuordnete und uns erklärte, warum eine »Wiedervereinigung« gar nicht aufzuhalten war. Wir blickten uns an und schwiegen, später beschlossen wir, Shanghai zusammen zu erkunden. Danach lud er mich nach Lukang ein, eine Stadt in Zentral-Taiwan, wo ich bezaubernde Tempel und historische Gässchen besuchte. Ein großes Glück der Insel ist, von der Zerstörung der Kulturrevolution verschont geblieben zu sein. So kann man auf Taiwan anders als in Festlandchina historische Stätten besichtigen, die weder Maos Gewaltherrschaft noch der unkontrollierten Bauwut der Boomjahre zum Opfer gefallen sind.

Mein neuer Freund erzählte mir damals, dass er davon träumte, für die Vereinten Nationen zu arbeiten, was für Taiwaner nicht möglich ist, weil Peking die Mitgliedschaft des Landes verhindert. Im folgenden Sommer musste er zum Militärdienst, der für junge Männer in Taiwan verpflichtend ist. Für ihn war die Vorstellung, auf Menschen zu schießen, ein furchtbarer Gedanke. Anders als auf dem Festland findet man in taiwanesischen Kinos keine Filme, die Krieg glorifizieren.

Peking behauptet, viele Taiwaner wollten die Unabhängigkeit und würden dabei von bösen Mächten aus dem Ausland angestachelt, allen voran den USA. Aber auch wenn sich heute nur noch 3 Prozent der Taiwaner als Chinesen betrachten, unterstützen die meisten den Status quo. Sie bestehen nicht auf der offiziellen Unabhängigkeit als eigenes Land, wollen aber auch nicht an die Volksrepublik angebunden sein. Sie sind stolz auf ihr demokratisches System, vor allem unter jungen Menschen herrscht wenig Verständnis für Pekings Machtansprüche auf ihre Heimat. Was eine Angliederung bedeuten dürfte, hat ihnen Hongkong mehr als deutlich gezeigt.

Für die friedliche Koexistenz gibt es eigentlich eine gute Formel: die sogenannte Ein-China-Politik, was so viel heißt, dass es zwar nur ein China gibt und Taiwan ein Teil davon ist, aber Kernelement dieses Kompromisses das allseitige Verständnis ist, dass eine Änderung des Status quo nur mit friedlichen Mitteln und nicht unilateral von einer Seite herbeigeführt werden sollte. Genau das hat sich in den letzten Jahren geändert.

Die Bedrohung durch China war schon 2014 für meinen jungen taiwanischen Freund sehr präsent, doch mit der Situation in den letzten Jahren kaum zu vergleichen. Fast jeden Tag schickt China jetzt Kriegsflugzeuge und Spionage-Ballons in Richtung Taiwan, täglich meldet die taiwanische Küstenwache illegale Grenzüberschreitungen chinesischer Boote. Auf Druck Pekings erkennen nur noch zwölf kleine Staaten wie Eswatini und Palau Taiwan offiziell an. Xi hat inzwischen das Verfahren beschleunigt, Rekruten zu mobilisieren. In der Provinz Fujian, die Taiwan gegenüberliegt, lässt er Luftschutzbunker und Krankenhäuser für den Kriegsfall bauen. In Militärübungen um die

Insel probt das Land die Machtübernahme. Auch wenn bisher keine Schüsse gefallen sind, reden Experten längst von einem Konflikt an der Grenze zu einem Krieg.

2019 nannte Xi die »Wiedervereinigung« mit Taiwan zum ersten Mal »historisch unvermeidbar« und drohte, die Vereinigung mit Gewalt zu erzwingen, würden die Taiwaner nicht freiwillig aufgeben. Xi ist ungeduldiger als seine Vorgänger. Taiwan in sein Reich einzugliedern, versteht er als Teil seines Lebenswerks. Damit hat der 70-Jährige der gewaltsamen Übernahme eine Frist gesetzt, die mit jedem Jahr näher rückt.

Für Peking ist die Insel vor allem geostrategisch wichtig, weil sie als Teil einer Inselkette China den Zugang zum Pazifik nur auf Umwegen erlaubt, die Meerenge zwischen beiden Ländern ist eine wichtige Handelsroute. Dazu ist Taiwan zu einer Supermacht in der globalen Mikrochip-Industrie aufgestiegen, das Land produziert mehr als die Hälfte aller Schaltkreise, die weltweit in Handys, Computern und Fernsehern stecken, aber auch in modernen Waffensystemen. Ein Konflikt dürfte den Welthandel massiv belasten, Experten rechnen mit einem Einbruch des globalen Wirtschaftswachstums von bis zu 10 Prozent.

Der kulturelle Austausch zwischen Taiwan und dem Festland war zwar in historisch früheren Epochen durch die räumliche Nähe schon immer vorhanden, doch die längste Zeit interessierte sich das chinesische Kaiserreich wenig für die Insel. So wurde Taiwan erst 1683 ein Teil des chinesischen Kaiserreichs, ausgerechnet Aufständische, die gegen Chinas regierende Qing-Herrscher kämpften, hatten sich auf der Insel verschanzt. Nachdem der Aufstand niedergeschlagen wurde, blieben Taiwan und seine Einwohner bis 1895 Teil des chinesischen Reichs, ehe China die Insel als Folge des ersten Japanisch-Chinesischen Krieges an Japan abtreten musste. Bis zum Ende des Zweiten Weltkriegs gehörte Taiwan zu Japan, im Laufe des chinesischen

Bürgerkriegs floh die nationalistische Kuomintang vor den Kommunisten auf die Insel und führte dort die 1912 in Festlandchina gegründete Republik China weiter.

Xi fabuliert zwar von einer »Heimkehr« der Insel, mit der »Wiedervereinigung« soll die Demütigung der Chinesen ein Ende haben. Laut Xi ist die Vereinigung eine Bedingung für das Erreichen des Chinesischen Traums, bis 2049 zur global führenden Weltmacht aufzusteigen. Doch die 1949 von Mao Zedong gegründete Volksrepublik hat nie über Taiwan regiert. Friedlich hat sich die Insel in den vergangenen Jahrzehnten von einer Militärdiktatur zu einer Vorzeige-Demokratie entwickelt. Das Land wird durch eine weltoffene Zivilgesellschaft geprägt, die Räume schafft, in der sich Künstler und Aktivisten entfalten und frei reden dürfen. Zu Hause stützt Peking seine Macht auch auf das Versprechen von Stabilität, viele Chinesen haben eine tiefreichende Angst vor Chaos, auf Chinesisch *luan*. Dass die Taiwaner ihr Land trotz chinesischer Sabotage und Cyberangriffe zu einer lebhaften und resilienten Demokratie entwickelt haben, ein laut Peking rein westliches, dem chinesischen System unterlegenen Konzept, gefährdet diese Erzählung.

Je mehr sich das Stärkeverhältnis zwischen China und den USA zugunsten Pekings verschiebt, desto größer ist die Gefahr, dass die Partei eine Eskalation provoziert. Militärexperten wie Admiral John C. Aquilino, Kommandeur des US-Indo-Pazifik-Kommandos, gehen davon aus, dass Peking schon 2027 die militärische Stärke besitzt, die Insel einzunehmen. Xi Jinping hat die Spannungen mit Taiwan zu einer neuen Front mit den USA erklärt. Gelingt es ihm, einen Angriffskrieg wie eine Verteidigung gegen eine amerikanische Aggression darzustellen, dürfte die Unterstützung für einen Krieg in China groß sein. Die technischen Mittel, eine solche Kampagne loszutreten, besitzt Peking. Das zeigte sich schon im August 2022, als die US-Politikerin Nancy Pelosi, Sprecherin des Repräsentantenhauses, die Präsidentin Tsai Ing-wen und das Parlament in Taiwan besuchte.

Im Vorfeld hatten Einheizer wie der frühere Chefredakteur der Staatszeitung *Global Times* mit Raketenangriffen und dem Abschuss von Pelosis Maschine gedroht, sollte die amerikanische Politikerin nicht umkehren. Die Drohungen waren der Toptrend im chinesischen Internet, sodass mich am Morgen von Pelosis Besuch selbst die Putzfrau in unserem Wohnblock ansprach. Sie war überrascht zu sehen, dass ich joggen gehen wollte. Sie ging davon aus, dass ich sehr beschäftigt sein musste. Als ich fragte, wie sie darauf käme, sagte sie, »heute greifen wir doch Taiwan an«. Die Tatsache, das militärische Aktionen ausblieben, führte zu einem Proteststurm, Internetnutzer klagten, das Land habe sein Gesicht verloren, manche weinten vor Scham. Unter vielen Medientexten wurde die Kommentarfunktion abgeschaltet. Zensoren sahen sich gezwungen, Vergleiche wie diesen aus dem Netz zu löschen: Chinas Armee sei wie das nationale Fußballteam. Beide würden immer nur verlieren.

Eine Festung mit Hängebrücken

Der Ukraine-Krieg ist für Chinas Führung in diesem Sinne auch eine Fallstudie. Lässt die westliche Staatengemeinschaft zu, dass Putin Teile der Ukraine als russisches Territorium erobert, dürfte Peking sich in seinen Taiwan-Plänen bestätigt sehen. Trotz der westlichen Sanktionen hat Russland zudem schnell wieder Wege gefunden, wirtschaftlich zu wachsen. Für Xi Jinping dürfte das fast noch die wichtigere Lehre sein. Er ist davon überzeugt, sich selbst in einem Überlebenskampf zu befinden. Feind Nummer eins sind die USA. In der Europäischen

Union und Staaten wie Großbritannien, Kanada, Australien und Japan sieht Xi nicht mehr als Vasallen der Amerikaner, die keine eigene Agenda oder (Sicherheits-)Interessen haben, sondern auf Geheiß Washingtons daran arbeiten, Peking klein zu halten und von Kerntechnologien auszuschließen.

Schon in den ersten Jahren seiner Herrschaft wurde klar, dass Xi entgegen seiner Appelle für Multilateralismus und Offenheit die Vernetzung mit der globalen Wirtschaft nicht als eine Sicherheit, sondern als Gefahr betrachtet. 2016 schien es noch fast lustig, dass in Pekings alten Gassen Plakate auftauchten, die Cartoons zeigten, in denen zum Beispiel unter dem Titel »Gefährliche Liebe« eine junge Beamtin auftrat, die sich in einen rothaarigen »Gastwissenschaftler« verliebte. Einen gut aussehenden, romantischen und talentierten ausländischen Freund zu haben, sei ja ganz schön toll, sagte sie. Doch die große Liebe verwandelte sich in einen Albtraum, als der Freund verschwand und mit ihm die Regierungsunterlagen, die sie ihm »geborgt« hatte. Am Ende saß sie weinend in einem Verhörraum der Polizei. Die Moral des Kurz-Cartoons an einer Häuserwand: Der jungen Beamtin hätte das »richtige Verständnis« für Staatsgeheimnisse gefehlt.

Inzwischen hat Xi Jinping sein nationales Sicherheitssystem so weit ausgeweitet, dass es faktisch alles erfasst. 20 Sicherheitskategorien gibt es nun offiziell, darunter geläufige Bereiche wie politische und militärische Sicherheit, aber auch ausgefallene wie kulturelle, nukleare bis hin zur Polar- und Weltraumsicherheit. Aus Entwicklung als oberste Priorität ist Sicherheit als Bedingung für Entwicklung geworden.

Bereits kurz nach Amtsantritt hatte Xi angefangen, das Land auf innere und äußere Gefahren einzustellen. Spätestens während Corona dürfte sich Xi bestätigt gefühlt haben: Lieferketten-Probleme durch die Unberechenbarkeit der Lockdowns und Chinas Unterstützung Russlands im Angriffskrieg gegen die Ukraine führten in vielen westlichen Staaten zu einem Umdenken. Ab 2019 beschrieb die EU-Kommission ihr Verhältnis zu China mit dem Dreiklang aus »Partner, Wettbewerber und Systemrivalen«, laut Brüssel zielt Peking darauf, »einen systemischen Wandel der internationalen Ordnung« herbeizuführen. Im Jahr 2023 hat die EU »De-Risking« (statt Entkoppelung) zu ihrer zentralen Strategie erklärt: Dabei geht es darum, eigene Abhängigkeiten zu mindern und ein besseres Risikomanagement zu betreiben, gerade weil China seine Wirtschaftskraft als Waffe einsetzt, um politische Ziele zu erzwingen.

Peking beklagt zwar eine »Kalte-Kriegs-Mentalität« und »Blockdenken«, doch Xi Jinping beabsichtigt mit seiner wirtschaftlichen Devise selbst, Chinas Unternehmen so schnell wie möglich vom Ausland unabhängiger zu machen, seine Strategie: China von einer vom Export abhängigen Nation zu einer resilienten, unabhängigen Kraftmaschine umzubauen.

Im April 2020 verkündete Xi dafür das »System aus zwei Kreisläufen«. Einerseits soll Chinas neues Wachstumsmodell stärker vom Binnenkonsum getragen werden, gleichzeitig will Peking die Exportabhängigkeit vom Ausland reduzieren. Heimische Firmen, die international wettbewerbsfähig sind, sollen gestärkt werden, um Wettbewerber zu verdrängen. Dafür setzt der Parteichef wieder verstärkt auf Staatsunternehmen, 2024 gab es rund 363 000 vollständig vom Staat kontrollierte Unternehmen, vor allem in den Bereichen Energie und der Schwerindustrie. Viele gelten als marode und ineffizient, sind aus Pekings Sicht aber leichter zu steuern. Gegenüber dem Ausland gilt die Parole, sich auch in Zukunft als offener Partner zu inszenieren. So sollen ausländisches Kapital und westliche Technologie weiterhin angelockt werden.

2016 hatte ich in Shanghai beobachtet, wie ernst Peking die Aufholjagd mit dem Westen nahm. Bei Kampagnen wie Made in China 2025 spielte Geld kaum eine Rolle. Doch fast zehn

Jahre später war Peking immer noch von wichtigen Tech-Importen aus dem Ausland abhängig.

Xi fordert »China zuerst« und macht in seinem Kontrollwahn auch vor eigenen Firmen nicht halt. Aus seiner Sicht hat sich die Privatwirtschaft, die nach Dengs Reformen maßgeblich zum wirtschaftlichen Aufstieg beitrug, in Abwesenheit der Partei in die falsche Richtung entwickelt. Im Herbst 2020 sendete Chinas Staatsführung Schockwellen in die Chefetagen nationaler Topkonzerne, als die Aufsichtsbehörden in letzter Sekunde den Börsengang von Alibabas Finanzunternehmen Ant Group stoppten. Als Unternehmensgründer Jack Ma über die Regulatoren schimpfte, verschwand der Firmen-Superstar für mehrere Monate von der Bildfläche. Die Botschaft von Xi Jinping war eindeutig: Niemand ist unantastbar.

Es war der Beginn eines Rundschlags gegen die Techfirmen, die Chinesen bis dahin als nationale Champions verehrten. Plötzlich wurden Riesen wie Tencent, Baidu und Didi durch eine Regulierungskampagne und Milliardenstrafen zurechtgewiesen. Deutlicher denn je wurde klar, welche Vision der Parteichef für das Land hatte: Für Xi war der Erfolg der Großkonzerne und das ungleiche Wachstum der vergangenen Jahre eine Folge kapitalistischer Exzesse. Das Eindringen der Partei in den privaten Sektor sollte der »kapitalistischen Zersetzung« ein Ende setzen und Chinas sozialistische Wurzeln wieder freilegen. Als neues Staatsziel gab Xi »allgemeinen Wohlstand« aus mit dem Ziel, die großen Einkommensunterschiede zu schrumpfen. Die erste hektische Reaktion auf diesen eher diffusen Marschbefehl waren milliardenschwere Spenden zahlreicher Großkonzerne und Superreicher.

Für ausländische Firmen heißt das, dass sie in China immer noch willkommen sind, solange sie nicht gegen Pekings nationale Sicherheitspolitik verstoßen und dem Land bei seiner Modernisierung helfen. Das Ziel ist, dass andere Staaten und Wirtschaften auf Chinas Lieferungen angewiesen bleiben, ausländische Investoren die heimische Wirtschaft ankurbeln und die Finanzmärkte stärken, während China seine Resilienz erhöht und damit selbst im Kriegsfall handlungsfähig bleibt. Eine perfekte Festung mit Hängebrücken in Bereichen, von denen China profitiert oder momentan noch abhängig ist.

Die Idee funktioniert natürlich nur, wenn das Ausland mitspielt. Je stärker Xi Jinpings Sicherheitswahn die Wirtschaftspolitik dominiert, desto unberechenbarer wird Chinas Markt ebenso für heimische Firmen wie für ausländische Investoren. Das Jahr 2022 war insofern auch ein Schock im Ausland: Die Coronakrise raste in China auf ihren Höhepunkt zu, und nach mehr als zwei Jahren gnadenloser Null-Covid-Politik dämmerte nun auch dem letzten ausländischen Manager in China, dass unter Xi nicht mehr Dengs Hauptsache-die-Katze-fängt-Mäuse-Pragmatismus regierte, sondern eine ideologisch getriebene, unberechenbare, zuweilen irrsinnige Autokratie, die nicht einmal mehr mit der Aussicht auf Wachstum zu Verstand gebracht werden konnte.

7. Kapitel

Chinas eiserne Corona-Politik

Wenn der Lockdown zum Normalzustand wird

Während im Sommer 2022 der Rest der Welt weitgehend zur Normalität zurückgekehrt war, lebten wir in Peking mit der ständigen Angst vor einem Lockdown. Die Ankunft der Omikron-Variante Anfang des Jahres hatte die Lage im Land ein weiteres Mal verändert. Das Virus übertrug sich jetzt noch leichter von Mensch zu Mensch, die Fallzahlen schossen zum ersten Mal seit dem Ausbruch in Wuhan landesweit in die Höhe: Auch mit gnadenlosen Lockdowns bekamen die Behörden die immer neuen Ausbrüche nicht mehr unter Kontrolle. Es war, als würden sie den Wind einfangen wollen. Aber noch war die Staatsführung nicht bereit einzulenken. Im Gegenteil, obwohl sich das Virus nicht mehr aufhalten ließ, tat die Staatspresse weiter so, als sei die ganze Welt neidisch auf China, das mit seinem überlegenen politischen System als einziges das Virus bezwungen habe. Doch die Fassade begann zu bröckeln.

Immer wieder ließ die Regierung Millionen Menschen in ihren Wohnungen, hinter Stacheldraht und Barrikaden einschließen. Überall im Land wurden Massenlager errichtet, in denen Verdachtsfälle und Infizierte untergebracht wurden. Häufig waren es Lager für Zehntausende Menschen, in denen sich Hunderte eine Toilette teilten, oft ohne Duschen, zügig errichtet in Stadien oder Fabrikhallen.

Zu Beginn der Krise wurde ich selbst in eine solche Isolationsstation gesteckt, als ich auf der Rückreise von Wuhan im Januar 2020 krank geworden war. Allerdings hatte ich Glück: In Peking gab es zu diesem Zeitpunkt kaum Infizierte, anstelle einer Pritsche in einer Turnhalle wie Tausende andere hatte ich ein Krankenhauszimmer nur für mich. Über eine Gegensprechanlage gab mir das medizinische Personal Anweisungen und fragte mich aus. Nachdem ich Angaben zu meiner Rückkehr aus Wuhan gemacht hatte, setzte sich der Überwachungsapparat in Bewegung. Weil man davon ausging, dass ich log, ließen die Behörden meine letzten Tage mithilfe von Überwachungskameras vor meinem Wohnhaus und in der Umgebung überprüfen. Auch Freunde und Kollegen wurden ohne mein Wissen kontaktiert. Meine Abwesenheit auf den Aufnahmen der Videokameras belegte schließlich, dass ich mich tatsächlich seit Beginn meiner Symptome isoliert hatte. Nach drei Tagen und mehreren negativen Coronatests ließen mich die Behörden nach Hause gehen.

Die Episode erinnerte mich daran, wie das Verhältnis zwischen Staat und Privatsphäre der Bürger in China zu verstehen war: Das Corona-Testergebnis überbrachten nicht die Ärzte, sondern ein Bote des Außenministeriums in Peking. Weil ich ausländische Journalistin war, forderte Chinas Außenamt als Erstes Einsicht in meine Gesundheitsunterlagen. Am Ende riefen sie mich an: »Ja, herzlichen Glückwunsch, kein Corona!« Andere hatten weniger Glück: Zum Teil blieben Verdachtsfälle für Monate in Isolation, ohne eine Auskunft darüber, wie lange sie festgehalten würden. Die Leute scherzten: »Wie viele Menschen müssen noch sterben, bis die Null-Covid-Strategie aufgehoben wird? Genau einer: Xi Jinping.«

Die Lage war sogar noch schlimmer, als die meisten Chinesen realisierten: Das Land hatte zwar in einer gewaltigen Impfkampagne neunzig Prozent der Menschen zweimal geimpft, aber ausgerechnet viele Ältere besaßen keinen Impfschutz. Im Gegensatz zu Deutschland hatten die Behörden in China erst medizinisches Personal und Arbeiter geimpft, die zum Beispiel an Flughäfen und Häfen arbeiteten und Kontakt mit Ausländern hatten, dann die Jüngeren. So war in der Bevölkerung der Eindruck entstanden, dass Impf-Risiken für Menschen über 60 Jahren existierten.

Eine offizielle Impfpflicht gab es nie, eher einen indirekten Zwang: Wohnblocks, Firmen und Schulen schrieben Impfungen vor, wer sich frei bewegen wollte, musste sich impfen lassen. Ältere Leute aus der Nachbarschaft erzählten mir, dass sie Bluthochdruck oder zu hohe Cholesterinwerte hatten und davon ausgingen, dass die Impfung zu gefährlich für sie wäre. Die Angst vor einer Corona-Infektion war nach mehr als zwei Jahren dauernder Propaganda zwar riesig, die Wahrscheinlichkeit, sich anzustecken, war hingegen nach all den Lockdowns gering. Anders als jüngere Chinesen ließen sich die Ältern auch nicht über Arbeitgeber oder Lehreinrichtungen erpressen: Mit Prämien wie kostenlosen Eiern oder Sonnenblumenöl versuchten die Behörden die Senioren zu bewegen, sich impfen zu lassen. Mit Schnäppchen und kostenlosen Lebensmitteln ließen sich ältere Leute in China meist locken. Doch in diesem Fall reichte es nicht, um sie zu überzeugen.

Ohne Exit-Strategie hatte sich die Partei in eine Sackgasse manövriert: Würde sie die Pandemie-Maßnahmen aufheben, konnten laut damaliger Berechnungen innerhalb weniger Wochen rund 112 Millionen symptomatische Fälle und fünf Millionen Krankenhauseinweisungen drohen, der Bedarf an Intensivbetten hätte fast 16 Mal höher gelegen als die Kapazität. Insgesamt müsste mit bis zu 1,6 Millionen Toten gerechnet werden, drei Viertel davon ungeimpfte Personen ab 60 Jahren. Experten forderten, der Impfung von älteren Menschen absolute Priorität einzuräumen. Doch Behörden und Krankenhäuser waren mit den Dauertests ausgelastet. Ressourcen für eine groß angelegte Kampagne fehlten. So ging es zunächst weiter wie bisher.

In unserer kleinen Wohnung in Peking stapelten sich Windeln, Nudeln, Konservendosen und extra viel Kaffee, der sich während eines Lockdowns besonders gut tauschen ließ. Online teilten die Menschen Anleitungen, wie Lebensmittel länger haltbar zu machen wären. Es waren Prepper-Tipps wie in Kriegszeiten. Die Aussicht, nicht vor die Tür zu kommen, war für uns weniger beängstigend als die Sorge um unseren Sohn: Erwachsene können von den zufälligen Essenslieferungen leben, die Chinas Aufsichtsbehörden den Menschen in den abgeriegelten Städten vor die Türen stellten, Babys konnten das nicht. Was aber tun, wenn uns die Zutaten für Jonathans Gemüsebrei ausgingen?

Im Frühjahr hatten die Behörden die 26-Millionen-Stadt Shanghai in einen Lockdown geschickt, der zunächst vier Tage dauern sollte und sich schließlich mehr als zwei Monate hinzog. Nach einigen Tagen brach die Versorgung zusammen, Menschen schrien aus den Fenstern ihrer Wohnhäuser, sie würden verhungern. Bei einigen war die Verzweiflung so groß, dass sie sich aus dem Fenster stürzten. Damals interviewte ich eine Frau, die im vierten Monat schwanger war. Sie erzählte mir, wie sie jeden Tag in ihrem Kühlschrank die Lebensmittel zählte: sechs Eier noch, Milch, ein bisschen Gemüse und drei Kohlköpfe. Ihr war es nicht erlaubt, zu ihren Vorsorgeuntersuchungen zu gehen. Im Notfall wäre mit großer Wahrscheinlichkeit kein Arzt gekommen.

Was in diesen Monaten in China passierte, war für viele Leute nicht mehr zu begreifen. Shanghai war nicht irgendeine Stadt: Wie keine zweite stand »die Perle des Orients« für den Aufstieg Chinas, dort gab es die größten Finanzfirmen, die besten Krankenhäuser, schon 2016 zahlte ich sieben Euro für einen Kaffee. Die Shanghaier waren stolze Chinesen, die sich ihres

Status sehr bewusst waren. Die Mittelschicht, die sonst Urlaub in Europa machte und in Tokio einkaufte, saß nun in ihren millionenschweren Wohnungen fest wie in goldenen Käfigen. Eine halbe Million Menschen, infiziert mit Corona, wurden aus ihren Wohnungen gezerrt und in Quarantänelager verschleppt, egal, ob sie Symptome hatten, medizinische Betreuung brauchten oder längst wieder negative Testergebnisse vorweisen konnten. Eine Anweisung der Stadtregierung hieß: »Auch Behinderte müssen abtransportiert werden.« Vielen wurde versprochen, sie ins Krankenhaus zu bringen, um sie dann doch in eine der Massenunterkünfte zu stecken. Ein Augenzeuge berichtete von älteren Leuten, die wegen Arthritis oder eines Schlaganfalls nicht in der Lage waren, alleine auf die Toilette zu gehen. Manche irrten orientierungslos durch die Hallen, ein Mann verlor sein Augenlicht, weil ihm seine Medikamente gegen Bluthochdruck ausgegangen waren. Die Lokalbehörden proklamierten den Satz: »Holt alle, die geholt werden sollten.« Es war die gleiche Parole, mit der Peking angeordnet hatte, Hunderttausende Uiguren in Xinjiang einzusperren.

Jahrelang hatte die ausländische Presse über den rapiden Ausbau des Überwachungs- und Sicherheitsapparats berichtet, gerade in Regionen wie Xinjiang, in denen Hunderttausende Menschen verfolgt, unter permanente Überwachung gestellt und weggesperrt wurden. Für die meisten Chinesen war diese Realität weit weg gewesen, sie hatten die Eingriffe in ihre Privatsphäre wegschieben können nach dem Motto »Ich habe nichts zu verbergen« oder »Für mich interessiert sich sowieso niemand«. Mit den Lockdowns änderte sich das. Nun standen sie im Fadenkreuz einer ideologisch betriebenen Kampagne, die in das Privatleben tief eingriff.

Plötzlich begann der Pakt zwischen Partei und Volk zu bröckeln, der seit dem Massaker am Platz des Himmlischen Friedens galt. Anstelle von »wir lassen euch reich werden und ihr hört auf die Partei« konnte man ihn auch so verstehen: Ihr, das Volk, macht keine Politik, wir, die Partei, lassen euch mit unserer ideologischen Dauerbeschallung in Ruhe. Jetzt übernahm aber das System, das Xi Jinping geschaffen hatte: Um jeden Preis mussten die Seuchenwächter eine Ideologie durchprügeln, die sich ein einziger Mann in den Kopf gesetzt hatte.

Nichts prägte den Alltag aus Kontrolle und Dauerüberwachung so sehr wie die sogenannte Gesundheits-App. Das Überwachungsprogramm, das jeder auf dem Handy installieren musste, war Voraussetzung, um die Wohnung verlassen zu dürfen. Bei jedem Besuch in einem Restaurant, einem Supermarkt oder bei der Rückkehr in die Wohnung musste ein QR-Code gescannt werden. Sao ma, auf Deutsch »Scan die App« brüllte das Sicherheitspersonal, egal, wo man unterwegs war. Die App überprüfte, ob man mit einem Infizierten oder Verdachtsfall in Kontakt gekommen war. Sprang die App von Grün auf Gelb oder Rot, musste man sich entweder zu einem Zwangstest im nächsten Testzentrum einfinden oder wurde zu Hause direkt von den Gesundheitsbehörden abgeholt und in eine Quarantänestation gebracht.

Nach zwei Jahren Corona-Kontrolle war ein Flickenteppich aus verschiedenen Gesundheits-Apps auf nationaler und lokaler Ebene entstanden. Reisende brauchten jeweils die örtliche App, wobei unklar blieb, welche Daten sie genau verarbeiteten. Häufig sprangen die Apps auf Gelb oder Rot, ohne dass man überhaupt wusste, was der Grund dafür war. Die Lokalbehörden entschieden auf Gutdünken, was danach mit einem passierte. Im Juni 2022 verwandelten die Behörden in Henan die Anwendung in eine digitale Fußfessel, als sie den Code von Anlegern auf Rot stellten, die aus Angst um ihr Erspartes zu einem Protest gegen ihre strauchelnde Bank reisen wollten. Es ging nicht nur um die Eindämmung der Pandemie, sondern um soziale Kontrolle.

In der Überwachungs-App wurden auch Testergebnisse der Corona-Abstriche hinterlegt, die die meisten Chinesen inzwischen fast jeden Tag machen mussten. In Xiamen kursierte ein Video, auf dem die Behörden frisch geangelte Fische und Krabben auf Corona testete. An Flughäfen wurden bei Einreisenden sogar Anal-Abstriche gemacht, weil sich das Virus damit angeblich noch besser feststellen ließ. In Shanghai waren sie Pflicht, wenn in einer Maschine mehr als fünf Menschen mit dem Virus infiziert waren. Unter anderem beschwerte sich Japans Regierung offiziell gegen diese Praxis und berichtete von »großem psychischem Schmerz« bei Betroffenen.

Kameras, die viele bisher mit Sicherheit verbunden hatten, lösten jetzt selbst bei den staatstreuesten Bürgern Angst aus. Die Behörden waren bereit, die technologischen Möglichkeiten des Überwachungsprogramms »Skynet« zu nutzen, das der Staat aufgebaut hatte. Wie das aussah, zeigte ein Fall in Hangzhou, über den die Nachrichtenagentur Reuters berichtete. Im Februar 2020 hatte die Polizei dort einen Mann kontaktiert, nachdem er von einer Geschäftsreise in der Nähe der Stadt Wenzhou wiedergekommen war, wo es ein paar Corona-Fälle unter den fast zweieinhalb Millionen Einwohnern gegeben hatte. Die Behörden hatten sein Kfz-Kennzeichen registriert. Zwei Wochen sollte er daraufhin zu Hause bleiben. An Tag zwölf verließ er die Wohnung für einen Spaziergang, wurde durch eine Gesichtserkennungssoftware entdeckt und gemeldet. Erneut rief ihn die Polizei an und kontaktierte nun auch seinen Chef, der Druck auf seinen Angestellten ausüben sollte. Der Mann war von der Effizienz des Netzwerks geschockt: »Sie können faktisch alle unsere Bewegungen zu jeder Zeit und überall nachverfolgen«, sagte er.

Immer stärker diktierte Willkür den Alltag und machte das Leben zu einem Glücksspiel: Bei Lockdowns entschieden nicht nur örtliche Behörden darüber, wie streng Vorschriften umgesetzt wurden oder welche Regeln gelten sollten. Die Pandemie belebte die Macht der Nachbarschaftskomitees, der kleinsten Zellen des Parteienstaates. In den letzten Jahrzehnten vor der Pandemie waren sie von Rentnern geführt worden, die in den Wohnvierteln morgens Frühsport anboten und Propagandaplakate aufhängten, die niemand las. Nun regierten sie über Hunderte Menschen und durften entscheiden, wie strikt Corona-Regeln umgesetzt wurden. Meist war es einfacher, Leute einzusperren, als die Gefahr neuer Infektionen zu riskieren. Sie hielten Menschen von der Fahrt ins Krankenhaus ab, ließen Tiere in Wohnungen verhungern oder prügelten sie tot aus Angst, angesteckt zu werden. Unsere Blockaufseher entschieden, dass wir auch ohne Lockdown keine Gäste mehr empfangen durften. Sie verpflichteten Rückkehrer aus dem Ausland teils nach zwei- bis dreiwöchiger Hotelquarantäne weitere sieben Tage in der Wohnung zu bleiben. Als sich ein Kind beim Toben den Kopf aufschlug, musste die Familie um medizinische Hilfe betteln.

Über Nacht schien China in eines der dunkelsten Kapitel seiner Geschichte zurückzufallen: der Zeit unter Mao Zedong, der die Massen für seine politischen Ziele mobilisiert hatte und das Land mit Willkür und Gewalt in den Wahnsinn getrieben hatte. Gerade für viele Jüngere war diese Erfahrung ein Schock. Sie hatten nie Kontakt mit dieser Seite des Parteienstaats gehabt.

Jeder kämpft für sich alleine

Nach einem Jahr, das wir zum größten Teil zu Hause verbracht hatten, flogen wir im August 2022 mit unserem Sohn für einen Kurztrip nach Guangxi im Süden Chinas. Die Provinz mit ihren grün bewachsenen Karstbergen unter blauem Himmel bietet sich an, wenn man sich von der staubigen Megametropole Peking erholen will. Unsere Entscheidung hatten wir lange abgewogen, denn nur ein einziger Corona-Fall in der Region hätte bedeuten können, dort für Wochen festzustecken.

Gerade erst war der Fall einiger Tausend Einwohner von Shanghai bekannt geworden, die nach dem höllischen Lockdown auf die südchinesische Insel Sanya geflohen waren und nun nach Entdeckung von Fällen mit 80 000 Touristen wieder auf unbestimmte Zeit in ihren Hotels feststeckten. Im Januar musste eine Frau für einen Monat in der Wohnung eines Mannes leben, den sie für ein Blind Date besucht hatte. Immerhin, dieser Fall fand ein gutes Ende: Die beiden heirateten später.

Auch in Peking hatte sich die Lage verschlimmert und es wurden mehr Ausbrüche registriert. In den Tagen vor der Geburt meines Sohnes im Januar 2022 war es bis zum letzten Moment unklar gewesen, ob mich das Krankenhaus meiner Wahl würde aufnehmen können, wenn es losging. Schon damals reichte ein einziger Fall in der Gegend , um eine Zwangsschließung auszulösen. Auch nach der Geburt verließ ich die Wohnung deshalb nie ohne Jonathan. Bestand doch die Gefahr, dass wir bei einem Lockdown voneinander getrennt werden. Wenn die Behörden nur einen positiven Fall oder einen Verdachtsfall meldeten, riegelten die Seuchenwächter auch ein ganzes Einkaufszentrum ab – mit allen Besuchern darin.

Ausländer verließen in Scharen das Land. Die Pandemie-Jahre bedeuteten auch einen neuen Tiefpunkt für die Arbeitsbedingungen von Korrespondenten. 2016 hatte ich als Wirtschaftsjournalistin noch weitgehend frei berichten können, Professoren waren für Gespräche offen, Firmen luden mich zu Werksführungen ein. Fünf Jahre später waren fast alle Zugänge versiegt. Es war normal, dass die Polizei abends in Hotels auftauchte. Durch das Arbeitsvisum fiel man als Journalist auf, Unterkünfte sind in China verpflichtet, die Polizei über das

Einchecken eines Reporters zu informieren. Von dort an wurde man dann verfolgt. Weil sie meinen Wechat-Account überwachten, wussten die Sicherheitsbehörden vorher, wen ich interviewen wollte, und setzten Gesprächspartner unter Druck, die Termine aus Angst absagten. Universitäten führten Genehmigungsprozesse für Interviews ein, die auch informelle Gespräche fast unmöglich machten.

Immer stärker zeigten sich die Folgen der Staatskampagne gegen ausländische Medien, denen sie vorwarfen, Lügen über China zu verbreiten. Sendernamen wie BBC und CNN wurden zu Schimpfwörtern, es kam vor, dass mich Unternehmen bei Lokalbehörden meldeten, wenn ich eine Frage an sie stellte. Entweder weil sie in mir eine Spionin vermuteten oder glaubten, dass es für sie negative Folgen haben könnte, wenn sie mich nicht meldeten. Firmen klagten gegen Journalisten, häufig im Geheimen durch die Regierung unterstützt. Und das betraf nicht nur kritische Recherchen, sondern auch harmlose Gesellschaftsthemen und kleine, lustige Stücke über das Leben im Land.

Unter dem Vorwand, die Pandemie zu bekämpfen, hatten die Behörden freie Hand, Gesprächspartner unter Hausarrest zu stellen, Konferenzen zu blockieren oder ganze Regionen abzuriegeln. Häufig reiste ich nun in eine Stadt oder Dorf, und die Lokalbehörden zwangen mich schon am Bahnhof zur Rückkehr, wenn ich nicht eine mehrwöchige Quarantäne riskieren wollte. 2022 fuhren laut dem Verein für Auslandskorrespondenten nur zwei ausländische Journalisten nach Xinjiang, als ich für eine Recherche Behörden in der Region nach den Corona-Regeln fragte, drohten sie mir nach Ankunft mit einem Monat Isolation.

Noch schlimmer waren die Grenzschließungen: Als Geschäftsleute längst wieder einreisen durften, verloren Journalisten bei Heimaturlauben ihr Rückkehrrecht. Das Außenministerium vergab zudem fast an kein Land mehr neue Journalisten-Akkreditierungen, sodass die Zahl der Korrespondenten unaufhörlich sank. Bald gab es keine Reporter mehr, die für australische, kanadische und später indische Medien arbeiteten. Auch deutsche Redaktionen erhielten eineinhalb Jahre lang fast keine neuen Journalistenvisa. Gleichzeitig wies 2020 Peking in einem Schlagabtausch mit Washington mindestens 13 US-Kollegen aus. Die Zahl der ausländischen Journalisten fiel auf ein Rekordtief.

Die Abschottungspolitik Chinas funktionierte jetzt in beide Richtungen: Peking hatte nicht nur gegenüber der eigenen Bevölkerung die Deutungshoheit über die Geschehnisse im Land gewonnen, sondern auch über das, was man im Ausland noch aus China erfahren durfte.

Die Folge für meinen Mann und mich war, dass wir uns nach Ausbruch der Pandemie fast ein Jahr lang nicht gesehen hatten. Im zweiten Jahr der Pandemie konnte ich zwar nach Deutschland reisen, musste aber ein neues Arbeitsvisum beantragen. Nachdem mein Mann kurz vor der Geburt unseres Sohnes endlich einreisen durfte, arrangierten wir uns als kleine junge Familie mit den ständigen Lockdowns und konzentrierten uns auf Jonathan. Immerhin waren wir zusammen. Doch das sollte sich bald ändern.

Einen Tag nach unserer Rückkehr aus Guangxi bekam Jonathan Fieber und Ausschlag am ganzen Körper. Zurückblickend war es das erste Mal, dass wir großes Glück hatten: Überall im Land waren Fiebermessgeräte installiert worden, an Eingängen zu Einkaufszentren, an Flughäfen und Bahnhöfen. Sogar am Tor zu unserem Wohnhaus kontrollierte Sicherheitspersonal des Nachbarschaftskomitees mit Messpistolen unsere Temperatur. Personen mit erhöhten Werten wurden abtransportiert. Die meisten Menschen versteckten sich zu Hause, wenn ihre Temperatur stieg, um nicht als Verdachtsfall abgeholt zu werden. Die Regierung hatte schon 2020 Apotheken angewiesen, Personalien von Kunden an die Behörden zu melden, die fiebersenkende Medizin kauften. Einen Tag früher und wir hätten Guangxi nicht mehr verlassen können, und Jonathan hätte es nie in die Notaufnahme des Pekinger Kinderkrankenhauses geschafft.

Als er nach drei Tagen seinen ersten Fieberkrampf bekam und für einige lange Momente aufhörte zu atmen, wussten wir, dass wir ihn so schnell wie möglich in ein Krankenhaus bringen mussten. Abgesehen von ein paar Zahnarztterminen, Routineuntersuchungen und Jonathans Entbindung, war ich zum ersten Mal auf Gedeih und Verderb dem chinesischen Gesundheitssystem ausgeliefert.

Ich wusste, dass es wenig Zweck haben würde, einen Rettungswagen zu rufen. Wie viele Bereiche des chinesischen Gesundheitswesens zeigt sich auch das Rettungswesen katastrophal vernachlässigt. Das Gesetz schreibt zwar vor, dass Lokalbehörden ähnlich wie in Deutschland einen Rettungswagen für 30 000 Menschen bereithalten müssen. In der Realität erfüllen aber nur wenige Regionen diese Quote. Ob ein Krankenwagen in China kommt, ist reines Glück. Darauf spekulieren sollte man nicht. In vielen Teilen des Landes, besonders in ländlicheren Gebieten, existiert überhaupt kein Rettungssystem. In keiner Stadt Chinas gibt es eine Luftrettung, die im dichten Verkehr der Millionenstädte viele Leben retten könnte. Dafür hat die chinesische Zivilluftfahrtbehörde im Oktober 2023 erstmals einem Hersteller selbstfliegender Flugtaxis eine Zulassung erteilte.

Auch wenn einiges investiert wird, hinkt das Land sogar anderen Schwellenländern hinterher: Es gibt kaum Notfallmedizin, das medizinische Personal in den Krankenwagen ist nicht speziell ausgebildet, häufig sitzen anstelle von Ärzten und Schwestern nur Sicherheitskräfte in den Wagen. Private Unternehmen haben die Versorgungslücke genutzt und bieten ohne Lizenz Krankentransporte an. Sie schmieren Krankenhäuser, damit die ihre Telefonnummern an Patienten weitergeben. Kosten für die Fahrten tragen in der Regel die Verletzten, eine Erstattung durch die Krankenversicherung ist selten.

Wobei ein Krankenwagen in China meist nicht hilft, so schnell wie möglich in ein Krankenhaus zu kommen: Trotz Blaulicht und Sirene ignorieren die Chinesen meistens die Rettungswagen. Viele Male hatte ich gesehen, wie Fahrer ihnen die Vorfahrt nahmen oder auf Kreuzungen den Weg blockierten, um selbst schneller anzukommen. Gerade bei Verkehrsunfällen und im Straßenverkehr zeigte sich in vielen Online-Videos eine soziale Kälte, die mich immer wieder überraschte.

Passanten liefen an bewusstlosen oder ertrinkenden Menschen vorbei, ältere Menschen, die gestürzt waren, erstickten an ihrem eigenen Blut. »China erschrickt vor sich selbst« titelte eine deutsche Zeitung im Jahr 2011, als ein zweijähriges Mädchen in Henan von zwei Lastwagen überfahren wurde. Ein Video zeigte, wie 18 Menschen an dem blutenden Kleinkind vorbeiliefen, erst eine Straßenfegerin half. Das Mädchen starb im Krankenhaus an seinen Verletzungen. In China löste der Vorfall eine Moraldebatte aus. Selbst die *Global Times,* Pekings ultranationales Sprachrohr, kommentierte: »Eine Gesellschaft, in der die Gesetze des Dschungels herrschen, wird kein großes Wachstum oder Wohlstand erreichen.«

In meinem Austauschjahr hatte ich erstaunlich wenig von dieser harten Seite des Landes mitbekommen. Die chinesische Gesellschaft funktioniert anders als die deutsche. Anders als christliche oder buddhistische Gesellschaften kennt Chinas Moralsystem kein Konzept von Nächstenliebe oder Barmherzigkeit. Der Soziologe Fei Xiaotong beschrieb schon 1947, dass die Gesellschaft in konzentrischen Kreisen aufgebaut sei: Anstelle allen Menschen gleichermaßen verpflichtet zu sein, sei das Mitempfinden mit Personen außerhalb der eigenen sozialen Netzwerke gering.

Meine Gasteltern schüttelten verwundert den Kopf, wenn ich beim Eintritt in ein Geschäft zurückblieb, weil ich einer Person hinter mir die Tür aufhielt. In meinen ersten Monaten verbrachte ich viel Zeit am Eingang von Läden, weil die Leute zwar durch aufgehaltene Türen gingen, sie aber nie für mich aufhielten. Ich konnte Minuten an einer Tür verbringen, ohne je ein Dankeschön oder wenigstens ein Nicken zu ernten. Noch amüsanter fanden meine Gasteltern, dass ich mir als deutsches Dorfkind nie abgewöhnen konnte, fremde Leute auf der Straße zu grüßen. In ihrer Denkweise waren alle Menschen, die nicht unserer Familie, Kollegen, Freunden oder der Schulklasse angehörten, Fremde, gegenüber denen Höflichkeit und Hilfsbereitschaft keinen Wert hatte. Andere Menschen blendeten meine Gasteltern schlicht aus.

Für mich war das damals kein Problem, ich bewegte mich ja äußerst selten außerhalb dieser Kreise. Der krasse Kontrast entsteht erst, wenn man das geschützte und liebevolle Umfeld seiner Familie und Freunde verlässt. Egoismus und die Rücksichtslosigkeit im Alltag belasten und erschrecken, wenn man zum Beispiel wie in China üblich als Fußgänger auf einem Zebrastreifen von Autos im Schritttempo abgedrängt wird. Meist reagieren die Fahrer selbst bei Zusammenstößen nicht, angeschrien zu werden, ist schon mehr Anerkennung, als man erwarten sollte.

Wer im Verkehr hilft, ist zudem im Zweifel der Dumme, wie ein Urteil in Nanjing 2006 zeigt. Jeder in China kennt den Fall: Damals hatte ein Fußgänger eine ältere Frau nach einem Sturz versorgt. Später warf sie ihm vor, sie gestoßen zu haben. Der Mann musste die Arzt- und Gerichtskosten tragen, umgerechnet 5000 Euro. Die Logik des Richters: Wenn der Mann nicht schuldig war, warum hatte er dann geholfen? Später wurden die

Kosten zwar zum Teil reduziert, doch der Mann blieb noch auf Teilen der Gerichtskosten sitzen. Die Entscheidung zerstörte Vertrauen, das trotz Gesetzesänderungen bis heute nicht wiederhergestellt wurde. Verstärkt wird das Misstrauen durch Betrügereien: *Pengci,* übersetzt Porzellan zerbrechen, nennt sich das Phänomen, wenn Ladenbesitzer ihre Waren mit Absicht so platzieren, dass Kunden sie leicht umstoßen und dafür bezahlen müssen. Im Straßenverkehr beschreibt es die skrupellose Taktik, wenn Menschen sich vor Autos werfen, um eine Entschädigung zu erzwingen. Eine Umfrage der *Volkszeitung* ergab, dass acht von zehn Chinesen nicht helfen würden, wenn eine ältere Person vor ihnen auf der Straße stürzt.

Die traurige Wahrheit ist: Je länger ich in China lebe, desto größer ist mein Verständnis für diese Härte geworden. Sie funktioniert wie eine Mischung aus Schutzschild und Lebensversicherung. Denn was der Soziologe Fei vor fast 80 Jahren nicht vorhersehen konnte, war ein fast volles Jahrhundert gnadenloser Diktatur der Kommunisten. Barmherzigkeit ist ehrenhaft, aber bleibt selbst in einer gesunden Gesellschaft ohne soziale Absicherung, Krankenversicherung und Rechtssicherheit eine Utopie. Wer gerade sein Haus abbezahlt hat, kann morgen schon erleben, dass es für die neueste Schnellstraße der Regierung im Weg steht. Vielleicht ist die Wohnung auch schon bezahlt, aber der Bauherr pleite. Rücksicht ist ein Luxus, den man sich leisten können muss. In China lernt man jedoch seit Jahrzehnten, dass man sich zunächst am besten um sich selbst kümmert, wenn man überleben will.

Fünf-Sterne-Medizin

Die besorgniserregende Erkrankung unseres Sohnes im September 2022 bedeutete, dass wir uns schnell entscheiden mussten. Wer schon einmal einen Fieberkrampf miterlebt hat, weiß, wie bedrohlich er wirkt. Ich entschied mich deshalb, statt auf einen Krankenwagen zu warten, über die Taxi-App Didi einen Wagen zu ordern. Die Idee ist die gleiche wie beim amerikanischen Uber: Fahrer nutzen eigene Autos, und anstatt sich am Straßenrand herbeiwinken zu lassen, kann man sie per App buchen. An diesem Freitagabend warteten 46 Fahrgäste vor uns. Um nicht noch mehr Zeit zu verlieren, buchte ich blind ein Upgrade, das mir die App anbot, mit einer Ankunft in wenigen Minuten. Und tatsächlich, nur fünf Minuten später fuhr der Wagen vor. Zu meinem Erstaunen stellte ich fest, dass es eine Limousine war.

Nach einer Nacht in der Notaufnahme im Raffles, einem der größeren internationalen Krankenhäuser in Peking, entschieden sich die Ärzte, uns aufzunehmen. Ihre Diagnose: das Kawasaki-Syndrom, eine Gefäßentzündung der kleinen und mittleren Arterien, an der vor allem Kinder aus Asien erkranken. Mein Mann scherzte: Jonathan, unser kleiner Asiat. Doch wider Erwarten brachte die Behandlung keine Besserung. Nach sieben Tagen in der Klinik stieg sein Fieber immer wieder über 40 Grad. Auch seine Blutwerte wurden schlechter. Die Ärzte entschieden sich, uns in das größere Beijing Family United Hospital (BJU) zu verlegen, eine ausländische Klinik im Nordwesten der Stadt, die mit einer Kinder-Intensivstation ausgestattet war.

Das BJU kannten wir, Jonathan war dort im Januar geboren worden. Wie alle internationalen Krankenhäuser spezialisierte man sich dort auf gut versicherte Ausländer und wohlhabende Chinesen. In der Lobby spielte an manchen Tagen eine Pianistin Klavier wie in einem Nobelhotel. Vor der Entbindungsstation standen Sicherheitsmänner, die verhindern sollten, dass Neugeborene entführt würden. In China, wo es besonders wichtig ist, ein Kind zu haben, mit dem man die eigene Familie fortführen kann, wurden noch 2015 bis zu 20 000 von ihnen im Jahr entführt. Extraschutz ließen sich die Eltern im BJU gerne etwas kosten. Bei jedem Besuch erhielt ich eine neue Preisliste mit Angeboten und Gutscheinen: Auf Schönheitsoperationen und Krebsvorsorge gab es 50 Prozent Rabatt. Sei glamourös, so ein Werbespruch des Krankenhauses.

Im BJU kostete eine Vorsorgeuntersuchung umgerechnet knapp 400 Euro. Im Jahr 2020 schockierte der inzwischen verstorbene damalige Ministerpräsident Li Keqiang mit der Aussage, dass etwa 40 Prozent der Chinesen von nur umgerechnet 130 Euro im Monat lebten. Diese Menschen hungerten nicht, aber das BJU-Krankenhaus konnte für sie nicht weiter entfernt sein als London oder Paris.

Vor Corona ließen sich viele reiche Chinesen auch in Hongkong, Japan oder in den USA behandeln. Grund war eine seit Jahren dauernde Vertrauenskrise wegen zahlreicher Skandale um gefälschte Medizinprodukte, abgelaufene Impfstoffe und Korruption.

2008, als ich als Schülerin in Peking lebte, waren mindestens sechs Kinder an Milchpulver gestorben, das mit der Chemikalie Melamin verunreinigt war. 300 000 Babys hatten Nierenschäden erlitten. Darum kaufen die Chinesen bis heute die Regale in deutschen Drogeriemärkten leer oder zahlen das Fünffache für importiertes Milchpulver, statt heimischen Herstellern zu vertrauen. Zehn Jahre später erschütterte Chinas Eltern die Nachricht, dass Hunderttausende Kinder mit minderwertigen, vielleicht sogar gefährlichen Impfstoffen behandelt worden waren. Wer Geld hatte, flog lieber nach Hongkong, um sein Kind dort impfen zu lassen.

Doch seit der Pandemie waren die Grenzen geschlossen. Das BJU gehört in China zu den wenigen Krankenhäusern auf internationalem Niveau. Noch in der Nacht unserer Ankunft verlangsamte sich Jonathans Herzschlag, er übergab sich. Die Ärzte diagnostizierten eine Blutvergiftung. Antibiotika schienen zunächst zu wirken, doch schon am Nachmittag ging es ihm sichtlich schlechter. Wieder stand eine Ärztin im Raum, wir hatten sie zuvor noch nie gesehen, ihr folgten fünf andere Ärztinnen und Schwestern. Vom Kawasaki-Syndrom war keine Rede mehr. Sie legte einen Stapel Papier vor uns auf den Tisch, ein ausgedruckter Wikipedia-Artikel auf Englisch. »Bitte lesen Sie«, forderte sie uns auf. Auf der ersten Seite standen zwei Worte: Hemophagocytic Lymphohistiocytosis. Mein Mann, der die letzten zehn Tage die Ruhe bewahrt hatte, fing jetzt an zu brüllen: »Was soll das heißen?«, doch die Ärztin wiederholte sich nur: »Ich kann das nicht erklären. Bitte lesen Sie.«

Doch dazu kam es nicht mehr. Die Ärztin hatte mit dem Pekinger Kinderkrankenhaus gesprochen und um einen Platz für Jonathan gebeten. Wir sollten packen, die Klinik sei die einzige in China, die Jonathan noch behandeln könne. Nach zwei überforderten internationalen Krankenhäusern sollten wir uns nun in eine Klinik begeben, von der wir noch nie etwas gehört hatten. Die Ärztin zögerte, dann sagte sie: »Wir müssen noch auf das Okay warten. Ihr seid Ausländer, ihr müsst verstehen. Nicht jedes Krankenhaus ist bereit, einen Ausländer aufzunehmen.«

Eine Stunde später saß ich mit Jonathan in einem Krankentransporter. Träge schoben wir uns durch den dichten Nachmittagsverkehr, ohne dass sich jemand von dem Blaulicht beeindrucken ließ. Das Pekinger Kinderkrankenhaus hatte schließlich eingewilligt, Jonathan aufzunehmen. Knapp neun Monate war er alt. Noch war er etwas länger in meinem Bauch gewesen als auf der Welt. Gerade hatte er angefangen zu krabbeln. Nun lag er dort, er atmete schwach.

Im Krankenhaus schoben ihn die Schwestern in die Notaufnahme. Dort warteten wir, bis ein Sicherheitsmann auf mich zustürzte, um nach meiner Gesundheits-App zu fragen. »Hat die Ausländerin einen Coronatest?«, schrie er und ließ sich mein Handy zeigen. Dann führte mich eine der Krankenschwestern zur Anmeldung. Nachdem Jonathan registriert war, musste ich einem anderen Trakt des Krankenhauses eine Kaution für die stationäre Behandlung bezahlen: umgerechnet 3000 Euro.

Auf dem Weg zurück stieg ich über schlafende Menschen, die sich in den Fluren vor den Behandlungszimmern auf den Boden gelegt hatten. Ihr Leben schien sich auf den Gängen der Klinik abzuspielen: Eltern aßen dort Nudeln mit Würstchen, andere sortierten Gesundheitsunterlagen oder wickelten ihre Kinder. Hinter Bänken waren Koffer und Taschen, gestopft von Eltern, die nachts auf der Straße oder in Verschlägen schliefen, die tagsüber nicht sicher vor Dieben waren.

Ich war schon in lokalen Krankenhäusern gewesen. Für Recherchen oder wenn ich bei Reisen über Land selbst zum Arzt musste. Es waren kurze Besuche gewesen. Ich realisierte, dass es dieses Mal anders sein könnte: Es gab keine Aufenthaltsräume in der Klinik, keine Möglichkeit, sich zurückzuziehen. Es war laut und dreckig. Vor dem Raum zur Computertomografie standen so viele Menschen, dass ich mich an der Wand entlangschieben musste, um an ihnen vorbeizukommen. In der Schlange warteten Kinder mit aufgeschlagenen Köpfen und Eltern, die ihre bewusstlosen Kinder im Arm trugen.

Die Ärzte hatten gerade den Coronatest gemacht. Nun hieß es warten. Im Januar hatte ich in der *Süddeutschen Zeitung* berichtet, wie ein Krankenhaus in der Stadt Xi'an eine Schwangere im achten Monat nicht behandelte, weil ihr Coronatest ein paar Stunden zu alt war. Videoaufnahmen zeigten, wie sie vor der Klinik in einer Blutlache saß, wenig später verlor sie ihr

Kind. In Shanghai war Ende März eine Krankenschwester an Asthma gestorben, nachdem ihr eigenes Krankenhaus sie wegen der Corona-Vorschriften weggeschickt hatte. Ein geläufiger Scherz in dieser Zeit war: »Solange du nicht an Covid stirbst, darfst du an allem sterben.« Jetzt lag mein Sohn hier. Sein glasiger Blick ging an mir vorbei ins Leere.

Später fragte mich ein Freund aus Amerika nach diesem Moment. Er lebte seit 20 Jahren in China, hatte in Shanghai seine Kinder großgezogen. Er sagte, dass sich doch auch die Ärzte in China verpflichtet hätten, das Leben ihrer Patienten zu retten. Er kommentierte: »Niemand hat ihnen in der Notaufnahme eine Pistole an den Kopf gehalten.«

Aber so funktioniert das chinesische System nicht. Mit den internen Kontrollbehörden hatte Xi ein System aus andauernder Angst geschaffen, das ihm den nötigen Hebel gab, von Funktionären Gehorsamkeit einzufordern. Jede Kritik konnte als Zeichen von mangelnder Disziplin oder Loyalität interpretiert werden und ein Verfahren nach sich ziehen. Diese Macht erfasste alle Teile der Gesellschaft bis zur Leitung dieses Krankenhauses und zu den Ärzten, die vor uns standen. Die Angst, die Regeln der Führung bei meinem Sohn nicht durchzusetzen, war größer als die Angst vor seinem möglichen Tod.

Mir tippte eine Schwester auf die Schulter. »Das musst du bezahlen«, sie drückte mir einen Zettel in die Hand und zeigte auf einen Schalter am Eingang. Ich zahlte umgerechnet sieben Euro. Und nun? Die Kassiererin deutete auf ein Fenster auf der anderen Seite des Flurs. Dort schob mir eine Frau im Tausch gegen den Beleg einen Beutel durch den Schlitz. Eine Infusion. Ich starrte sie für einen Moment an, dann lief ich zurück in die Notaufnahme. Nach ein paar Minuten kam eine Schwester, nahm mir die Lösung aus der Hand und hängte sie ein.

Ich versuchte, nicht in die Betten zu blicken, in denen die anderen Kinder lagen. Die zwei Stunden wollten nicht enden.

Endlich nahm einer der Ärzte Jonathan mit. Er sagte kein Wort zu mir, schob sein Bett in einen Fahrstuhl und brachte ihn in den sechsten Stock. Wie ich später realisierte, war das der Eingang zur Kinderintensivstation. Dort verschwand mein Sohn hinter einer Tür, und es begann für unsere Familie eine Odyssee, die uns nicht nur tief in das chinesische Gesundheitssystem hineinführte, sondern auch die existenziellen Ängste und Sorgen vieler Chinesen besser verstehen ließ.

8. Kapitel

Vor der Tür

Auf der Intensivstation

Sollte ich meine Gasteltern anrufen? Mein Gastvater würde kommen, da war ich mir sicher. Gleichzeitig schämte ich mich. Er hatte immer versucht, die hässlichen Seiten des Landes von mir fernzuhalten. Aus Fürsorge, aber auch aus Stolz. Er winkte ab, wenn ich mit ihm über politische Missstände sprechen wollte oder über die wachsende Ungleichheit. »Schau, woher wir kommen«, pflegte er zu sagen. »Wir Chinesen schaffen das.« Wie würde er reagieren, wenn er uns hier sah? Ich schaute auf mein Handy. Drei Stunden waren vergangen, seit Jonathan hinter der weißen Stahltür verschwunden war. Zum ersten Mal blickte ich mich richtig um: Die Intensivstation lag im sechsten Stock, zwei Aufzüge brachten neue Eltern herauf. Wie wir durften sie ihr Kind nicht begleiten. Vor dem Eingang lag der Wartesaal: ein kleiner, unmöblierter und fensterloser Raum, der einer größeren Abstellkammer ähnelte. Die Wände waren vor einer ganzen Weile rosafarben gestrichen worden, doch an vielen Stellen war die Farbe abgeplatzt. Der Fußboden war vom Schmutz dunkel gefärbt.

Um nicht auf dem Boden sitzen zu müssen, hatten die meisten Eltern Isomatten dabei, die es anscheinend in der Nähe zu kaufen gab. Die Oberseite war mit bunten Tieren bedruckt, aber alle hatten sie auf die farblose Unterseite gedreht. Fröhlichkeit war an diesem Ort nicht auszuhalten. Viele hatten auch

Hocker dabei, Tüten mit Fertigsuppen und eingeschweißte, in Tee gekochte Eier. Es schien nicht ihre erste Nacht zu sein.

Nach einer Weile sprach ich eine der Mütter an. Ich fragte: »Was passiert nun?«, und deutete auf die Tür zur Intensivstation. Eine junge Frau, die neben ihrem Mann auf einer Matte lag, antwortete: »Sie kommen raus, wenn etwas ist.« Sie hatten Koffer dabei, ihr Mann schlief. Eine Frau von der anderen Seite des Raums warf ein: »Glaub mir, du willst nicht, dass sie rauskommen.« Es herrschte erschöpfte Stille. Wer schlafen konnte, schlief. Mir fiel auf, dass es vor allem die Männer waren, die ihre Augen geschlossen hatten. In einer Ecke hatte sich eine Frau verschämt zur Wand gedreht, mit der Hand strich sie sich Milch aus ihren Brüsten. Sie erinnerte mich daran, dass ich Jonathan seit dem Vortag nicht mehr angelegt hatte. Ob ich die Milch noch brauchen würde? Für einen Moment schloss ich die Augen und konzentrierte mich auf den Schmerz in meinen Brüsten.

Das Stillen war für mich immer ein Schutzschild gewesen. Bis zum Tag vor der Geburt hatte ich gearbeitet, die Abmeldung in den Mutterschutz schickte ich auf dem Weg in den Kreißsaal an die Personalabteilung. Nur einen Termin hatte ich während meiner Schwangerschaft abgesagt: als eine Redakteurin fragte, ob ich mich in eine Stadt in Südchina schmuggeln könnte, die seit acht Wochen im Lockdown steckte. Zwei Wochen vor Jonathans Geburtstermin zeigte mir mein Mann einen Vogel.

Fast unmittelbar nach dem zweimonatigen Mutterschutz war ich zur Arbeit zurückgekehrt. Ich wollte beweisen, dass beides ging: Korrespondentin sein und ein Kind haben. Das erste halbe Jahr schrieb ich von zu Hause. Der Andruck der Zeitung beginnt in Deutschland um 17 Uhr, das ist zur Winterzeit in China um Mitternacht. Für eine Weile arbeitete ich rund um die Uhr. Schlief, wenn Jonathan schlief. Stillte ihn, setzte mich wieder an den Computer. Manche in der Redaktion bekamen nicht einmal mit, dass ich ein Kind bekommen hatte. Andere ließen mich sehr deutlich spüren, was sie von diesem »Familienmodell« hielten. Unverhohlen fragte mich eine Bekannte: »Denkst du eigentlich auch manchmal an dein Kind?« Das Stillen half mir in solchen Momenten: Immerhin stillte ich. Das zumindest sprach für mich. Jetzt blickte ich auf die Tür und fragte mich: Hatte ich zu wenig Zeit mit Jonathan verbracht?

Es war weit nach Mitternacht, als eine Ärztin den Kopf durch die Tür steckte. Sie rief uns zu: »Ihr da, hallo!« Erst war ich erleichtert, doch als sie zu reden begann, kehrte die Angst zurück: Sie könnte nicht viel sagen, gestand sie. Nur so viel: »Bereitet euch in euren Herzen auf das Schlimmste vor.« Sie blickte mich an, ob ich die chinesische Redensart verstanden hatte. Weil ich kaum reagierte, schob sie hinterher: »Die Chancen liegen bei zehn Prozent, eher weniger, dass er die Nacht überlebt. Geht nach Hause. Wenn er gestorben ist, rufen wir an.«

Wir blieben noch einige Minuten sitzen. In den vergangenen Tagen war die Sorge der Verzweiflung gewichen, nun fühlte ich mich nur noch taub und leer. Unfähig, die neue Nachricht zu verarbeiten.

Das Krankenhaus lag 40 Minuten von unserer Wohnung entfernt, ich schaute auf dem Handy nach Hotels in der Nähe. Wir liefen durch das tiefschwarze Peking. Die Straßen waren menschenleer, nur manchmal ratterte ein Lastwagen an uns vorbei. Was würde jetzt passieren, fragte ich mich. Mit Jonathan waren wir zu einer kleinen Familie geworden. Ist man noch eine Familie, wenn das Kind tot ist?

Das nächstgelegene Hotel lag nur wenige Schritte vom Krankenhaus entfernt. Schon am Eingang stoppte uns ein Mann. »Keine Ausländer«, rief er. »Für euch sind wir ausgebucht.« In den vergangenen zwei Pandemie-Jahren hatte ich gelernt, dass Hotelbesitzer manchmal mit sich reden ließen, wenn ich ihnen sagte, dass ich dauerhaft in China lebte. Manchmal drohten aber auch Gäste mit dem Auszug, wenn ich blieb. Einmal war ein ganzes Abteil in einem Nachtzug umgezogen, um nicht mit mir in einem Raum schlafen zu müssen.

Für Protest fehlte mir jetzt die Kraft. Widerstandslos verließen wir die Lobby. Um die Ecke gab es noch ein Hotel. Auch dort blickten die beiden Mitarbeiterinnen verschreckt auf, eine der jungen Frauen ging ihren Chef suchen. »Ausländer …«, begann sie, aber mein Mann war schon auf das Sofa in der Lobby gesunken. Ich blickte sie an. »Mein Sohn …«, stammelte ich. »Krankenhaus …«, bekam ich noch heraus. Ich weiß nicht, ob sie verstand, was ich sagen wollte, sie schien aber einzusehen, dass wir nicht fähig waren, weiterzugehen. Wir bekamen ein Zimmer. Ich hatte eine so überwältigende Angst vor meinem Handy, dass ich es unter das Kopfkissen schob, um es dann sofort wieder herauszuziehen. Schreckerfüllt, ich könnte einen Anruf verpasst haben.

Auf unbestimmte Zeit getrennt

Um kurz vor acht Uhr riss uns sein Klingeln aus dem Schlaf. Am anderen Ende war eine Frau, die uns aufforderte, ins Krankenhaus zu kommen. Den Weg rannten wir. Die Klinik lag am zweiten Ring, einer der Hauptverkehrsadern Pekings, auf der sich die meiste Zeit des Tages der Verkehr staute. Anders als am Tag zuvor mussten wir nun durch den Haupteingang, wo Sicherheitsleute unsere Gesundheits-App überprüften. Jeder Besucher musste sich mit dem Programm einscannen und Adresse und Telefonnummer hinterlassen. Der Coronatest durfte nicht älter als 48 Stunden alt sein. Unsere Ankunft sorgte zunächst für große Unruhe des Personals. Einer fragte: »Dürfen Ausländer überhaupt ins Krankenhaus?« Sie berieten sich, ließen sich wieder unsere Testergebnisse zeigen. Dann durften wir die Sperre überqueren.

Es war nicht einmal halb neun Uhr morgens, doch es drückten sich bereits Hunderte Eltern mit ihren Kindern durch die Flure. Auch im sechsten Stock saßen wieder Eltern auf dem Boden. Es dauerte eine Stunde, bis eine Krankenschwester den Kopf durch die Tür steckte. Sie übergab mir eine Einkaufsliste: Windeln, Wickelunterlagen, eine Hautcreme, eine Waschschüssel und Waschlappen. In China kümmern sich in der Regel nicht Schwestern und Pfleger um Patienten, sondern die Angehörigen. Auch wenn wir nicht zu Jonathan konnten, schienen wir zumindest für die Beschaffung von Pflegeprodukten zuständig zu sein. Eine Mutter erklärte mir den Weg zu einem Geschäft im ersten Stock.

Den ganzen Tag saßen wir mit den anderen Eltern vor der Tür und warteten. Im Internet hatte ich mehrere Studien über Jonathans Diagnose gefunden, die uns auch schon vom hilflosen medizinischen Personal des ersten Krankenhauses als Ausdruck präsentiert worden war: Hämophagozytische Lymphohistiozytose, kurz HLH. Der erste Text begann mit den Worten, dass es sich um eine »sehr seltene, meist tödlich verlaufende Immunerkrankung« handelte, bei dem Teile des Immunsystems fehlten oder defekt waren. Vereinfacht erklärt, werden bestimmte Immunzellen überaktiv. Anstatt nur schädliche Eindringlinge wie Viren oder Bakterien anzugreifen, beginnen sie, das eigenen Gewebe und Organe des Körpers zu zerstören. Ohne eine sehr spezielle Behandlung sterben Patienten innerhalb von Tagen oder Wochen, und wie bei Jonathan wird die Krankheit meist zu spät erkannt. Die Überlebenschancen liegen selbst mit hochmodernen Medikamenten unter Umständen bei weniger als 30 Prozent. Ich konnte nicht weiterlesen.

Um 16 Uhr öffnete sich endlich die Tür. Eine Ärztin, die wir nicht kannten, winkte uns heran. Sie sagte, dass sie die ganze

Nacht um unseren Sohn gekämpft hätten. Die gute Nachricht sei: Er lebe noch. Allerdings wäre die Überreaktion seiner Immunabwehr sehr weit fortgeschritten. Die Nacht hindurch waren immer wieder Organe ausgefallen. Um die Oberhand über sein Immunsystem zu gewinnen, hatten sie ihn in ein Koma versetzt. Die Vorstellung, dass Jonathan in diesem Moment von einer Maschine beatmet wurde, war kaum auszuhalten. Ich wollte ihn unbedingt sehen, aber die Ärztin schüttelte den Kopf: Wegen Corona würden wir ihn auf keinen Fall besuchen können. Ich fragte: »Und morgen?« Sie schüttelte den Kopf. Jonathans Nieren waren am stärksten angegriffen und hatten ihren Dienst nicht wieder aufgenommen. Sie könnten ein Jahr und länger brauchen, bis sie wieder funktionieren, erklärte die Ärztin mechanisch.

Ich fragte mich: ein Jahr? Seit Pandemie-Beginn hatte die Regierung Kinder von ihren Eltern getrennt, wenn sie an Corona erkrankten. Unter Ausländern kursierten Horrorgeschichten von Kindern, die bei einer Einreise nach China positiv getestet worden waren und daraufhin für Wochen und Monate alleine in einem Krankenhaus festgehalten wurden. Während des Lockdowns in Shanghai im März hatten Videos die Runde gemacht, die Kleinkinder in dicht gestellten Gitterbetten zeigten. Ohne Aufsicht, bis zu drei Babys in einem Bett, das jüngste keine zwei Monate alt. Online berichteten Eltern, dass sie nicht wissen würden, wo ihre Kinder waren. Für eine Weile kursierten Tipps, wie man sich möglichst schnell mit Corona infizieren konnte, wenn das eigene Kind krank wurde. Selbst nach einem gewaltigen Aufschrei in den sozialen Medien hatten die Behörden nicht eingelenkt. Ich wusste das alles, und doch fiel es mir schwer zu verstehen, was die Ärztin uns sagte.

Ich erinnere mich jetzt an die Worte, die ich so viele Male zuvor in meinen Beiträgen geschrieben hatte. Die Anweisung von Parteichef Xi Jinping lautete: »Der Volkskampf gegen das

Virus hat die höchste Priorität.« Wenn Jonathan überhaupt überlebte, wie lange würden sie ihn hier festhalten?

Chinesen suchen Umwege

In den ersten Tagen im Krankenhaus erhielten wir viel Druck von Freunden und Verwandten: Wir müssten darauf bestehen, Jonathan zu sehen. Ein Kind von seinen Eltern zu trennen, könne niemals richtig sein. Wir sollten die deutsche Botschaft einschalten, besser noch die Bundesregierung. Für manche war es schwer auszuhalten, dass wir die Situation akzeptierten. Sie hatten das Gefühl, dass wir inzwischen genauso obrigkeitshörig waren wie die Chinesen. Dabei ist gerade das einer der großen Irrtümer gegenüber China: Wir stellen uns die Menschen als monolithischen Block vor, wie Roboter, die jeden Befehl befolgen. Doch obwohl Partei und Staat die Menschen ständig mit neuen Vorschriften drangsalieren, leben sie viel regelloser, als man sich das in Deutschland vorstellt.

Dabei denke ich zum Beispiel an unseren Lieblingsort an der Chinesischen Mauer, einen Wanderweg, zu dem wir manchmal am Wochenende fahren. Als wir uns das erste Mal zu diesem wilden Teil in den Bergen nordöstlich von Peking aufmachten, wies uns ein Lokalpolizist den Weg: »An dem Betreten-verboten-Schild vorbei und dann rechts«, erklärte er fröhlich. Am Ende des verbotenen Pfads hatten die Lokalbehörden ein Tickethäuschen aufgestellt.

Es sind die kleinen Freiräume, die sich Chinesen mit dieser Alltagsrebellion erkämpfen. Am Liangma, einem wunderschön ausgebauten Fluss im Herzen von Peking, stehen alle zehn Meter Hinweisschilder, dass dort weder geschwommen noch geangelt werden darf. Dutzende Rentner nutzen die Verbotsschilder jeden Tag, um Badehandtücher aufzuhängen und Angeln abzustellen. Kontrolleure schickt die Stadt nicht. In einem Staat, in dem die Bürger permanent wie Kinder behandelt werden, werden manchmal beide Augen zugedrückt.

Schon während der Schwangerschaft gab es Gelegenheiten zu staunen. Überall in der gynäkologischen Abteilung hing die Vorschrift, dass Ärzte das Geschlecht des Kindes nicht mitteilen dürften. Pränataldiagnostische Untersuchungen werden zwar gemacht, doch auch nach Ende der Ein-Kind-Politik ist die Angst zu groß, dass sich Familien gegen ein bestimmtes Geschlecht und für eine Abtreibung entscheiden. Später erklärte mir eine Freundin, wie wir trotzdem rauskriegen könnten, ob es ein Junge oder Mädchen wird: Anstatt sich direkt nach dem Geschlecht zu erkundigen, sollten wir einen sprachlichen Umweg nehmen. Beim nächsten Ultraschall erzählte ich der Ärztin, dass unsere Eltern gerne Kleidung für ihr Enkelkind kaufen wollten, sie seien sich aber nicht sicher, ob in blauer oder pinker Farbe. Die Ärztin machte einen Schlenker mit dem Gerät und erklärte dann, dass wir mit der Farbe Blau nichts falsch machen würden. Wir bekamen einen Jungen.

Aber dieser Flexibilität stand in manchen Momenten auch ein *mei banfa* gegenüber, zu Deutsch »da kann man nichts machen«. In der jüngeren chinesischen Geschichte haben die Menschen viele Katastrophen ertragen müssen. Seit 75 Jahren leben sie unter einem Regime, das manchmal auf fürchterliche Weise in ihr Leben eingreift und über sie bestimmt bis hin zu der Frage, wie viele Kinder eine Frau gebären darf. *Mei banfa* steht für die Fähigkeit der Chinesen, nicht ständig mit diesem Elend zu hadern. Die Philosophie umfasst, das Beste aus einer unmöglichen Situation zu machen. Das heißt, da kann man nichts machen, damit muss ich mich nicht beschäftigen. Vieles betrachten die Chinesen lieber als Schicksal, als an der Frage zu zerbrechen, ob eine Katastrophe hätte verhindert werden können.

Als Journalistin lässt mich diese Haltung manchmal verzweifeln, immerhin will ich verstehen, was meine Gesprächspartner denken und fühlen, wie eine schicksalhafte Wendung sie in ihrem Innersten verändert hat. Aber häufig bekomme ich als Antwort nicht mehr als ein knappes *mei banfa*. Bei einer Flut in Zentralchina zum Beispiel, bei der die Lokalpolitiker ein Schleusentor geöffnet hatten, ohne die Stadtbewohner rechtzeitig zu warnen. Im Gespräch mit einer Ladenbesitzerin, die um ihr Leben rennen musste und ihren gesamten Hausstand verlor, sagte mir im Angesicht dieser Katastrophe mit einem Schulterzucken: Ist halt Schicksal. Sie forderte keine Untersuchung, weil sie wusste, dass davon nichts zu erwarten war.

Die Frage, ob Menschen in China etwas an ihrer Situation ändern oder auf ein Unrecht aufmerksam machen können, hat viel mit den Beziehungen zu tun, die sie zur Partei oder der Polizei pflegen. Ein Touristenführer in Tianjin hatte mir am Rande einer Recherche mal erzählt, wie sein Tuk Tuk, eine Art motorisierte Rikscha, wegen einer fehlenden Lizenz beschlagnahmt wurde, er dann aber einen Weg gefunden hatte. Auch dies eine Art *banfa,* die darin bestand, einen Freund bei der Polizei in seiner Heimatstadt um Hilfe zu bitten. Der bemühte seine Kontakte, bis er jemanden fand, der jemanden bei der Polizei in Tianjin kannte. Dieser wusste, welche Person der Fahrer bestechen musste, und schon bekam er sein Tuk Tuk zurück. Ohne Lizenz fuhr er weiter.

Manchmal wirkt die Akzeptanz des eigenen Schicksals wie Resignation, aber der Eindruck täuscht: Vor meinem Büro in Shanghai arbeitete zum Beispiel viele Jahre lang ein älterer Mann, der auf einer Herdplatte seines dreirädrigen Karrens *jianbing* briet und verkaufte, eine Art chinesischer Crêpe mit Ei, Koriander, Chili und einem frittiertem Cracker. Bei jedem Wetter stand er dort, bis Männer auftauchten und seinen Wagen beschlagnahmten. Im Sinne eines »zivilisierten« Shanghais passte der Verkäufer nicht mehr ins Straßenbild. Dass sein Laden jahrelang toleriert worden war, spielte keine Rolle. Drei Tage saß der Mann auf einem Stuhl vor unserem Büro, zu der großen Ungerechtigkeit sagte er nicht mehr als *mei banfa*. Die da oben entschieden, er musste sich anpassen. Zu meiner Freude eröffnete er ein paar Wochen später einen richtigen Laden nur ein paar Meter weiter. Er hatte also mitnichten seinen Kopf in den Sand gesteckt, war aber auch klug genug, ihn nicht so weit rauszustrecken, dass er im Zweifel dadurch verlieren würde. Ich schätzte diese Widerstandskraft der Chinesen, sie war auch Grundlage für ihren Optimismus und Fortschrittsglauben, der Chinas Erfolge in den vergangenen Jahrzehnten möglich gemacht hatte. Damit ist sie ein wichtiger Faktor für den Chinesischen Traum, der eben auch in der alltäglichen Resilienz besteht.

Für mich war die Lage im Krankenhaus ein Fall von *mei banfa*. Die Behörden standen durch Corona unter Druck wie nie zuvor, jede Regelabweichung könnte ernste Konsequenzen für die Klinik haben. Vielleicht irrte ich mich, vielleicht hätten die deutschen Behörden sogar Druck erzeugen können. Eine chinesische Freundin sagte mir damals, wir seien doch Ausländer: »Für euch organisiert unsere Regierung doch immer einen Umweg.« Doch wichtiger erschien mir, unsere Kräfte zusammenzuhalten für die Dinge, die wir steuern konnten. Dazu gehörte das Umfeld, in dem wir uns befanden. Die Menschen, die in diesem Moment am ehesten verstehen konnten, in welcher Situation wir steckten, saßen hier mit uns in diesem furchtbaren, fensterlosen Raum. Und für die chinesischen Eltern waren wir ein Hoffnungsschimmer: In Anrufen hörte ich sie erzählen, dass auch ein Ausländer-Kind auf der Intensivstation lag. Jonathan war für sie ein Zeichen, dass ihre Kinder an einem guten Ort untergebracht waren. Ihre Logik: Sonst hätten sich die

Ausländer dieses Krankenhaus ja nicht ausgesucht. Unter keinen Umständen wollte ich den Eltern diese Zuversicht nehmen, indem wir eine Sonderbehandlung forderten.

Alltag im Krankenhaus

Ein erstes positives Signal erhielten wir am dritten Tag, wenn auch in anderer Form als erwartet. Jonathans Ärztin kam am Nachmittag heraus und erklärte uns, dass sie ihn aus dem Koma geweckt hatten. »Das Gute ist, er ist nicht hirntot«, sagte sie. Eine Sorge, über die sie uns zuvor nicht aufgeklärt hatte. Dann erkundigte sie sich beiläufig: »Wie heißt euer Kind eigentlich?« Zunächst verstand ich die Frage nicht. Dann schob sie nach: Sie hätten ihn bisher nur »das Ausländerkind« genannt. Drei Tage hatte sie Jonathan behandelt, ohne seinen Namen zu kennen. Schockiert erzählte ich das später einer befreundeten Chinesin. Sie erklärte mir, dass die Ärzte erst glauben mussten, dass er überlebt: »Erst dann sehen sie allmählich einen Sinn darin, sich seinen Namen zu merken.«

Die Situation im Krankenhaus erinnerte mich an mein Austauschjahr: Es war ein Labyrinth aus Anforderungen, mit einer Sprache und Gepflogenheiten, die mir völlig fremd waren. Doch für Jonathan war es überlebenswichtig, sofort zu lernen, uns in diesem Labyrinth auszukennen. Vom ersten Tag an musste ich wie die anderen Eltern Aufgaben übernehmen: So gaben mir die Ärzte beispielsweise Rezepte, mit denen ich im Labor eine Blutuntersuchung anmelden musste. Dafür brauchte ich eine Nummer, die ich im Erdgeschoss zog, dann ging ich zum Labor, holte das Röhrchen für die Probe, brachte es in den sechsten Stock. Dort nahmen sie Jonathan Blut ab, gaben mir das Röhrchen mit der Probe, die ich ins Labor brachte. Die Ergebnisse musste ich nach der Analyse wieder zu den Ärzten bringen. Ich versuchte, die Sache wie ein Spiel zu betrachten. Ich kannte zwar nicht alle Regeln, doch jede Aufgabe würde mich näher zu Jonathan bringen. Alles war besser, als nichts tun zu können.

Die Spurensuche nach einem Auslöser für Jonathans Immunstörung war schwierig, weshalb das Ärzteteam ihn wochenlang auf verschiedene Erkrankungen testete. Da nicht alle Tests vor Ort gemacht werden konnten, musste ich in andere Krankenhäuser fahren, um dort Untersuchungen zu organisieren. Das hieß, Jonathan dort als Patienten anmelden, Röhrchen holen, Blut holen, hin und zurück. Eines Tages führte mich einer dieser Botengänge in das Pekinger Tropeninstitut im Zentrum der Stadt, und auf der Suche nach dem richtigen Eingang fand ich mich in einem Labor für seltene Infektionskrankheiten wieder. Wissenschaftler in Schutzanzügen saßen an Mikroskopen. Meine unsichere Erklärung, ich sei aus dem Ausland und sollte hier meinen Sohn auf Ebola testen, versetzte den Forschern einen ordentlichen Schrecken.

Alles war in diesen Tagen immer dringlich und musste sofort geschehen. Rund um die Uhr rief mich das Krankenhaus an. Der Alltag war eine permanente Überforderung, und ich brauchte einige Tage, bis ich verstand, dass auch die anderen Eltern kaum zurechtkamen. Die Menschenmassen wurden mit Lautsprechern durchs Krankenhaus gescheucht, Eltern irrten die Treppen rauf und runter, fanden ihren Weg nicht, wussten nicht, wie sie ihren Kindern helfen konnten. Die Belastung in der ständig überfüllten, lauten und dreckigen Klinik war auf Dauer für niemanden auszuhalten.

Eine der Besonderheiten des chinesischen Gesundheitssystems ist es, dass sich Patienten selbst um Termine bei Fachärzten kümmern müssen. Besteht Krebsverdacht, muss ein Patient zum Beispiel selbst recherchieren, in welchem Krankenhaus ein entsprechender Spezialist arbeitet. Je bekannter ein Arzt ist und je höher er in der Krankenhaus-Hierarchie steht, desto teurer ist eine Visite bei ihm. Wer es sich leisten kann, geht sogar zum Nähen einer Platzwunde zum Internisten.

Termine werden meist online oder im Krankenhaus gebucht. Vor manchen Kliniken stehen die Menschen ab vier Uhr morgens an, um einen Termin zu ergattern. An den Automaten, an denen man eine Termin-Nummer ziehen muss, beobachtete ich im Krankenhaus jeden Tag verzweifelte und überforderte Menschen, die sich mit dem System nicht auskannten.

Was das Leben im Krankenhaus so kompliziert machte, war eine Mischung aus ungebremster Digitalisierung, wie es sie überall im Land gab, und dem chinesischen Bürokratie-Irrsinn. Das Milchpulver musste an einem Schalter in bar bezahlt werden, die Blutprobe per Handy-App an einem anderen Standort. Mal musste eine Behandlung persönlich beantragt werden, dann brauchte es dafür den Genehmigungsstempel einer bestimmten Abteilung. Ein anderes Mal konnte der Termin nur an einem speziellen Automaten gebucht werden, wo ich die Behandlung unter Hunderten Dienstleistungen finden musste. Jeden Tag kamen neue Abholscheine und Antragsformulare dazu. Bald klammerte ich mich wie die anderen Eltern auf unserem Flur an einen wachsenden Stapel Unterlagen. Wie sie trug ich die Papiere in einem dicken Ordner mit mir herum. Sie waren das Einzige, was man als Eltern unter Kontrolle hatte.

Weil der Flickenteppich aus Regeln und Systemen viele Patienten überforderte, gab es längst Firmen und Leute, die Profit aus ihrer Not schlugen. Sie begleiteten Patienten ins Krankenhaus, weil sie sich mit den Buchungsprogrammen auskannten und wussten, wie man an einen Termin bei den besten Ärzten kam. Hunderte Euro konnte eine Begleitung dieser »Freiwilligen« pro Tag kosten. Ein Pekinger Begleitservice warb mit dem Slogan »für eine Chance im Kampf um die besten Ressourcen«.

Gerade für ältere Patienten oder bei Notfällen war dieser Service die einzige Möglichkeit, um überhaupt an einen Behandlungsplatz zu kommen.

Der Druck ließ sich überall spüren. Die Menschen schubsten und drängelten. Wenn ich selbst nicht meine Ellenbogen einsetzte, schaffe ich es häufig nicht bis an die Schalter, um eine Blutprobe abzugeben oder einen Test zu bezahlen. Der Egoismus, den ich aus dem Straßenverkehr oder vom Einsteigen in Busse und Bahnen kannte, war hier mit einer furchtbaren Not verbunden. Nur wer kämpfte, dessen Kind hatte eine Chance. Es hatte eine gewisse Ironie, dass Peking sich nur zwei Jahre zuvor für den Bau von zwei Krankenhäusern in wenigen Tagen hatte global feiern lassen, als sei in diesem Land alles möglich. Später sagte mir ein Arzt aus Nepal, der 20 Jahre lang in China gearbeitet hatte: »Die Medizin, die in vielen Krankenhäusern praktiziert wird, ist exzellent. Was hingegen fehlt, sind Personal, Ressourcen und Zeit.«

Der Alltag war gnadenlos, gerade für Angehörige. Eines Tages, als wir wieder vor der Intensivstation saßen, kam Jonathans Ärztin heraus, sie steuerte auf einen jungen Mann zu. Ich hatte ihn noch nie gesehen, er musste in der Nacht zuvor gekommen sein. In dem Raum vor der Intensivstation gab es keine Privatsphäre. Wir hörten, dass sein Kind aus einem Fenster in großer Höhe gestürzt war. Die Ärztin sagte, eine weitere Behandlung sei möglich, aber sinnlos: »Spar dir das Geld. Du bist noch jung, krieg lieber ein neues Kind.« Der Mann brach weinend zusammen.

Als ich einige Monate später von meiner Erfahrung erzählte, fragte mich ein deutscher Journalistenkollege, ob mich das Verhalten überhaupt überrascht habe. Er fragte: »Chinesische Ärzte, kennen die überhaupt so etwas wie Gefühle? So etwas wie menschliche Regungen?«

Es war dieser permanente »Othering-Prozess« im Umgang mit China, das hieß eine Ausgrenzung der Chinesen, die mir in Deutschland immer wieder begegnete. Darunter das Vorurteil, dass sie Schmerzen anders oder weniger stark spürten als wir.

Ich hatte diese Haltung schon früher erlebt, auch zu Beginn der Pandemie: Als in Wuhan der erste Lockdown verhängt wurde, schrieb ich über Studien, die zeigten, wie massiv die Menschen in der abgeriegelten Stadt auch mental belastet waren. Bald darauf dokumentierten Ärzte zunehmende Fälle von Depressionen und Angstattacken. Aber als sich Corona in Deutschland ausbreitete, spielten diese Erfahrungen kaum eine Rolle. Ein Bekannter winkte ab, als ich von diesen Symptomen berichtete: »Chinesen sind anders als wir, du musst aufschreiben, was diese Pandemie für uns bedeutet.« Das sollte wohl heißen: Chinesen kann man einsperren, sie kennen ja nichts anderes.

9. Kapitel

Leb wohl, Seuchengott

Medizinischer Aufruhr

In Wirklichkeit führte die Mischung aus überfüllten Fluren, finanzieller Überlastung und Unsicherheit immer wieder zu Gewaltausbrüchen, wie sie im Ausland fast unbekannt sind.

Im Januar 2020 änderte sich etwa das Leben von Tao Yong, dem Chefarzt der Augenklinik im Chaoyang-Krankenhaus, einer Schwesterklinik des Pekinger Kinderkrankenhauses unweit unserer Wohnung. Am 20. Januar stürmte ein Patient die Station und stach auf drei Mitarbeiter ein, darunter Tao. Zwei Wochen schwebte der Mediziner in Lebensgefahr. Heute arbeitet er zwar wieder, doch durch die Verletzungen an seiner linken Hand hat er kein Gefühl mehr in den Fingern. Der Angriff bedeutete das Ende seiner Karriere als operierender Arzt. Nur einige Wochen früher war eine Pekinger Ärztin bei einer Attacke durch den Sohn eines ihrer Patienten getötet worden.

In China sind solche Gewaltfälle als *yinao* bekannt, auf Deutsch etwa »medizinischer Aufruhr«. Es beschreibt das Phänomen, wenn Patienten oder Familienangehörige in Krankenhäusern durchdrehen und das medizinische Personal bedrohen oder angreifen.

Untersuchungen belegen, dass meist das zermürbende Prozedere in den Krankenhäusern, Misstrauen und die schlechte Kommunikation zwischen Patienten und Kliniken Auslöser für die Gewalt ist. In Umfragen berichten mehr als 66 Prozent aller

Ärzte in China von Angriffen, jedes Jahr gibt es Zehntausende Vorfälle, Hunderte Mitarbeiter werden bei solchen schwer verletzt und sogar getötet. Besonders häufig betroffen sind dabei Kinderkrankenhäuser.

Aus dem Kindergarten unseres Sohnes kannte ich diese extreme Angst um die eigenen Kinder. Wenn unser Sohn beim Spielen hinfiel, wurde eine Krankenschwester gerufen, die seine geschwollene Lippe oder den Kratzer am Arm mit Fotos und Videoaufnahmen dokumentierte, versorgte und bei uns Eltern meldete, damit wir entscheiden konnten, ob eine Krankenhauseinweisung nötig war. Einmal klemmte eine Erzieherin Jonathans Bauch in einer Gurtschnalle ein, es bildete sich ein Bluterguss. Bei der Abholung hatten sich alle Mitarbeiter an der Tür versammelt, um sich mit einer tiefen Verbeugung bei mir zu entschuldigen.

Während wir uns meist nichts dabei dachten, kämpfte der Kindergarten immer wieder mit Klagen aufgebrachter Familien. Nachdem ein Klassenkamerad von Jonathan einen wunden Po bekommen hatte, riefen seine Eltern die Polizei. Drei Tage verbrachte die Kindergartenleiterin auf der Polizeiwache, wo auch das Videomaterial gesichtet wurde von den Kameras, die zu diesem Zweck in den Spielräumen hingen.

Das mag skurril klingen, hat aber einen ernsten Hintergrund. Denn durch die Ein-Kind-Politik der letzten Jahrzehnte prägt in China das 4:2:1-Modell die Gesellschaft: Das heißt, vier Großeltern und zwei Eltern konzentrieren ihre ganze Aufmerksamkeit auf ein Kind, in China nennt man sie deshalb »kleine Kaiser«. Einerseits werden sie verwöhnt, andererseits übernehmen sie später die Funktion einer Sozialversicherung für ihre Familien. Nichts darf schiefgehen.

Es ist eine Realität, die mich mal bei einem Arztbesuch kalt erwischte. Wegen einer Nasennebenhöhlenentzündung wollte mir die chinesische Ärztin ein Antibiotikum verschreiben und fragte mich, ob ich schwanger sei. Als ich verneinte, sagte sie unverblümt: »Gut, ich frage nur, weil ich sonst raten würde, das Kind abzutreiben.« Auf meinen wohl recht entsetzten Gesichtsausdruck hin setzte sie nach, chinesische Eltern hätten nun einmal nur eine Chance und würden bei ihrem einzigen Kind Perfektion anstreben. Sie verstehe, dass das bei uns Ausländern anders sei.

Wie im Bildungssystem, in dem ein gewaltiger Erfolgsdruck auf dem Kind lastet, zeigt sich im Gesundheitssystem eine extreme Fixierung auf das Wohlergehen dieses einen Kindes. Wird es krank, kann die Situation schnell eskalieren. Manche Kliniken bilden ihre Ärzte inzwischen in Selbstverteidigungskursen fort, die Krankenhäuser ähneln zunehmend Festungen.

Dass die Furcht vor Attacken auch im Pekinger Kinderkrankenhaus bestand, zeigte sich an den massiven Sicherheitsmaßnahmen, die es abseits von den Corona-Vorschriften gab. So musste jeder Besucher am Eingang wie am Flughafen durch einen Ganzkörperscanner gehen und seine Tasche durchleuchten lassen auf der Suche nach Messern und anderen Waffen. Auf Bildschirmen tauchten für eine Sekunde der Klarname auf, die Personalausweisnummer und ein Foto. Auf jedem Flur gab es mehrere Sicherheitsleute, sie trugen kugelsichere Westen und Helme.

Damit behandelten die Krankenhäuser natürlich eher das Symptom als die Ursache für den Druck: die fürchterliche Lage des Gesundheitssystems. In den Anfängen der Pandemie hatte ich viel über die Krise geschrieben, die schlechte medizinische Versorgung war ein Grund, warum Peking – wenn auch verspätet – im Januar 2020 so heftig auf den Corona-Ausbruch reagierte. Die Sorge war groß, dass Chinas marodes Gesundheitssystem unter der Last Hunderttausender Corona-Patienten zusammenbrechen würde. So wie es drei Jahre später nach der

Öffnung im Dezember 2022 auch passierte. Aber erst im Pekinger Krankenhaus wurde mir klar, welche Dimension diese Krise hatte.

Viele Probleme reichten bis in die Mao-Ära zurück. Als der Staatsgründer 1949 die Volksrepublik ausrief, war das Land in einem desaströsen Zustand. Seuchen wie Cholera, Pocken und Typhus töteten jährlich Hunderttausende, mit seinem Gedicht »Leb wohl, Seuchengott« bedachte Mao im Jahr 1958 Chinas Kampf gegen Bilharziose, eine schmerzhafte Wurmerkrankung, die jedes Jahr Tausende Bauern dahinraffte.

Chinas Gesundheitssystem hatte in hundert Jahren eine rasante Entwicklung durchgemacht. Anfang des 19. Jahrhunderts waren es die Missionare, die westliche Behandlungsmethoden nach China brachten. Bis dahin waren die Menschen mit traditioneller Medizin behandelt worden, was häufig die Versorgung durch Wunderheiler und Quacksalber bedeutete. Mit der Schwächung des Kaiserreichs stieg die Anerkennung westlicher Errungenschaften wie Krankenhäuser und Impfungen. Mit Chinas erstem provisorischen Präsidenten Sun Yat-sen übernahm 1912 ein im Westen ausgebildeter Arzt die Regierungsgeschäfte, doch die folgenden Jahrzehnte des Bürgerkriegs und des Krieges mit Japan ab 1937 setzten dem Fortschritt ein jähes Ende. Als Mao an die Macht kam, fehlte es gerade auf dem Land an allem.

Die Kommunisten versprachen, China in eine starke und gesunde Nation zu verwandeln. Gemäß den Grundsätzen Prävention, Gleichheit und Massenbeteiligung sollte die Volksgesundheit und Seuchenbekämpfung zu den Prioritäten gehören. Besonders folgenschwer war die Vorstellung von Staatsgründer Mao Zedong, dass eine Gesundheitsrevolution mit den Arbeitskräften und Ressourcen zu erreichen war, die es schon gab. Der mächtige Propagandaapparat Maos warb mit Wandzeitungen, Liedern und Kinofilmen fürs Händewaschen, für Impfungen und das Abkochen von Trinkwasser: Von den gesundheitlichen Vorteilen überzeugt, gehört das Trinken von *re shui*, zu Deutsch heißem Wasser, bis heute in China zum Alltag. Dazu meldeten Parteiarbeiter den Bau und die Reparatur von fast 70 Millionen Latrinen im Land.

Mao richtete sein Augenmerk bald auf die Industrie: Mit einem »Großen Sprung nach vorn« sollte China die Industriestaaten aufholen. Dafür gab er das Ziel aus, Chinas Stahl- und Landwirtschaftsproduktion durch eine radikale Kollektivierung zu steigern. Kaum bekannt ist die Rolle, die Maos Gesundheitspolitik dabei spielte. Denn um noch mehr Menschenkraft freizusetzen und die Landwirtschaft zu stärken, befahl er eine »patriotische Hygiene-Kampagne« mit dem Ziel, die »vier Pestarten« zu bekämpfen: Ratten, Fliegen, Moskitos und Spatzen.

Letztere ließ Mao töten, weil die Bauern sich angeblich darüber beschwerten, dass Spatzen ihre Körner und Samen fraßen. Das Töten der Vögel führte zu einer Heuschreckenplage und gewaltigen Ernteausfällen, die in der größten menschengemachten Hungerkatastrophe der Weltgeschichte zwischen 30 und 40 Millionen Menschen das Leben kostete. Im März 1960 strich Mao die Spatzen aus seiner Kampagne und ersetzte sie durch Bettwanzen. Um das tierische Gleichgewicht wiederherzustellen, sah sich die Volksrepublik am Ende gezwungen, eine Viertelmillion Spatzen aus der Sowjetunion zu importieren.

Die mörderische Kulturrevolution brachte in den 1960er-Jahren neue Herausforderungen. Maos Angriffe richteten sich auch gegen den Elitarismus in der Gesundheitsbürokratie, Mitarbeiter in den Ministerien wurden entmachtet und durch Armeeoffiziere ohne medizinische Ausbildung ersetzt. »Bourgeoise« Ärzte standen unter Verdacht, nur ausgefallene Krankheiten zu behandeln und die Nöte der Bauern und Arbeiter zu ignorieren. Sie wurden aufs Land verschickt, in Schnellkursen sollten sie medizinische Arbeiter ausbilden, die später als Barfußärzte bekannt wurden. Ihren Namen erhielten sie von den Bauern Südchinas, die barfuß in den Reisfeldern arbeiteten.

Anfang der 1980er-Jahre gab es in China rund 1,5 Millionen dieser Barfußärzte, unter ihnen Heilpraktiker, die meisten aber aufs Land verschickte junge Leute aus der Stadt oder strafversetzte Arbeiter. In wenigen Monaten wurden sie in Anatomie, Bakteriologie sowie Mutter- und Säuglingspflege unterrichtet. Sie konnten einfache Krankheiten behandeln und verwiesen ihre Patienten in schweren Fällen an die regionalen Gesundheitszentren. Bezahlt wurden sie von den Bauern mit Arbeitspunkten und arbeiteten auch selbst auf Feldern.

Wie alle Lehreinrichtungen hatten während der Kulturrevolution allerdings auch die Medizinschulen bis Mitte der 1970er-Jahre geschlossen, was später zu einer gewaltigen Unterversorgung von anständig ausgebildeten Ärzten führte. Ein Missstand, der bis heute nicht ausgeglichen ist: So kommen in China auf einen Allgemeinmediziner rund 6700 Menschen, der internationale Standard liegt zwischen 1500 und 2000. Teilweise sehen Ärzte 200 und mehr Patienten am Tag, viermal so viel wie beispielsweise in Deutschland.

Krankheit als Armutsgrund Nummer eins

Deng Xiaopings Wirtschaftsreformen, mit denen er Ende der 1970er-Jahre den Turbokapitalismus in China entfesselte, verschlimmerte die Gesundheitslage zunächst dramatisch. In allen Lebensbereichen stand jetzt das Wachstum an erster Stelle, Privatunternehmen sollten zum Treiber des neuen Wirtschaftswunders werden, und diese neue Politik wurde auch auf Krankenhäuser übertragen. Während die Regierung ihre Gesundheitsleistungen eindampfte, kletterten die Preise für Patienten in die Höhe. Ein Krankenhausaufenthalt konnte nun schnell das Jahresgehalt eines Arbeiters auffressen. Spätestens Mitte der 2000er-Jahre hatten sich die Gesundheitskosten zu dem mächtigen Berg aufgetürmt, mit dem die Chinesen heute konfrontiert sind.

Um Arztbesuche bezahlbar zu halten, regulierte die Regierung zunächst die Preise für wesentliche Untersuchungen. Diese lagen nun unter den realen Kosten und setzten die Krankenhäuser unter Druck. Die Folge waren schlecht bezahlte Ärzte und chronisch unterfinanzierte Krankenhäuser. Bis heute werden Kliniken zwar von der Regierung gebaut, allerdings müssen sie selbst sehen, wie sie sich über Wasser halten. 90 Prozent der Patienten werden in China in »öffentlichen« Krankenhäusern behandelt, der Name ist aber irreführend. Der Staat trägt nur 10 Prozent ihrer Kosten, wie private Kliniken sind sie darauf angewiesen, profitabel zu wirtschaften und Umsätze zu generieren.

Die Lösung waren zunächst teure Zusatzleistungen, die nicht den Preisregulierungen unterlagen, und Aufschläge auf nicht regulierte Medikamente. Ärzte verordneten mehr Tests, Medikamente und Behandlungen, die häufig gar nicht nötig waren. Gerade die übermäßige Verordnung von Antibiotika begünstigte das Entstehen von Resistenzen und Superviren, die heute ein großes Problem in China sind. Auch die chinesische Gewohnheit, die ich von meinen Gasteltern kannte, Kinder bei einer Erkältung mit einer Infusion zu behandeln, geht auf die übermäßige Verschreibung jener Zeit zurück.

Auf der anderen Seite gab es kaum Anreize für Prävention und die Stärkung öffentlicher Gesundheit, weil sich damit weder Gewinne noch Wachstum generieren ließen. Heute verursachen chronische Krankheiten 80 Prozent aller Tode bei

Menschen über 60 Jahren, unter anderem durch Herzkrankheiten und Diabetes.

In den vergangenen zehn Jahren hat Peking zwar versucht, die Gewinnmargen bei Medikamenten zu drücken, und dafür erlaubt, die Kosten für andere Dienstleistungen wieder anzuheben. Doch um das Wegbrechen der Medikamenteneinnahmen zu kompensieren, erhöhten Krankenhäuser die Kosten für andere Dienstleistungen oder sahen sich gezwungen, die Behandlungen von Patienten zu verlängern.

Von solchen Zusatzleistungen bekamen wir auch einige zu sehen: Für umgerechnet 400 Euro boten uns Jonathans Ärzte zum Beispiel an, eine Runde aus Chefärzten der verschiedenen Abteilungen zusammenzustellen, die für eine Stunde seinen Fall besprechen sollten.

Eher durch Zufall entdeckte ich an einem anderen Tag bei einer meiner Botengänge den VIP-Flügel des Krankenhauses, der versteckt im Keller des Krankenhauses lag. Zahlungskräftige Familien konnten dort mit ihren Kindern in einem Einzelzimmer schlafen, während es in den anderen Abteilungen nur Mehrbettzimmer mit bis zu neun Betten gab. Anders als im Rest des Krankenhauses, das grau und schmutzig war, waren im Luxustrakt die Wände mit bunten Tierfiguren beklebt, auf den Fluren gab es Spielzeug und eine große Zahl Krankenschwestern, die stets zur Verfügung stand. Die Zweiklassenmedizin hatte wenig mit dem zu tun, was man von einem sozialistischen Staat erwartet.

Peking rühmt sich damit, 95 Prozent der Bevölkerung krankenversichert zu haben, doch die Realität ist komplizierter. Im Prinzip gibt es zwei Versicherungen: eine Grundsicherung für Angestellte in den Städten und pensionierte Mitarbeiter von Staatsunternehmen und eine Bürgerversicherung vor allem für Landbewohner. Über den ersten, deutlich größeren Geldtopf ist rund ein Drittel der Chinesen abgesichert. Die Lokalregierung betreibt die Fonds, Firmen zahlen etwa 10 Prozent des Mitarbeitergehalts ein, wenn Geld fehlt, muss die Stadt oder Gemeinde einspringen. Das Geld wird für Krankenhausaufenthalte und einige ambulante Dienstleistungen verwendet, ein Drittel fließt in individuelle Gesundheitskonten, Versicherte können mit dem Guthaben Medikamente und Arztbesuche bezahlen, solange das Geld reicht. Insgesamt steigt allerdings die Selbstbeteiligung seit Jahren, die Angestellte selbst zahlen müssen, bevor sie eine Erstattung erhalten.

Deutlich härter trifft es noch den Rest der Chinesen, die etwa 920 Millionen Menschen, die über die städtische oder ländliche Bürgerversicherung abgesichert sind. Diese umfasst alle Arbeiter und Bauern und ihre Familien, die in der Regel weder in eine Kranken- noch Rentenversicherung einzahlen oder bei Firmen arbeiten, die sich um eine Abführung von Sozialabgaben herummogeln. Statt der realen Kosten werden ihnen im Krankheitsfall meist nur umgerechnet wenige Hundert bis Tausend Euro ausgezahlt.

Das Gefälle zwischen der medizinischen Versorgung auf dem Land und in den Städten ist zudem riesig: Weil es Krankenhäusern nach der Wirtschaftsöffnung bald nicht mehr gelang, mit steigenden Preisen und Erwartungen der Patienten mitzuhalten, wanderten die gut ausgebildeten Ärzte in die Städte ab. Auf dem Land sank dementsprechend das Vertrauen vieler Patienten, wo es ohnehin meist nur einfache Dorfkliniken gibt. Viele Patienten reisen deshalb lieber in Städte wie Peking oder Shanghai, um einen Experten zu sehen oder sich eine zweite Meinung einzuholen.

Vor der Intensivstation sahen wir die erschöpften Eltern mit ihren Koffern, die teils in Nachtzügen und über Tage mit ihren schwer kranken Kindern aus anderen Teilen Chinas angereist waren. Das Phänomen führt zur ständigen Überlastung der Krankenhäuser in den Großstädten und verstärkt noch ein weiteres Strukturproblem, das auf die Mao-Ära zurückgeht: das Fehlen von Hausärzten. Unter Mao gab es nur staatliche Einrichtungen, sodass die Zahl der privaten Hausarztpraxen in den ersten zehn Jahren unter den Kommunisten von fast 80 Prozent auf unter 3 Prozent sank, die Verbleibenden schlossen während der Kulturrevolution. Aber auch nach der wirtschaftlichen Liberalisierung wurde dieses Defizit nicht ausgeglichen: Die meisten privaten Kliniken sind bis heute zum größten Teil von staatlichen Versicherungen ausgeschlossen, sodass sich diese nur Gutverdiener mit privaten Krankenversicherungen leisten können.

Die Regierung versucht zwar, lokale Gesundheitszentren zu stärken, in denen Menschen eine grundlegende Versorgung erhalten. Doch häufig fehlt es dort an Ärzten oder den nötigen Medikamenten, sodass viele Menschen den Einrichtungen nicht vertrauen. Das heißt, selbst wenn Kinder nur einen Schnupfen haben, bringen Eltern sie ins Krankenhaus. Gerade im Winter, wenn es viele Grippeinfizierte gibt, sieht man Familien vor überfüllten Krankenhäusern campieren.

Im Pekinger Kinderkrankenhaus saßen deshalb Pekinger Eltern mit einem fiebrigen Kind neben Spezialfällen wie unserem, die sich wirklich nur von Fachärzten behandeln ließen, und Bauernfamilien aus Dörfern Tausende Kilometer entfernt, weil sie nicht wussten, ob ihre heimische Klinik gut genug war oder gar ein Arzt fehlte.

Ihre Lage ist besonders prekär, weil die sowieso schon spärliche Versicherung meist nur einen Bruchteil der Kosten übernimmt, wenn sie außerhalb ihrer Heimatstadt zum Arzt gehen; unabhängig davon, ob es dort überhaupt einen Facharzt für sie gäbe oder nicht.

Vor der Notaufnahme lernte ich später eine solche Familie kennen. Ihr sechs Monate altes Kind hatte eine Lungenentzündung und einen angeborenen Herzfehler, umgerechnet 46 000

Euro sollte die lebensnotwendige Operation kosten. Tagsüber warteten sie wie wir vor der Tür zur Intensivstation, nachts versteckten sie sich im Krankenhaus und schliefen in den Fluren. Sie stammten aus Taiyuan, mit vier Millionen Einwohnern immerhin die Hauptstadt von Shanxi, einer Provinz südwestlich von Peking. Die Ärzte vor Ort schickten sie trotzdem nach Peking mit der Erklärung, dem Kind nicht helfen zu können. Die Verlegung organisierte die Familie selbst.

Bereits am ersten Tag mussten sie umgerechnet 3500 Euro für Urintests, Vitalwerte und Genuntersuchungen zahlen, dazu verlangte das Krankenhaus ein Deposit von fast 6500 Euro. Die Mutter erzählte mir: »Wenn wir nicht hätten zahlen können, hätten wir nicht bleiben dürfen.« Wie viel sie von dem Geld am Ende durch ihre Versicherung zurückbekommen würden, wusste sie nicht. Auch sie hielt sich schon nach wenigen Tagen an einem Stapel Papiere fest mit Blutwerten, Belegen und Prognosen.

Krankheit hängt in China wie ein dunkler Schatten über dem Leben.

An einem Morgen sah ich ein junges Paar ein Medikament an einen Arzt geben, es handelte sich um eine einzige Pille, sie kostete rund 500 Yuan, umgerechnet 60 Euro, und steckte allein in einer lächerlich großen Packung. Als die Eltern das Medikament überreichten, schüttelte der Arzt den Kopf: Ihr Kind würde zwei Pillen brauchen. Sie sollten in die Apotheke zurück und eine zweite kaufen. Ich sah die Not auf dem Gesicht der Mutter. Natürlich würden sie noch eine besorgen, beeilte sie sich zu sagen. Als die Tür zur Intensivstation zuschlug, nahm sie ihr Handy und begann zu telefonieren.

Die Anrufe bei Verwandten und Freunden mit der Bitte, Geld leihen zu können, waren ein ständiger Sound vor der Intensivstation. Eltern weinten, flehten, rechneten. Nur ein paar Tausend Yuan noch.

Die Not ist so groß, dass manche dazu übergehen, ihre Medikamente selbst zu mischen oder geschmuggelte Pillen aus Indien oder Südostasien zu beschaffen. Online-Plattformen sind voll mit billigen Kopien teurer Medikamente oder den Rohstoffen, um diese selbst zusammenzurühren. Zahlreichen ausländischen Präparaten fehlt auch eine Zulassung in China, wo Zulassungsbehörden überlastet sind. Gerade bei längeren Erkrankungen geht vielen Patienten irgendwann das Geld aus. Auch uns rechneten die Ärzte jeden Tag vor, was eine weitere Behandlung mit diesem oder jenem Medikament kosten würde, und fragten, ob wir die Behandlung wirklich fortführen wollten.

Wölfe mit weißen Augen

Eine chinesische Freundin, deren Eltern im gut bezahlten und sicheren Staatsdienst arbeiteten, sagte mal zu mir: »In Deutschland habt ihr euren Sozialstaat, der sich kümmert. In meiner Familie reicht eine Krebsdiagnose, um uns zu ruinieren.«

Es ist diese Unsicherheit, die verhindert, dass die Menschen in China mehr ausgeben. Aber um die Krankenversicherung aufzustocken, müssten die Lokalregierungen mehr investieren. Die aber kämpfen mit einer hohen Verschuldung, allein während Corona stieg die Verschuldung um 500 Milliarden Euro, das meiste davon verbrannten die Kader mit Coronatests und Lockdowns.

Um Abhilfe zu schaffen, weiteten Chinas Antikorruptionswächter 2023 ihre Kampagne auch aufs Gesundheitssystem aus. Allein in den ersten Monaten leiteten sie gegen fast 200 Krankenhausleiter und Parteisekretäre Untersuchungen ein. Doch der Erfolg dieser Maßnahme ist ungewiss. Wie in vielen

Bereichen ist die Korruption im Gesundheitssystem strukturell bedingt. Nach der Liberalisierung in den 1970er-Jahren besserten Krankenhäuser die niedrigen Gehälter von Ärzten mit Boni auf, die von ihrem Umsatz abhingen. Ärzte verschrieben aber nicht nur nötige Behandlungen und machten ihre Patienten damit kränker, als sie waren, sondern akzeptierten auch Bestechungsgelder von Patienten, die Angst vor einer falschen Diagnose hatten. Eine Praxis, die zwar zurückgegangen ist, aber immer noch existiert. Gerade vor großen Operationen oder einer Geburt überreichen chinesische Freunde dick gefüllte rote Umschläge, natürlich im Geheimen.

Ein noch größeres Problem ist heute die kommerzielle Korruption. Das heißt Pharmaunternehmen und Hersteller von Medizinprodukten, die Krankenhausärzte bestechen, damit diese ihre Produkte kaufen und bevorzugt einsetzen.

Um welche Dimensionen es geht, verdeutlichten 2023 die ersten Erfolgsmeldungen der Korruptionswächter: Demnach verhafteten sie einen Krankenhausleiter in Yunnan, der Strahlentherapiegeräte für umgerechnet 4,6 Millionen Euro gekauft hatte, deren reale Kosten nur bei knapp zwei Millionen lagen. Die Differenz steckte er selbst ein. In einem Fall entdeckten die Behörden bei einem Schönheitschirurgen aus Jiangsu umgerechnet fünf Millionen Euro Bestechungsgeld. Laut einer Untersuchung von Gerichtsurteilen in Tausenden Korruptionsfällen zwischen 2013 und 2019 beliefen sich Zahlungen an Ärzte und Krankenhäuser auf durchschnittlich 100 000 Euro und mehr.

Viele Ärzte rechtfertigen die Praxis mit der extremen Arbeitsbelastung und den bis heute lächerlich niedrigen Gehältern. In einer Umfrage aus 2018 gaben 80 Prozent der befragten Ärzte an, mehr als 50 Stunden die Woche, teils 60 Stunden und mehr zu arbeiten, dazu kommen unbezahlte Weiterbildungen. Selbst in Jonathans Krankenhaus, das zu den besten Kliniken des Landes zählte, verdienten die Ärzte im Jahr 2017 durchschnittlich nur knapp 6000 Euro im Jahr, gerade einmal 57 Prozent des Durchschnittsgehalts in der Stadt.

In Peking winkt Ärzten jetzt Straffreiheit, wenn sie Bestechungsgeld freiwillig zurückgeben. Die Shanghaier Stadt verspricht fast 130 000 Euro für Tipps zu illegalen Transaktionen. In der Bevölkerung ist die Unterstützung naturgemäß groß: Laut Umfragen halten die Chinesen Ärzte nach Parteivertretern für die korrupteste Berufsklasse. Manche nennen sie »Wölfe mit weißen Augen«, weil sie kalt seien, undankbar und die Hand bissen, die sie füttert. Für die Partei sind Ärzte und Pharmavertreter ein guter Sündenbock für ein System, in dem es an allen Ecken und Enden ächzt.

Im Krankenhaus fiel es schwer, im Angesicht von so viel Leid nicht den Verstand zu verlieren. Später, als ich begann, mich mit den Hintergründen des Gesundheitswesens zu beschäftigten, packte mich auch die Wut.

Zum Beispiel, als es um Blutspenden ging. Jonathan brauchte im Kinderkrankenhaus viel Blutplasma, sodass ich mir vornahm, möglichst bald selbst zu spenden. Blutspenden sind in China ein sensibles Thema, seit das Land vor 30 Jahren von einem der größten Blutspende-Skandale der Geschichte erschüttert wurde. Anfang der 1990er-Jahre waren lokale Gesundheitsbehörden in Dörfer ärmlicher Regionen gereist, um den verarmten Bauern und Arbeitern mit ihrem Blut häufig ihr letztes Kapital abzukaufen. Dieses wurde den Spendern abgezapft, das profitable Plasma getrennt und das Restblut wieder injiziert, so sollten die Menschen alle paar Tage spenden können.

Die Katastrophe nahm ihren Lauf. Die verwendeten Nadeln waren teilweise mit HIV kontaminiert, einige Krankenhäuser hatten ihren medizinischen Abfall nicht entsorgt, sondern weiterverkauft. Immer mehr Menschen steckten sich an. Jahrelang wurde die Katastrophe vertuscht, der Plasma-Handel war zu lukrativ, und zu viele waren involviert: Die Gesundheitsbehörden, die Krankenhäuser, Medizinunternehmen und sogar die Armee verdienten mit. In den besonders betroffenen Provinzen Henan und Anhui starben Hunderttausende, manche Experten sprechen von Millionen Menschen. Entschädigung bekamen die meisten Opfer nie, viele starben verarmt und aus Angst vor Ansteckung isoliert.

Der Schaden für die Blutspende ist bis heute spürbar. In Einkaufsstraßen und vor Parks stehen Busse, in denen sich leicht spenden lässt. Doch viele fürchten sich vor einer Infektion oder einer Schwächung des Immunsystems. Jedes Jahr kämpft die alternde Gesellschaft mit Engpässen. Viele Spenden werden überhaupt nur getätigt, weil staatliche Einrichtungen verpflichtet sind, Quoten zu erfüllen, und ihre Mitarbeiter zum Spenden nötigen, um Strafen zu verhindern.

Als im Herbst 2023 wieder ein Engpass in Peking herrschte, machte ich mich zu meiner ersten Spende auf. Über eine private, von ausländischen Ärzten betriebene Blutspende-Organisation erreichte mich der Hilferuf einer Mutter. Ihre 17-jährige Tochter war ebenfalls an einer seltenen Autoimmunerkrankung erkrankt, sie lag mit Leberversagen auf einer Intensivstation in Peking. Weil es nicht genug Blut gab, zwang das Krankenhaus die Familie, das Blut für ihre Tochter selbst zu organisieren.

Seit 2018 ist es in China zwar in den meisten Regionen verboten, für bestimmte Personen zu spenden, doch in der Realität ist das immer noch die gängige Praxis. Sollte ihre Tochter überleben, musste die Mutter genug Spender finden. Über eine Wechat-Gruppe schickte sie mir die Informationen, gespendet werden musste in einem Bus in der Nähe des Krankenhauses, wo ich die Krankenhausbett-Nummer der Tochter angab. Später erhielt sie genau die 400 Milliliter, die ich gespendet hatte.

Es war berührend zu sehen, wie viele Menschen bereit waren zu helfen, schnell wuchs die Gruppe auf 200 Mitglieder an. Es waren Familienangehörige, Nachbarn, Arbeitskollegen und Wildfremde wie ich. Dennoch war der Prozess kräfteraubend. Während ihre Tochter um ihr Leben kämpfte, managte ihre Mutter die Anfragen Dutzender Menschen: Darf ich Blut spenden, wenn ich meine Periode habe? Ich habe heute Morgen eine Kopfschmerztablette genommen, ist das schlimm? Ich habe den Bus verpasst; wie war noch mal die Adresse des Krankenhauses?

Die erschöpfte Mutter schickte Fotos der Tochter aus der Intensivstation, um zu belegen, dass das Blut nicht illegal weiterverkauft wurde. Vor dem Bus war ich von einem Mann angesprochen worden, ob ich Blut kaufen wollte. Als ich verneinte, war er schnell verschwunden. Auf Arbeitsmärkten beobachtete ich die Zwischenhändler, die drei Jahrzehnte nach dem Aids-Skandal Arbeitern weiterhin Blut abkauften. Die Polizei sah bei solchen Praktiken weg. Der illegale Handel ist der Grund, warum das gespendete Blut nicht aufbewahrt werden darf. Die Mutter musste jeden Tag neue Spender finden, die tagesaktuell spendeten.

Zwei Wochen verfolgte ich in der Gruppe, wie die Mutter um Hilfe kämpfte, bis sie eines Morgens eine Nachricht mit einem Foto von sich veröffentlichte. Ihrer Tochter ging es inzwischen besser, teilte sie mit. Sie konnte die Intensivstation verlassen. Auf der Aufnahme sah ich eine abgemagerte Frau, sie hatte sich ihren Kopf als Zeichen der Demut kahl rasiert. Aus Dankbarkeit kniete sie, ihre Stirn zum Kotau auf den Boden gedrückt.

Nicht zum ersten Mal fragte ich mich in dieser Zeit, wie man in diesem Wahnsinn einen Sinn finden konnte. In den zehn Jahren seiner Amtszeit hatte Xi Jinping schätzungsweise mehr als 630 Millionen Überwachungskameras aufhängen lassen,

Shanghai rühmte sich damit, in jedem Wohnblock und Geschäftshaus Kameras installiert zu haben. Ausgaben zur Wahrung der »öffentlichen Sicherheit« lagen nach eigenen Angaben im Jahr 2020 bei umgerechnet rund 200 Milliarden Euro, doppelt so viel wie noch vor zehn Jahren. Eine ähnliche Summe lässt sich Peking nur seine Verteidigung kosten.

Es zeigt, dass es der Partei nicht um soziale Gerechtigkeit oder den einzelnen Menschen geht, Vorrang hat immer die Kontrolle: Für die Partei ist es kein Problem, bei Straßenprotesten Teilnehmer in Sekunden zu identifizieren und sie in einem bodenlosen Sicherheitsapparat verschwinden zu lassen. Jeder Mensch steht unter Verdacht und wird beobachtet. Dass es gleichzeitig an Ressourcen für eine humane Gesundheitsversorgung fehlt, spiegelt Pekings Prioritäten wider.

Der verschwundene Sohn

Im Pekinger Kinderkrankenhaus wurden für uns aus Tagen Wochen. Jeden Tag saßen wir acht, neun Stunden vor der Tür der Intensivstation und warteten auf eine Nachricht. Bald lag Jonathan schon drei Wochen dort. Täglich schoben sie neue Kinder auf die Station, und manchmal kamen Kinder auch wieder heraus. Es waren wenige helle Momente an einem Ort voller Dunkelheit. Eltern gratulierten sich, fragten vorsichtig nach einer Prognose.

Es gehörte zu den unbegreiflichen Widersprüchen dieser Krankenhauswelt, dass hinter der dreckigen, chaotischen Fassade auch Spitzenmedizin praktiziert wurde. Eine von Jonathans Ärzten war zum Beispiel eine weltweit anerkannte Expertin für HLH. Doch auch die kurzen Momente der Freude trugen eine Schwere in sich, folgten auf die Verlegung für die

Familien meist neue Kosten für Medikamente und langwierige Therapien.

In unserer Zeit im Krankenhaus dachte ich häufiger an eine Recherche, für die ich 2019 nach Hunan gereist war. Einen Tag brauchte ich von Peking bis in das kleine Dorf in der Nähe von Hengyang, das so klein war, dass es nicht einmal einen Namen hatte. Angekommen, machte ich mich auf die Suche nach der Familie, mit der ich mich verabredet hatte. Ihr Haus war aus Ziegelsteinen gemauert und drei Stockwerke hoch. Die Fenster fehlten, die Innenräume waren unverputzt, das Haus erinnerte mich weniger an ein Zuhause als an ein Skelett mit riesigen Augenhöhlen. Davor saß ein ausgemergelter Mann: Tang Chunwu, der Vater des 26-Jährigen, über den ich schreiben wollte. Ich hatte vorab mit ihm auf Wechat geschrieben. Er war froh, dass ich kommen wollte. Es hatte sich schon lange niemand für seine Geschichte interessiert.

Ein Jahr zuvor war das noch anders. Im Februar 2018 war bei seinem Sohn Magenkrebs diagnostiziert worden. Vor seinem Operationstermin reiste der junge Mann zu seinen Eltern, es war chinesisches Neujahr. Er blieb einige Tage, gab seinem Vater die Zugänge zu seinem Bankkonto und hinterließ einen Brief, den seine Eltern zu spät entdeckten. Darin schrieb er: »Wenn ein Kind sich seinen Eltern gegenüber nicht würdig erweist, kann es seine Schulden nur im nächsten Leben zurückzahlen.« Der einzige Wunsch, den er habe, sei, dass seine Eltern stark blieben.

Sein Verschwinden hatte in China für großes Aufsehen gesorgt. Die einen fanden seine Entscheidung richtig, seine Eltern nicht zu belasten. Die anderen schimpften auf das Gesundheitssystem.

Sein Vater zeigte mir Bilder seines Sohnes Tang Gongwei, das ihn beim Abschluss seines Pharmaziestudiums zeigte: Ein hochgewachsener Mann in schwarzer Robe und Masterhut, mit seinem Abschluss durfte er in einem Krankenhaus für traditionelle chinesische Medizin arbeiten. Eine andere Aufnahme stammte von einem Ausflug in die Berge, er hielt einen Regenschirm in der Hand, lächelte, im Hintergrund dichter Nebel.

Tang Gongwei hatte geschafft, wovon so viele Eltern in China träumen: Sie selbst waren einfache Bauern und in Armut aufgewachsen. Tang hingegen studierte und fand einen Job in einem angesehenen Krankenhaus. »Arzt Tang« nannten ihn die Nachbarn respektvoll. Und in ihrem Heimatdorf hatten die Eltern angefangen das Haus zu bauen, in dem die ganze Familie Platz finden sollte: Ihr Sohn, seine zukünftige Frau und auch für mögliche Enkelkinder gab es Zimmer. Der Aufstieg in die Mittelschicht schien perfekt zu sein. Dann kam die Diagnose.

Monatelang suchten seine Eltern nach ihm, Familie und Freunde riefen Tang dazu auf, zurückzukehren. Sein Vater fuhr mit seinem Motorrad umher, in einer Stadt war er ein paar Tage nach seinem Verschwinden angeblich noch mal gesehen worden. Doch die Suche blieb ohne Erfolg.

Jetzt dachte ich an das große Haus mit dem Kinderzimmer, in dem die Eltern die Sachen ihres Sohnes nie weggeräumt hatten, als könnten sie die Zeit einfrieren. Ich dachte an die Mutter, die meinen Besuch über kein Wort gesagt hatte. Und ihr Mann, der immerzu redete. Er sprach von Sichtungen seines Sohnes, von Orten, an denen er sich verstecken könnte. Wann er wieder losfahren würde, ihn suchen. Ich hatte damals noch keine Kinder, ich konnte den Schmerz dieser Familie kaum erahnen.

Später hatte ich noch einen Stopp im Krankenhaus eingelegt, in dem Tang gearbeitet hatte. In der Eingangshalle saßen und lagen Menschen, dahinter die Medikamentenausgabe, in der der junge Arzt Patienten beraten hatte.

Ich ging in den zweiten Stock auf der Suche nach seinem Chef. Dieser kam für einen Moment heraus, auch wenn er eigentlich kein Interesse hatte, mit mir über diese »alte Geschichte« zu reden. Tang, sagte er, sei ein »sehr dummer Junge« gewesen, seine Krankheit wäre zu behandeln gewesen. Er habe sein Leben für nichts weggeworfen. Doch Tang hatte das offenbar nicht geglaubt. Jeden Tag hatte er an der Medikamentenausgabe den Menschen zugesehen, wie sie kämpften.

Drei Jahre später saß ich nun hier im Pekinger Kinderkrankenhaus und dachte an seine Worte. Ich fragte mich, ob nicht Tangs Chef falschgelegen hatte. Vielleicht hatte der junge Mann klarer als sein Vorgesetzter gesehen, was die Zukunft für ihn und seine Eltern gebracht hätte.

10. Kapitel

Über den Parteitag

Abschied

Nach fast einem Monat Bangen auf der Intensivstation war es plötzlich so weit. Die Ärzte verkündeten, dass Jonathans Lage sich ausreichend stabilisiert hatte, um ihn zu verlegen. Das größte Problem waren weiterhin seine Nieren gewesen, die nicht arbeiten wollten.

Als diese wieder funktionierten, wussten wir zunächst nicht, wie es weitergeht. Jonathan sollte von der Intensivstation in ein Neun-Bett-Zimmer verlegt werden, auch zu dieser Abteilung hatten Eltern keinen Zutritt. Wir entschlossen uns deshalb für eine medizinische Evakuierung nach Deutschland. Das hieß, Jonathan würde mit einem Flugzeug nach Hamburg fliegen, wo es eine der zwei Fachkliniken in Deutschland gab, die HLH-Kinder behandelten. Da er jetzt keine Dialyse mehr benötigte, war ein Transport für ihn sicher.

Doch auch wenn unsere Versicherung schon seit Wochen einen Ausflug vorbereitet hatte, war es nicht so einfach. In wenigen Tagen würde in Peking der 20. Parteitag stattfinden. Die große Krönungsmesse, bei der sich Xi Jinping seine historische dritte Amtszeit sichern wollte. Der Beginn einer neuen, düsteren Ära für das Land und einer der Gründe, warum Peking weiter an der Corona-Politik festhielt. Ein Lockdown wegen steigender Fälle, der den Gipfel verhindert hätte, durfte es nicht geben.

Auch wenn sogenannten medizinischen Evakuierungsmissionen bei Start- und Landeerlaubnissen weltweit in der Regel Priorität eingeräumt wird, weigerten sich Chinas Flugbehörden, eine Genehmigung für die kleine Maschine auszustellen, die Jonathan in Peking abholen sollte. Die chinesischen Mitarbeiter der Organisation, die unsere Ausreise organisierten, bewiesen großes Verhandlungsgeschick: Ohne Landeerlaubnis ließen sie das Flugzeug aus Deutschland bis nach Kasachstan an der Grenze zu China fliegen. Dadurch wurde es für die chinesische Seite schwieriger, eine Landung abzulehnen, würde die Maschine jetzt umkehren müssen. Der Kompromiss war schließlich, dass das Flugzeug in Tianjin eineinhalb Autostunden entfernt von Peking landen durfte.

Kurz bevor es losgehen sollte, wurde Jonathan aus der Intensivstation entlassen. Nur einmal hatten wir ihn in den letzten drei Wochen auf dem Weg zu einer Operation gesehen, bei der einer seiner Lymphknoten für eine Untersuchung entfernt worden war. Nun lag er auf einer Liege vor uns. Er hatte abgenommen, trug eine Nasensonde, seine Wangen waren durch die Medikamente aufgedunsen. Als er uns sah, lächelte er schwach. Er schaute, als habe er sich gerade an etwas erinnert, das er lange vergessen hatte.

Nach einigen letzten Tagen im Pekinger Kinderkrankenhaus konnten wir schließlich einen Krankentransporter besteigen, der uns nach Tianjin bringen sollte. An Bord waren zwei Ärzte, die, auch wenn wir nur in die Nachbarstadt fuhren, verpflichtet waren, nach ihrer Rückkehr nach Peking für sieben Tage in Hotelquarantäne zu ziehen. Beide hatten vor Corona häufiger Patienten ins Ausland ausgeflogen. Der Jüngere zeigte mir Fotos von früheren Ausflügen in die USA und nach Europa. Nun würde ihre Reise am Flughafen enden.

Die Fahrt erinnerte mich an meine Reise 2019 nach Xinjiang. Entlang der Stadtgrenze zwischen Peking und Tianjin waren alle paar Hundert Meter Polizei- und Teststationen aufgebaut. Die Strecke, die Tausende früher täglich auf dem Weg zur Arbeit gependelt waren, wurde vom blauen und roten Licht der Polizeiautos erhellt. An einem Stopp hielten uns Sicherheitsleute an. Es waren Männer in Ganzkörperanzügen, die in den Krankenwagen kletterten, um ihn zu durchsuchen. Auch wenn unser Flieger in weniger als einer Stunde starten sollte, verlangten sie, dass mein Mann, Jonathan und ich einen Coronatest machten. Außerdem zeigten sie sich aufgebracht, weil unser Sohn, der verkabelt auf der Krankenliege festgeschnallt schlief, keine eigene Gesundheits-App vorweisen konnte. Eine Stunde lang dauerten ihre Befragung und die Tests, bis sie uns weiterfahren ließen.

Der Flughafen war menschenleer, der Krankenwagen brachte uns bis zur Passkontrolle. Eigentlich sollten die Pekinger Ärzte den eingeflogenen Medizinern erklären, welche Medikamente unser Sohn auf dem Flug brauchen würde. Doch die Behörden hatten kurzfristig beschlossen, dass die Infektionsgefahr zu hoch war. Der Krankenwagen ließ uns 500 Meter vor dem Flugzeug auf dem Rollfeld raus, die letzten Meter liefen wir. Ich trug Jonathan auf dem Arm, neben mir David, auf beiden Seiten begleiteten uns jeweils vier Personen in weißen Ganzkörperanzügen, mit Kapuzen, Handschuhen und Schutzbrillen, die uns mit ihren Handys filmten. Als Beweis, dass wir das Land ohne weiteren Kontakt verlassen hatten.

Es war inzwischen Nacht. Später erzählten die Piloten verärgert, dass die Flugbehörde sie eine Weile über Tianjin hatte kreisen lassen. Eine für medizinische Evakuierungsflüge unübliche Praxis. Nun kletterten zwei Frauen aus der Maschine: die mitgeflogenen Ärztinnen aus Deutschland. Wir sahen ihr Lächeln verschwinden, als sie die gesichtslosen Männer entdeckten, die uns umringten. Eine der beiden sagte später, sie habe sich gefühlt, »als wären wir auf einem fremden Planeten gelandet«. Als die Maschine schließlich abhob, kämpfte mein Mann vor Erleichterung mit den Tränen.

Ich blickte aus dem Fenster, unter uns tauchten Lichter auf. Irgendwo dort lag die Große Halle des Volkes, in der Xi Jinping sich gerade seine dritte Amtszeit erzwang. Anstatt auf einer der harten Bänke der Tribüne zu sitzen, flog ich nun über die Halle hinweg. Bei aller Erleichterung fiel mir der Abschied schwer. Ich dachte über die letzten drei Jahre nach, die Entdeckung des Virus in Wuhan, die Wochen im Krankenhaus und schließlich über die Reise nach Tianjin. Ich konnte sie nicht mehr zusammenbringen mit dem Land, das ich einmal für die Zukunft gehalten hatte. Eine neue Technologie-Supermacht, die zweitgrößte Wirtschaft der Welt mit globalem Führungsanspruch? Es fühlte sich eher an, als sei uns die Flucht aus einem Kriegsgebiet gelungen. Ich fragte mich, wie lange Peking diesen Wahnsinn noch durchhalten konnte. War der Chinesische Traum zu einem Albtraum geworden?

Der Brückenmann von Peking

Fast zur gleichen Zeit unserer Ausreise aus China, nur drei Tage vor dem 20. Parteitag, war Peng Lifa, ein einzelner Demonstrant mit gelbem Schutzhelm und orangefarbener Arbeitsjacke, auf eine Brücke im Pekinger Distrikt Haidian geklettert. Bevor die Polizei ihn bemerkte, hatte er zwei riesige Protest-Transparente am Geländer montiert. In roten Schriftzeichen stand auf einem:

»Wir wollen Essen, keine Covid-Tests.
Wir wollen Reformen, keine Kulturrevolution.
Wir wollen Freiheit, keine Lockdowns.

Wir brauchen keinen kommunistischen Führer,
wir wollen Wahlen.
Wir wollen keine Lügen, sondern Respekt.
Wir wollen Bürger sein, keine Sklaven.«

Um auf seinen Protest aufmerksam zu machen, entzündete er Gummireifen. Tiefschwarzer Rauch stieg auf, per Megafon wiederholte er seine Slogans, bis ihn die Polizei festnahm.

Peng Lifa dürfte gewusst haben, was ihm droht. Dennoch entschied er sich dafür, mit seiner Aktion Xi Jinpings Inszenierung totaler Macht zu stören, die er am 20. Parteitag in die Welt senden wollte. Es war ein unübersehbares Zeichen für die Stimmung im Land.

Es dauerte nicht lange, da verbreiteten sich Videos von der Protestaktion im Netz. Menschen in Autos und auf den Bürgersteigen hatten die Plakate gefilmt. Die Zensur versuchte, jedes Bild, jede Sequenz aus dem Netz zu löschen. Doch bald kannten viele in China »den Brückenmann«. Sie nannten ihn einen »Helden«, den »Mutigen« und »Krieger«, die Begriffe wurden sofort zensiert. Auch »Brücke« und »Beijing« ergaben im Netz kaum mehr Ergebnisse. Weibo sperrte mindestens einen Nutzer, der nur »ich habe es gesehen« schrieb. Andere teilten ein Zitat von Mao Zedong: »Ein Funke genügt, um einen Steppenbrand auszulösen.« Seine Slogans tauchten an Universitäten auf, an Toilettentüren und Häuserwänden. Einige Smartphone-Nutzer verschickten Bilder des Protests anonym per Bluetooth in der U-Bahn.

Fast nichts ist bekannt über den Brückenmann von Peking, außer dass er Physiker gewesen sein soll und eine Tochter hat. Chinas Führung hat weder seine Haftung noch Existenz je eingeräumt. Wahrscheinlich wird er nicht wieder in Freiheit kommen. Anders als in Russland, wo Putin die Opposition gern im Gefängnis zur Schau stellt, werden Menschen wie Peng Lifa vom chinesischen Rechtsstaat verschluckt und nie wieder ausgespuckt. Was nur wenige Wochen später in China passierte, konnte sich kaum jemand vorstellen. Nach Jahren einer Politik, die im Rest der Welt längst als überholt galt, starben bei einem Hausbrand in Ürümqi mindestens zehn Menschen. Videos zeigten, wie Flammen aus den Fenstern schlugen, Verzweifelte schrien. Unkontrolliert tobte das Feuer über Stunden und schlug im Rest des Landes bald in Wut um.

Viele Menschen glaubten den offiziellen Verlautbarungen nicht, dass die Behörden alles getan hatten, um die Menschen zu retten. Ihr Verdacht war vielmehr, dass die strengen Lockdown-Regeln die Arbeit der Feuerwehr behindert hatten. Ürümqi war seit Monaten in einem Lockdown, und inzwischen hatten die Chinesen dieses Szenario tausendfach erlebt: verbarrikadierte Notausgänge und Einfahrten, zugemauerte Wohnungseingänge und die Weigerung, Menschen mit lebenswichtigen Medikamenten zu versorgen. Erst Anfang November war in Lanzhou ein dreijähriges Kind an einer Gasvergiftung gestorben, weil Covid-Regeln eine rechtzeitige Rettung verhinderten.

Ich erreichte damals eine junge Frau in Xinjiang am Telefon. Sie nannte sich Xixi und war wütend. In einer Pressekonferenz hatte die Regierung den Opfern die Schuld gegeben, die Bewohner seien nicht gut vorbereitet gewesen. Der Vorwurf der Behörden: Die Menschen hätten sich selbst retten können. Xixi erzählte, wie sie auf Weibo dabei zusehen konnte, wie Augenzeugenberichte aus dem Netz verschwanden und Videos gelöscht wurden. Ein Freund, der in einer Behörde arbeitete, durfte nicht einmal mehr das Wort Feuer erwähnen. Xixi sagte: »Die Behörden leugnen, was passiert ist.«

Ihre Heimat Yili war die erste Region in Xinjiang, die im August in einen Lockdown geschickt wurde. Eingeschlossen sah sie wie Millionen Chinesen die Bilder der Fußball-WM, die im

November in Katar stattfand. Hunderttausende Menschen feierten ohne Maske und Abstand in den Stadien, die ausgelassenen Szenen ließen sich nicht mehr mit der Propaganda zusammenbringen, die Chinas Medien über die Überlegenheit der eigenen Strategie verbreiteten. Die Staatssender hörten auf, Zuschauer zu zeigen. Doch zu spät. Xixi sagte: »Jeder, der für fast vier Monate eingesperrt wird, verliert irgendwann den Verstand.« Nach Li Wenliangs Tod, dem Shanghai-Lockdown, der Schwangeren, die ausgesperrt vor einem Krankenhaus ihr Baby verloren hatte, war das Feuer in Ürümqi eine menschengemachte Tragödie zu viel.

Und weil Peking weiterhin nur regierungsfreundliche Meldungen zuließ, posteten die Menschen im Internet Jubelei: »Gut, gut, gut, gut, gut, jawohl, jawohl, jawohl, jawohl, toll, toll, toll, toll!« Einem kleinen Wunder gleich, ging ein kollektiver Aufschrei durch das Land, in dem sonst jede Einzelstimme zum Schweigen gebracht wird. Der Überwachungsstaat war an seine Belastungsgrenze gekommen.

Plötzlich gingen die Menschen in Dutzenden Städten auf die Straße. In Shanghai, aber auch in Nanjing, Chengdu und Wuhan. In Shanghai trafen sich am 26. November junge Menschen in der Ürümqi-Straße, in der ich früher viele Wochenenden in Cafés und Restaurants verbracht hatte. Sie lag mitten im Stadtzentrum und ist ein beliebter Ort zum Ausgehen. Dort legten Menschen nun Blumen auf die Straße, entzündeten Kerzen, einige sangen die »Internationale«, andere Chinas Nationalhymne: »Steht auf, ihr, die ihr nicht länger Sklaven sein wollt.« Mit den Zeilen machte einst die KP selbst Revolution. Dagegen konnten die Sicherheitskräfte eigentlich nichts haben.

Einige Hundert Leute hatten sich versammelt, die Polizei marschierte zwar auf, aber griff nicht ein. Auch dann nicht, als die Menschen mehr und mutiger wurden. Wie auch in anderen Städten hielten sie weiße Blätter in die Luft für all das, was sie sagen wollten, aber nicht durften. Die unbeschriebenen Schilder hatte ich noch als eine der letzten Protestformen in Hongkong in Erinnerung, bevor die Partei die Menschen dort zum Schweigen gebracht hatte. Die Menschen in Festlandchina hatten wohl doch aufmerksamer hingesehen, als Peking sich das gewünscht hatte.

Auf einer Fotoserie sah man, wie einem Demonstranten das weiße Blatt, das er vor sich hielt, entrissen wurde und wie er stehen blieb, die Hände noch immer so vor der Brust, als hielte er weiter sein Papier mit der unsichtbaren Botschaft. Eine Frau führte drei Alpakas durch die Menge, ein Wortspiel aus der Netzwelt, weil das »Grasschlammpferd« wie »Fick deine Mutter« klingt, online als Gruß an Zensoren gemeint.

Später am Abend riefen viele »Fuck Null Covid!«, vereinzelt waren auch Rufe wie diese zu hören: »Nieder mit der Kommunistischen Partei« und »Nieder mit Xi Jinping!«. Doch andere, vor allem ältere Demonstranten griffen ein und mahnten zur Ruhe. Sie wussten: Niemand stellt in China den Machtanspruch der Partei ohne Konsequenzen infrage. Lieber sollte gefordert werden, was im Rest der Welt kein Problem mehr zu sein schien: das Ende aller Corona-Maßnahmen.

Überall waren Peng Lifas Funken zu spüren. An rund achtzig Universitäten organisierten junge Leute Proteste. An einer Uni in Nanjing verwandelten Studierende Teile des Campus mit ihren Smartphones in ein Lichtermeer und riefen »Lang lebe das Volk!« und »Mögen die Gestorbenen in Frieden ruhen«. Da war die Peking-Universität, Keimherd für die Proteste 1989, in der an der Wand einer Kantine Graffiti auftauchten: »Freiheit statt Lockdown!« An anderen Hochschulen sperrten die Lehrkräfte ihre Schüler einfach ein, ein Student erzählte mir später, der Hausmeister habe das Haupttor verriegelt. Sie saßen fest und verfolgten den Aufruhr gemeinsam auf Twitter. In Peking erreichten Demonstranten erst am nächsten Tag die kritische

Masse. Dort trafen sich die Menschen am Fluss Liangma. Eine Demonstrantin berichtete mir, dass so viele ausländische Reporter in der Hauptstadt gewesen seien, »die Polizei traute sich nicht, etwas zu unternehmen«. Immer wieder riefen sich die Teilnehmer zu, eng zusammenzubleiben. Wer von der Polizei davongeschleppt werden sollte, wurde von den Demonstranten zurück in die Versammlung gezogen. Die Nacht hindurch sah man aus allen Teilen Chinas Videos, wie damals in Hongkong: Menschen rannten Straßensperren ein, bewarfen Polizisten mit Flaschen und rissen die Zelte nieder, in denen man drei Jahre lang fast täglich auf Covid getestet wurde. Die ersten Korrespondenten schrieben das Ende von Xi Jinping herbei.

Mir erzählte eine Demonstrantin: »Xi Jinping soll wissen, dass wir noch da sind.« Wie die meisten hatte sie sich den Protesten spontan angeschlossen, ohne über Konsequenzen nachzudenken. Als die Polizei sie einige Tage später anrief, wunderte sie sich darüber, dass die Behörden sie gefunden hatten. Sie wussten alles über sie, ihre Ausweisnummer, ihre Adresse, ihren Arbeitgeber. Zu mir sagte sie: »Ich habe extra eine Maske getragen.« Sie wusste offenbar nicht, dass die Gesichtserkennung in China längst auch mit Maske funktionierte.

Fast jeder Demonstrant wurde in den kommenden Tagen von der Polizei vorgeladen oder zu Hause besucht. Sie wurden teils bis tief in die Nacht befragt und eingeschüchtert.

Nur zwei Tage nach Beginn der sogenannten A4-Revolution hatte sich der Staat die Kontrolle zurückerkämpft. Alle bekannten Versammlungsorte waren abgesperrt und mit Barrikaden blockiert. Tausende Polizisten patrouillierten durch die Straßen und kontrollierten Smartphones auf Zugänge zu freiem Internet. In Shanghai schraubten die Behörden das Straßenschild mit dem Namen »Ürümqi-Straße« ab. Wer in Peking oder Shanghai versuchte, in der Gegend zu filmen oder Fotos zu schießen, wurde von Sicherheitskräften aufgefordert, diese zu löschen. Unwillige wurden sofort abgeführt. So schnell, wie sich der Unmut vom Internet auf die Straße verlagert hatte, so schnell drängte der chinesische Sicherheitsapparat die Menschen zurück. Peng Lifa hatte einen Funken in der Dunkelheit entzündet, nun herrschte wieder Finsternis.

Unkontrollierte Durchseuchung

Fast zwei Wochen passierte wenig, dann hob die Partei über Nacht und ohne Vorwarnung fast alle Corona-Regeln auf. Unser Timing hätte kaum besser sein können, denn während wir für die letzten Wochen der Therapie von Jonathan in Deutschland wohnten, implodierte in China mit dem Ende der Null-Covid-Strategie auch das chinesische Gesundheitssystem.

Ob es an den Protesten lag oder doch eher an den gewaltigen Kosten des Lockdown-Regimes, die die Wirtschaft abwürgten, wissen wohl nur wenige aus dem engsten Kreis Xi Jinpings. Wahrscheinlich war das Virus einfach nicht mehr aufzuhalten. Wie bei so vielen Katastrophen, Krisen und Fehlern in der Geschichte der Volksrepublik konnte sich die Partei durch die Öffnung als handelnder Akteur geben, der den neuen Kurs angeblich genau geplant hatte.

Doch für die meisten Chinesen bedeutete das Ende des Albtraums zunächst den Beginn eines neuen. Nach drei Jahren Abschottung und Null-Covid-Politik mussten die Chinesen erst lernen, mit einer Infektion umzugehen. Bei vielen war erst alles gut, nichts Ernstes, dann stieg das Fieber. Es war eine Geschichte, wie sie sich weltweit millionenfach zugetragen hatte, seit die Pandemie ausgebrochen war. Nur gab es bisher kaum Menschen in China, die an Covid-19 erkrankt waren. Nun starben auf dem Höhepunkt 36000 Menschen jeden Tag.

Peking erfasste die Welle im Dezember. Im Netz veröffentlichten Menschen Fotos ihrer Selbsttests, die es in China erst seit ein paar Monaten zu kaufen gab. Drei Jahre lang hatte die Regierung ihre Bürger wie Kinder zu Teststationen gezwungen, statt auf Eigenverantwortung zu setzen. Nun waren die Menschen sich plötzlich selbst überlassen.

Immer wieder sah man online das gleiche Bild: zwei Streifen. Viele posteten auch Fotos von Schafen, weil das chinesische Wort dafür ähnlich klingt wie das Wort für »positiv«. Während die Menschen nur wenige Tage vorher für Wochen in Zwangsisolation verschleppt worden wären, interessierten sich die Behörden nun für nichts mehr.

Nur Tage vorher hatten die Staatsmedien Karikaturen über die amerikanische Corona-Politik veröffentlicht: Eine Zeichnung zeigte Joe Biden auf einem Rettungsring, wie er mit Sonnenbrille und Cocktailglas auf einem Meer aus grünen Viren schwimmt, während er die Pandemie für beendet erklärt. Jetzt forderte Peking, dass die Menschen nicht mehr von der »Corona-Lungenentzündung« sprachen, wie Covid-19 auf Chinesisch heißt, sondern vom »Corona-Schnupfen«. In der Zeitung lasen sie vom Gesundheitsexperten Zhong Nanshan, dem chinesischen Christian Drosten, dass sich 99 Prozent der Infizierten innerhalb von sieben bis zehn Tagen erholen würden. Die *Volkszeitung* sprach vom »finalen Sieg« über das Virus. Mitte Dezember folgte ein Kommentar in einer Staatszeitung, in dem die Lockerungen auf die »schwächeren Varianten« zurückgeführt wurden. Die Botschaft: Parteichef Xi Jinping hatte den perfekten Moment abgepasst.

Die Welle überrollte das Land in einem Tempo, dass es wirkte, als sei ganz China über Nacht krank geworden. Die oberste Gesundheitsbehörde in Peking ging davon aus, dass sich allein in den ersten 20 Dezembertagen bis zu 248 Millionen Menschen mit dem Virus infiziert hatten, etwa jeder fünfte Chinese.

Krankenhäuser waren hoffnungslos überfüllt, auf den Fluren lagen Menschen und starben. Bestattungshäuser meldeten volle Auslastung, vor ihren Türen bildeten sich Autoschlangen, manche lebten tagelang mit ihren Toten, nicht wissend, wohin sie die Leichen bringen sollten.

Ich telefonierte damals mit einer Frau, deren Schwiegervater schwer erkrankt war. Der 54-Jährige hatte vier Jahre zuvor eine Hirnblutung und brauchte Hilfe im Alltag. Er infizierte sich, schnell folgten Fieber, Atemnot und Intubation. Er wohnte in Chengde, einer mittelgroßen Stadt nordöstlich von Peking. In seiner Nachbarschaft waren Ärzte knapp und Zugang zu Medikamenten war schwierig, viele Nachbarn starben in ihren Wohnungen.

Die Staatspropaganda warb für den Einsatz traditioneller chinesischer Medizin, irgendetwas konnten die Apotheker immer zusammenrühren, um Menschen zu beruhigen. Die junge Frau setzte ihre Hoffnungen hingegen auf das Medikament Paxlovid von Pfizer, das auch in Deutschland verschrieben wurde, um schwere Verläufe zu verhindern. Anders als die westlichen Impfstoffe, die Peking aus Nationalstolz nie zugelassen hatte, war Paxlovid seit Februar in China zugelassen. Die Packungspreise stiegen schnell von 400 Euro auf bis zu 7000 Euro auf dem Schwarzmarkt. Viele der Verkäufer boten gefälschte Produkte an oder lieferten bezahlte Pillen nie aus. Die Frau erzählte: »Da die Ärzte in seinem Krankenhaus keinen Zugang zu solchen Medikamenten haben, raten sie auch nicht dazu.« Doch sie hatte Studien gelesen, die dem Pfizer-Medikament die besten Überlebenschancen nachsagten. Sie suchte überall, rief auch im Beijing Family United an, jenem Krankenhaus, in dem auch Jonathan diagnostiziert wurde und in dem sich sonst mit Geld fast alles lösen ließ. Eine Mitarbeiterin erklärte ihr, gar keine Anfragen mehr anzunehmen. Hunderte würden auf Hilfe warten.

Es war absurd. Drei Jahre hatte sich das Land im Kampf gegen das Virus abgeriegelt, aber vorbereitet war die Regierung nicht: Wie in den ersten Wochen weltweit fehlte es an Medikamenten, Beatmungsgeräten und Krankenhausbetten.

Als wäre Corona erst vor drei Tagen und nicht vor drei Jahren entdeckt worden, posteten die Menschen verzweifelte Hilferufe. China war das einzige Land, das seine Bevölkerung in einer Fieber auslösenden Pandemie nicht einmal mit fiebersenkenden Medikamenten versorgte. Videos zeigten, wie Menschen Apotheken stürmten, manche hamsterten Aprikosen und Zitronen, weil sie glaubten, dass das gegen das Virus helfen würde. In Hongkong, Taipeh, Singapur und anderen Städten Asiens horteten Menschen Paracetamol und Ibuprofen, um sie an ihre Familien in China zu schicken.

Genau wie in Wuhan drei Jahre zuvor wurden erst die Krankenhausbetten knapp, dann der Sauerstoff. Wegen Blutmangel konnten bald Schwangere und Unfallopfer nicht mehr versorgt werden. Selbst Infizierte waren nun zur Blutspende aufgerufen.

Die junge Frau hatte mit ihrem Schwiegervater Glück. Ein Bekannter reagierte auf ihren Hilferuf, seine Eltern waren noch älter, auch sie infiziert. Doch weil ihr Schwiegervater schon auf der Intensivstation lag, versprach er, ihr eine Packung zu leihen. Bewegt erklärte sie mir: »Wir kennen uns nicht mal gut.« Am Ende akzeptierte sie drei der fünf Tagesrationen. Zwei sollte er für den Notfall behalten. Eine Freundin brachte die Medikamente mit dem Schnellzug zum Schwiegervater. Seine Situation verbesserte sich. Später versprach sie dem Retter eine »Freundschaft fürs Leben«. Die meisten Menschen hatten weniger Glück als sie.

Offiziell starben in den ersten Wochen nach der Öffnung nur 27 Menschen an Covid-19, zur gleichen Zeit schockieren Todesmeldungen bekannter Chinesen das Land: der Schriftsteller

Ni Zhen, 84 Jahre alt. Die Opernsängerin Chu Lanlan, 39 Jahre alt. Während der Weihnachtstage starben laut chinesischer Medien 16 Forscher der führenden Wissenschaftsakademien, angeblich niemand in Zusammenhang mit dem Virus.

Bis heute hält Peking daran fest, dass zwischen Dezember 2019 und Februar 2023 nur rund 83 000 Menschen in China an Corona starben. Damit hätte das Land weltweit die niedrigste Todesrate, laut Peking ein »großer und entscheidender Sieg«. Experten gehen von ein bis zwei Millionen Toten aus.

Ein Land mit kollektiver Amnesie

Im Krankenhaus in Hamburg war die Lage in China weit weg. Erst im Februar 2023 rückte sie wieder näher, Jonathan brauchte keine Medikamente mehr, die Ärzte erklärten ihn für geheilt. Wir entschlossen uns, nach China zurückzukehren. Bei unserer Ankunft in Peking gab es keine wochenlange Quarantänepflicht mehr, die Fiebermessgeräte und Corona-Testkabinen am Flughafen waren abgebaut. Niemand trug mehr Schutzanzüge, nicht einmal Masken. Wir setzten uns einfach in ein Taxi und fuhren nach Hause.

Auf der Fahrt dachte ich an ein Gedicht, das ich zum ersten Mal im September im chinesischen Netz gelesen hatte. Damals waren 27 Menschen bei einem Busunglück im südchinesischen Guiyang ums Leben gekommen. Es hatte sich um einen Behörden-Transport mit 50 Menschen gehandelt, die als Verdachtsfälle in ein lokales Quarantänezentrum gebracht werden sollten. Nach dem Unfall teilten Tausende online einen Satz: »Wir sitzen auch in diesem Bus«.

Andere zitierten Zeilen von Bertolt Brecht, die er 1940 geschrieben hatte:

»Das ist dieses Jahr, von dem man reden wird.
Das ist dieses Jahr, von dem man schweigen wird.«

Pekings Corona-Politik war im September 2022 noch im vollen Gange, dennoch sahen viele Chinesen voraus, was ich mir nicht vorstellen konnte: »Das ist dieses Jahr, von dem man schweigen wird.«

Eigentlich war das nichts Neues. Wenn es um die Kulturrevolution in den 1960er-Jahren ging oder um das Massaker am Platz des Himmlischen Friedens 1989, herrschte in China eine kollektive Amnesie, ein amtlich angeordnetes Vergessen. Und doch waren Ausmaß und Tempo nur schwer zu begreifen: Wie vertuscht man eine Tragödie, die jeder Mensch in China miterlebt hatte? Wie verordnet man Schweigen, wenn zwei Millionen Menschen tot sind?

Immer wieder stiegen vor meinem inneren Auge Bilder aus der Corona-Zeit auf. Zum Beispiel, wenn ich am Pekinger Südbahnhof plötzlich in der Fußgänger-Passage stand, in der die Seuchenwächter für drei Jahre Reisende aufgestaut hatten, um solche mit verdächtiger Gesundheits-App unter Gebrüll abzuführen. Ging es sonst niemandem so? In diesem Frühjahr versuchte ich es manchmal mit einem Scherz: Wenn ich in ein Taxi stieg oder in der Einkaufsmall den Aufpasser sah, der mich drei Jahre lang zum Scannen des QR-Gesundheits-Codes mit dem Handy gezwungen hatte, rief ich: »Sao ma!«, scan den Code! Allerdings merkte ich schnell, dass mein Humor nicht besonders gut ankam. Meist blickten die Menschen erschrocken oder taten, als hätten sie mich nicht gehört, sodass ich den Unsinn schnell wieder ließ.

In den ersten Wochen zurück in Peking, las ich von einem jungen Mann. Der Medizinstudent berichtete in einem Online-Forum, dass seine Uni ihm verboten hatte, sich in seiner Abschlussarbeit mit Long Covid zu beschäftigen. Auch andere

Studenten bestätigten, dass sie die Themen Covid und Lockdowns in ihren Hausarbeiten nicht behandeln durften. Ich beschloss, mich des Themas anzunehmen. Auf der Suche nach Geschichten wie seiner besuchte ich ein halbes Dutzend Kliniken in Peking, Krankenhäuser, die noch vor einigen Monaten wie Hochsicherheitsgefängnisse abgeriegelt waren. Doch die Fachabteilungen, in denen Covid-Patienten behandelt worden waren, hatte man nach der Öffnung hastig geschlossen. Vor Ort taten die Ärzte so, als seien meine Fragen lächerlich. Eine Schwester fragte: »Warum würde jemand mit Corona ins Krankenhaus gehen?«

Nach wochenlanger Suche fand ich schließlich Chen Lu, so nannte ich sie in meinem Stück für die *Süddeutsche Zeitung*. Eine junge Frau, die an einer Universität in Ostchina studierte und bereit war, mit mir zu reden. Am Telefon sprach sie leise, und als sie die vier Worte sagte, wegen denen ich mit ihr reden wollte, war sie kaum zu verstehen: »Ich habe Long Covid.« Es war, als würde sie mit mir über etwas extrem Subversives sprechen, dabei erzählte sie mir nicht mehr als ihre Krankengeschichte.

Drei Wochen nachdem Chinas Regierung die Corona-Maßnahmen aufgehoben hatte, infizierte sie sich mit Corona. Zehn Tage war ihr Test positiv, sie fieberte. Sieben Tage später begannen neue Symptome, darunter Herzrasen, ein Engegefühl in der Brust und Schwindel. Erst dachte Chen, sie habe eine Herzmuskelentzündung, doch im Krankenhaus fanden sie nichts. Die Ärzte rieten ihr, sich auszuruhen. Wie es auch Betroffenen in Deutschland passierte, die an Long Covid leiden, suggerierten Ärzte ihren Eltern, dass ihre Symptome psychische Ursachen haben könnten.

Im September, nur wenige Wochen vor der Öffnung, hatte die Staatsnachrichtenagentur Xinhua behauptet, Long Covid sei zur versteckten Pandemie des Westens geworden. Nun galt das Virus auf Geheiß Xi Jinpings als harmlos. Wer dauerhaft krank wurde, stellte letztlich seinen abrupten Kurswechsel infrage.

Chen Lu gab umgerechnet mehrere Tausend Euro aus, um sich bei Ärzten Rat zu holen. Sie bekam Medikamente gegen Bluthochdruck, als das nicht half, probierte sie, was Naturheiler zusammenrührten. Von deren Medizin bekam sie aber Bauchschmerzen. Die Studentin erzählte mir, dass sie sich selbst manchmal fragte, ob sie nicht an einer psychischen Störung litt. Bei einem Wettlauf der Universität trat sie deshalb an, trotz der Warnungen, sich nicht zu überanstrengen. Am nächsten Tag konnte sie nicht mehr aufstehen.

Im Internet ließen sich Tausende Fälle wie ihren finden. Nutzer gaben sich gegenseitig Tipps und empfahlen Ärzte, die Betroffene ernst nahmen. Mit mir zu sprechen wagte keiner. Auch die chinesischen Experten, die sich in ausländischen Wissenschaftszeitungen für eine bessere Aufklärung zu Long Covid in China aussprachen, lehnten Interviews ab. Und nicht nur Fachleute wollten nicht mehr reden. Viele Chinesen waren einfach froh, dass es vorbei war. Als ich meine Gastfamilie das erste Mal nach unserer Rückkehr traf, erklärte mir meine Gastschwester: »Vorbei ist vorbei, was nützt es, noch darüber zu sprechen?« Beschwerden waren zwecklos, im Zweifel sogar gefährlich.

Ich fand es selbst schwer, über die Zeit nachzudenken. Drei Jahre lang hatte Xis Armee aus Seuchenwächtern ihre Regeln mit Gewalt durchgeprügelt. Doch in ihren Ganzkörper-Schutzanzügen waren sie gesichtslos geblieben. Es war wie ein Verbrechen ohne Täter. Oder sollten wir auf die Ärzte wütend sein, die Jonathan nicht sofort behandelt hatten? Was hätten sie realistischerweise tun können?

Aber es gab auch andere Begegnungen. Einmal traf ich zufällig einen Studenten, der während Corona einen über Monate dauernden Lockdown an seiner Uni durchgestanden hatte. Die

Ausgangsbeschränkungen waren so harsch gewesen, dass einige Studenten versucht hatten, auf eigene Faust vom Campus zu fliehen. Auf der Fahrt war ihr Bus umgekippt, vier Menschen starben. Der junge Mann erzählte mir: »Stundenlang wusste ich nicht, ob meine beste Freundin noch lebte«, er hatte Tränen in seinen Augen. »Niemand hat je Verantwortung dafür übernommen.«

Ein anderes Mal traf ich eine junge Frau aus Shanghai. Sie berichtete von dem Gefühl, dass die Menschen in der sonst schnelllebigen Metropole heute rücksichtsvoller miteinander umgingen. Sie selbst hatte im Lockdown einen schweren allergischen Schock erlitten. »Aber bei der Notfall-Hotline musste ich erst beweisen, dass ich im Sterben lag, bevor sie mich abholten«, erzählte sie. »Jeder hat seine eigene Geschichte im Lockdown erlebt, und weil wir das wissen, helfen wir uns mehr.«

Zur Zeit unseres Interviews hatte die Stadt gerade eine Kampagne gegen Hunde gestartet, verstießen die Tiere wegen ihrer Größe gegen Vorgaben der Stadt, wurden sie ihren Besitzern weggenommen und getötet. Sie kommentierte: »Du siehst, die Regierung hat sich nicht geändert.« Und eine Freundin ergänzte trocken: »Irgendwen müssen die da oben immer totschlagen.«

Bis heute gibt es keine öffentliche Debatte über die Corona-Politik, eine Entschuldigung sowieso nicht. Li Qiang, der als Parteichef von Shanghai das Lockdown-Desaster in der Millionenstadt zu verantworten hatte, ist inzwischen Ministerpräsident und Nummer zwei hinter Xi. Die offizielle Linie der Partei lautet, dass die Covid-Politik ein »Wunder der Menschheitsgeschichte« gewesen ist. Möglich gemacht von der Partei, unterstützt vom Volk, bestätigt von der Wissenschaft und letztlich »komplett korrekt«.

Die Proteste im November 2022 waren laut dem früheren chinesischen Botschafter in Frankreich, Lu Shaye, ein Werk

»ausländischer Kräfte«, die Demonstranten angeblich bezahlte Querulanten. Vielen von ihnen drohen langjährige Haftstrafen. Am Fluss Liangma in Peking haben die Sicherheitsbehörden nach den Protesten ein halbes Dutzend Polizeistationen aufgebaut, auf fast jeder Brücke der Hauptstadt halten heute Soldaten Wache. Peng Lifa ist seit Oktober 2022 verschwunden, seine Familie steht unter dauerhaftem Hausarrest.

Viele Überwachungsinstrumente haben überlebt: U-Bahn-Fahrer, Museumsbesucher und Touristen müssen sich meist beim Ticketkauf mit Klarnamen registrieren, Unigelände bleiben für Besucher abgeriegelt. Während der Corona-Pandemie installierte Kameras filmen weiter.

Ein Jahr nach den Protesten, am Jahrestag, stand vor dem Einkaufszentrum in unserer Nachbarschaft wieder ein einzelner Mann. Schweigend hielt er ein weißes Papier in seinen Händen, dazu eine China-Flagge. Innerhalb von Minuten führten Sicherheitskräfte ihn ab. Die meisten Menschen gingen einfach weiter, als hätten sie ihn nicht gesehen.

11. Kapitel

Die letzte Generation

»Seid ihr bereit, mehr Kinder zu kriegen?«

Der Volkskongress im März 2023, das erste wichtige politische Treffen nach der Öffnung, sollte zu einer Machtdemonstration werden: China, Lokomotive der Weltwirtschaft, ist zurück! Der Aufschwung kommt! Doch die monatelangen Lockdowns in Wirtschaftszentren wie Shanghai und Shenzhen hatten globale Lieferketten durcheinandergebracht, Unternehmen belastet und das Vertrauen internationaler Investoren und Firmen erschüttert. Anstelle eines Post-Covid-Booms zeigte sich nun, wie schlecht es um die chinesische Wirtschaft stand: Geld für ein neues Stimuluspaket fehlte, Lokalregierungen waren heillos überschuldet, die Immobilienkrise außer Kontrolle geraten.

Ministerpräsident Li Keqiang sprach von »neuen Erfolgen« und »entschlossenem Handeln«, um dem wirtschaftlichen Abwärtsdruck zu begegnen. Doch wie weit dieser Schlachtplan von der Lebenswelt vieler Chinesen entfernt war, ließ sich nicht in der Großen Halle des Volkes beobachten, sondern auf den Baustellen Hunderttausender unfertiger Wohnhäuser, in Internetcafés, in denen arbeitslose Jugendliche sich ihre Zeit vertrieben, oder in einem der vielen Einkaufszentren, wie ich eines einige Tage vor dem Volkskongress besuchte.

Drei Jahre war ich auf Recherchereisen an einer endlosen Zahl von Shoppingmalls vorbeigefahren, wie es sie in China an jeder Straßenecke gibt. Nach amerikanischem Vorbild waren sie in den vergangenen Jahren zu Wahrzeichen für den neuen Reichtum und Wohlstand geworden. Am Wochenende schlenderten Eltern mit ihren Kindern durch die gigantischen Neubauten, saßen dort mittags an rauchenden Tischgrills und Fondue-Töpfen. Doch während der Pandemie waren die meisten Zentren über Monate geschlossen gewesen, überall im Land sah ich verrammelte Türen, halb ausgeräumte Läden und verwaiste Geschäfte.

Nun fuhr ich die Treppe einer Mall im Nordosten Pekings hoch, es war ein fünfstöckiges Gebäude, das sich auf Einrichtungsläden spezialisiert hatte. Ganz oben lag ein Stockwerk mit Restaurants zur Hälfte im Dunkeln. Nur in einer Ecke hatten einige Küchen geöffnet, in denen man kaltes Huhn und Rindersuppe kaufen konnte. Eine Rolltreppe entfernt stand Verkäuferin Li in einem Laden für Bodenbeläge und Kacheln und wippte von einem Fuß auf den anderen. Seit fünf Jahren arbeitete sie in der Mall und erzählte, zu Beginn von Corona sei das Geschäft gar nicht schlecht gelaufen. »Viele wollten ihre Häuser renovieren«, sagte sie, doch dann wurden ganze Wohnviertel abgeriegelt und Fabriken geschlossen. »Wenn man gar kein Geld verdient, dann geht es nicht nur um die Rückzahlung von einem Hauskredit, sondern darum, sich überhaupt Essen leisten zu können.«

Li trug einen roten Firmen-Pullover, abgewetzte Turnschuhe und transparenten Nagellack. Sie lebte mit ihrem Mann in Peking, ihre Tochter studierte in ihrer Heimatstadt Hohhot in der Inneren Mongolei. Vor Corona hätten sie gemeinsam umgerechnet 1360 Euro im Monat verdient. Wenn sie sparsam lebten, konnten sie rund 800 Euro an ihre Familie schicken. Doch weil niemand mehr Möbel kaufte, bekam Li nur noch ihr Grundgehalt und keine Umsatzbeteiligungen mehr, wie in ihrer Branche üblich. Ihr Mann hatte bis vor wenigen Tagen als Chauffeur gearbeitet. Früher hatte er zu normalen Zeiten gearbeitet, dann forderte seine Firma, dass er 24 Stunden am Stück fuhr. Zwischen den Schichten bekam er zwölf Stunden frei. Davon habe er jedoch noch zwei Stunden für die Anfahrt abziehen müssen. Sein Verdienst für einen Monat Arbeit: umgerechnet 130 Euro. Li sagte, sie bräuchten das Geld wirklich dringend, aber: »Er konnte einfach nicht mehr.«

Schon im vergangenen Jahr reichte das Geld nicht, um zu sparen, ohne den Job ihres Mannes wurde es jetzt richtig knapp. Die beiden waren nicht nur für ihre Tochter verantwortlich, sondern auch für ihre Schwiegereltern und Eltern. Mit Ende 70 konnten sie nicht mehr arbeiten, eine Rente hatten sie nicht. Li sagte, »ich muss mich um sie kümmern«, Tränen stiegen ihr in die Augen. »Das Leben fühlt sich gerade schrecklich an.«

Rohe Emotionen begegnen mir bei Interviews in China eher selten. Als Journalist ist man es gewohnt, dass die Menschen hier ungern zurückblicken und immer hoffnungsvoll in die Zukunft schauen. Dass Frau Li zwischen den Regalen im Flutlicht nun die Tränen kamen, machte mich nachdenklich.

Einige Tage später in der Großen Halle des Volkes klang die Situation in China ganz anders. Dort erklärte Ministerpräsident Li Keqiang, die Regierung habe Sozialversicherungsbeiträge und Zahlungen in die Arbeitslosenversicherung gestundet. Einfache Menschen wie Verkäuferin Li würden den Zahlungsaufschub deutlich spüren.

Doch wie alle Chinesen hatte sie drei Jahre lang keinen Yuan von der Regierung bekommen, Corona-Hilfen wie in Deutschland gab es nicht. Wie viele Millionen Arbeiter hatten sie in den monatelangen Lockdowns von ihrem Ersparten gelebt. Während die Menschen in Europa von zu Hause weiterarbeiteten und nach der Öffnung gespartes Geld ausgaben, waren viele Chinesen mit ihren Kräften am Ende – finanziell und psychisch. Doch davon in der Großen Halle des Volkes kein Wort.

Es war stets die Angst der Staatsführung, dass China alt werden würde, bevor es reich geworden war. Inzwischen ist das für viele Chinesen schon heute Realität. Wie Lis Eltern arbeiteten sie, bis ihre Gesundheit es nicht mehr zuließ, dann sprangen ihre Kinder ein, wenn es denn welche gab. Schon heute ist jeder fünfte Chinese, rund 300 Millionen Menschen, über 60 Jahre alt. In weniger als 20 Jahren dürfte die Bevölkerung in China älter sein als im vergreisten Japan. 2022 schrumpfte Chinas Bevölkerung zum ersten Mal offiziell, mit 1,09 Geburten pro Frau verkündete das Land eine der niedrigsten Raten der Welt. In Deutschland waren es im Vergleich 1,58 Geburten pro Frau. Es ist ein Wendepunkt für China, das Selbstverständnis und Machtanspruch immer auch aus seiner Bevölkerungsgröße abgeleitet hat.

40 Jahre nach Einführung der Ein-Kind-Politik zeigt sich, wie krass die Regierung sich verzockt hat: Nach fast einem halben Jahrhundert strikter Familienplanung mit 300 Millionen Abtreibungen, viele davon erzwungen, will man die Geburtenraten jetzt wieder ankurbeln wie früher das Wachstum. Doch die Belastungen für Eltern sind zu hoch, nur ein einziges Kind großzuziehen längst soziale Norm. Die Partei muss feststellen, dass sich Geburten leichter verhindern lassen als erzwingen.

Ein Video aus dem Shanghai-Lockdown 2022 dokumentierte das Phänomen: Im Wortgefecht zwischen einem jungen Paar und Quarantänewächtern, die sie trotz negativer Coronatests in ein Lager bringen wollten, wehrten die jungen Leute sich. »Ich habe Rechte«, sagte der Mann. Ein Polizist trat vor und drohte: »Wenn du bestraft wirst, wird sich das drei Generationen lang auf deine Familie auswirken.« Der Mann winkte ab: »Wir sind die letzte Generation, schönen Dank«, dann schlug er die Tür zu.

Dass Peking 2021 die »Drei-Kinder-Politik« ankündigte, klang für viele Chinesen wie blanker Hohn. Für sie zeigte die Entscheidung, wie wenig Verständnis in Peking herrscht für die

Not der einfachen Leute. So fragte die staatliche Nachrichtenagentur Xinhua nach Bekanntgabe in einer Umfrage auf Weibo: »Seid ihr bereit, mehr Kinder zu kriegen?« In kurzer Zeit antworteten 30 000 Menschen, neun von zehn erklärten, »niemals daran zu denken«. Kurz darauf löschte die Agentur die Umfrage wieder. Das Ergebnis hatte sie offenbar überrascht.

Manche Lokalbehörden locken junge Eltern zwar mit besseren Sozialleistungen wie einem längeren Mutterschutz oder Geburtsprämien. Doch eine zusätzliche Woche Elternzeit lässt den finanziellen Sorgenberg nicht schmelzen, den die Kindererziehung in China mit sich bringt. Gerade viele Frauen wehren sich gegen die Doppelbelastung von Karriere und Kind.

Xi Jinping hat seinen Rundumschlag gegen die Zivilgesellschaft auch auf die Frauenbewegung ausgeweitet, Femen-Klubs werden geschlossen, Aktivistinnen verhaftet, Online-Debatten zensiert. Laut Gleichstellungsindex vom Weltwirtschaftsforum ist das Land in zehn Jahren von Platz 69 im Jahr 2012 auf Platz 102 abgestürzt. Frauen verdienen wieder weniger, gelten ab 30 Jahren als »übrig geblieben«, werden regelmäßig Opfer von Gewalt. Die Führung wahrt nicht mal den Schein: Zum ersten Mal seit 1997 hat sie keine Frau im Politbüro platziert, dem Machtzentrum Chinas, im Ständigen Ausschuss des Gremiums waren es immer nur Männer.

Für eine Porträtserie über Frauen in China traf ich im Jahr 2023 eine junge Shanghaierin, die sich als Anhängerin der »Ideologie des eisernen DINK-ismus« bezeichnet. DINK, oder *ding ke* auf Chinesisch, steht für double income, no kids. Das heißt, ihr Mann und sie verdienen beide, verzichten aber bewusst auf Nachwuchs. Eine Bewegung, die in China in den letzten Jahren viel Zulauf gewonnen hat. Nach dem Abschluss schnell zu heiraten und Kinder zu bekommen, war in China lange die soziale Norm. Kinderlosigkeit gilt als Unglück, keine zu wollen als Tabu.

Die junge Frau, die sich Stephanie nannte, sagte offen, Kinder fände sie »ermüdend und schwierig«. Sie wollte sich lieber auf ihre Karriere als Unternehmerin konzentrieren, ihre Ehe, das Reisen und ihren Hund. Letztendlich war ihre Entscheidung auch eine finanzielle: »Das soziale Umfeld in China ist nicht gut, das Bildungssystem verrückt.« Vor zehn Jahren sei die Wirtschaft noch gewachsen, sagte Stephanie, jetzt breche die Konjunktur ein. »Es gibt nicht genug erfolgreiche Firmen und immer weniger Ressourcen. Wenn alle um die wenigen Mittel konkurrieren, wird es blutig.«

Durch die hohe Verschuldung und schlechte Wirtschaftslage sind Lokalregierungen gezwungen, ihre Sozialausgaben eher einzudampfen, als sie auszuweiten. Schon jetzt berichten Lokalbeamte von Gehaltskürzungen oder ausbleibenden Zahlungen. Es sind die gleichen Behörden, die Milliarden beim Bau von Flughäfen, Straßen und Brücken verbrannt haben, die heute als Kosten in der Landschaft stehen.

Die Geburtenrate hat schon bald Einfluss auf die Arbeitskraft. Auf einen Überschuss an Arbeitern folgt Arbeitskräftemangel. In weniger als 30 Jahren wird Chinas Produktionssektor unterbesetzt und überaltert sein. Heute kommen auf jeden Rentner fünf Arbeiter, 2035 werden es nur noch 2,4 sein, 2050 nicht einmal mehr zwei. Die Finanzierung der Renten wird damit in Zukunft zum gewaltigen Problem.

Nur Wochen bevor ich Verkäuferin Li in ihrer Mall besuchte, waren Tausende Rentner in Wuhan gegen Kürzungen ihrer Krankenversicherungsleistungen auf die Straße gegangen.

China hat eines der niedrigsten Renteneinstiegsalter der Welt, Männer hören mit 60 Jahren auf zu arbeiten, angestellte Frauen mit 55 Jahren, Arbeiterinnen mit 50 Jahren. Seit den 1950er-Jahren, als die Lebenserwartung noch bei rund 44 Jahren lag, hat die Regierung diese nie angepasst. 2022 betrug die Lebenserwartung fast 79 Jahre. Noch vor der Coronakrise 2019 warnte die Chinesische Akademie der Wissenschaften, dass bis 2035 die Rentenkasse ausgeschöpft sein könnte, sollte Peking das Renteneinstiegsalter nicht erhöhen.

Doch die Reform gilt als extrem unbeliebt, und was paradiesisch klingt, ist nicht mit einer deutschen Rente zu vergleichen: Die Senioren in Wuhan protestierten zum Beispiel gegen die Kürzung einer monatlichen Gesundheitszulage von umgerechnet 33 Euro auf etwa 10 Euro, die monatlich auf ihr individuelles Gesundheitskonto für den Kauf von Medikamenten und Arztbesuche fließt. Auch in China gerade genug, um eine Handvoll Schmerztabletten zu kaufen. Mit den Kürzungen stockte die Stadtregierung den Geldtopf für alle Versicherten auf und entlastete den eigenen Haushalt. Für die Rentner waren die Reformen, wie sie nun in zahlreichen Provinzen folgen, eine bedeutende Mehrbelastung.

Das Rentenniveau ist so niedrig, dass gerade Menschen auf dem Land meist so lange arbeiten müssen, wie es der Körper zulässt.

2022 betrug die Durchschnittsrente umgerechnet 22 Euro pro Monat, davon lassen sich weder Miete noch Lebensmittel bezahlen. Die ländliche Mindestrente wurde im März 2024 zwar von etwa 13 Euro auf 15 Euro angehoben, damit leben die Menschen aber immer noch unter der von der Weltbank festgelegten Armutsgrenze.

Wie sensibel das Thema ist, zeigte 2023 ein Video auf Douyin, dem chinesischen TikTok, das schnell viral ging. Darin interviewte ein bekannter Influencer eine 78-Jährige. Eigentlich zeigt der Moderator in seinem Format, wie man von umgerechnet 13 Euro am Tag gut leben kann. Die Seniorin hatte er auf dem Weg zum Einkaufen getroffen und spontan angesprochen. Sie erklärte, obwohl sie ihr Leben lang gearbeitet habe, muss sie mit rund 14 Euro Rente einen ganzen Monat auskommen. Beschämt beschrieb sie vor Millionenpublikum, wie sie auf Fleisch verzichtet und bei ihrem Sohn lebt. Es dauerte nicht lange, bis die Zensoren das Video aus dem Netz verschwinden ließen.

Eine Schande für China

Neben dem niedrigen Konsum, der hohen Verschuldung und schwachen Nachfrage kämpfte das Land zudem mit einer andauernden Krise am Immobilienmarkt. Dieser war lange ein Symbol für Chinas Aufstiegswunder und steht damit stellvertretend für den Chinesischen Traum: Jahrzehntelang ging es immer nur aufwärts, in den vergangenen Jahren hatte er fast 30 Prozent des Bruttoinlandsprodukts ausgemacht und war durch Landverkäufe zur wichtigen Einnahmequelle für Lokalregierungen geworden.

Millionen Menschen wurden mit Wohnungen unerhört reich. Sie kauften sie als Geldanlage und Altersvorsorge, verkauften sie mit großem Gewinn weiter, erwarben noch mehr. Manche Paare ließen sich sogar scheiden, um Kaufbeschränkungen zu umgehen. Dabei funktionierte der Handel wie ein riesiges Schneeballsystem: Viele Familien kauften mehr Wohnungen, als sie brauchten, Konzerne verschuldeten sich massiv, um weiter zu wachsen, und weil die Mittel immer noch nicht reichten, sammelten sie auch Geld von Kunden für Häuser ein, die sie noch gar nicht gebaut hatten.

2020 versuchte die Regierung, die wohl selbst nur ahnte, wie groß das Ausmaß der Immobilienblase war, der Spekulation einen Riegel vorzuschieben. Sie erließ strenge Regeln, um die Lage irgendwie wieder in den Griff zu kriegen. Hoch verschuldete Konzerne kamen kaum noch an frisches Geld, das System fiel in sich zusammen. Nun sitzen unzählige Bauunternehmer auf Milliarden Euro unbezahlter Rechnungen, Millionen Menschen haben Wohnungen angezahlt, die vielleicht nie gebaut werden.

Im September 2023 erklärte ein früherer Vizechef des Statistikamts, von welchen Dimensionen hier die Rede ist: Die gesamte chinesische Bevölkerung, immerhin 1,4 Milliarden Menschen, sei nicht genug, um die leer stehenden Wohnungen zu füllen, sagte er. Es gäbe offenbar genug Wohnraum für drei Milliarden Menschen.

Im Herbst 2023 traf ich mich mit einem Mann, der sein Erspartes in eine Wohnung in Wuhan investiert hatte, die seit zwei Jahren nicht fertig wurde. Wir trafen uns an dem Rohbau, er ging voran, schlug sich einen Weg durch das verwilderte Gelände. Um uns herum standen Betonskelette ohne Fenster, an den Fassaden hingen Kabel herunter. »Alles ist verrottet«, sagte Gao Yun, Mitte 30. Er hieß in Wirklichkeit anders, für die Geschichte in der *Süddeutschen Zeitung* hatte ich ihm einen anderen Namen geben und einige Details weglassen müssen. Er hatte bereits in Haft gesessen, weil er gegen den Baustopp protestiert hatte. Jetzt riskierte er wieder seine Freiheit, um mit mir zu reden.

Er gehörte zu den vielen Millionen Menschen in China, die von den Schlagzeilen unmittelbar betroffen waren, die global für Aufmerksamkeit sorgten. Dort hieß es: »Immobilien-Beben in China, Bauriese Evergrande wird aufgelöst!« Oder: »Krise lässt den Chinesischen Traum platzen«. Dutzende kleinere Bauunternehmen waren pleitegegangen, viele der großen Konzerne wie Evergrande oder Country Garden konnten ihre Schulden kaum noch zurückzahlen. Peking regulierte den Markt inzwischen vor allem mit einem Ziel: dass die Preise nicht ins Bodenlose stürzten. Zwei Drittel des Vermögens chinesischer Haushalte sind in Immobilien gebunden.

Gao war ein hagerer Typ, der zu viel rauchte, ärgerlich erzählte er: »Das Unternehmen hat gerade noch mal hundert

Millionen Yuan für die Fertigstellung bekommen.« Umgerechnet 13 Millionen Euro Notfallkredite der Regierung, mit denen die Häuser fertiggestellt werden sollten. Doch Gao berichtete, dass mit den Millionen in seiner Siedlung nur ein paar Fenster installiert worden waren, dann war das Geld weg. Von einem Bauunternehmer hatte er gehört, dass ein anderer Bauherr in das Projekt eingestiegen war, das Geld dann aber woanders hingeschoben wurde. »Veruntreut«, fasste Gao knapp zusammen.

Seine Wohnung lag im Süden Wuhans, fast eine Autostunde entfernt vom Zentrum der Stadt. Im November 2019 hatte er den Kaufvertrag unterschrieben: 108 Quadratmeter, umgerechnet knapp tausend Euro zahlte er für den Quadratmeter, in der Innenstadt hätte er das Fünffache berappen müssen. Hannan hatte wie ein neuer, aufstrebender Distrikt gewirkt, bald sollten in der Nähe seiner Wohnung gute Schulen, eine Business-Uni und ein Krankenhaus gebaut werden. Dazu gab es keine Kaufrestriktionen wie im Zentrum von Wuhan, wo nur Einwohner mit einer *hukou*-Haushaltsregistrierung die Möglichkeit besaßen, zu kaufen.

Bauentwickler hinter Gaos Wohnung war Greenland Holdings, ein Staatsunternehmen, das inzwischen teilweise privatisiert war. Zehn Jahre zuvor hatte Greenland noch als Superstar in der Branche gegolten, als eines der größten Bauunternehmen erweiterte es andauernd sein Geschäft, stieg in die Finanzwelt ein, betrieb Hotels und kaufte Anteile an einem Fußballklub in Shanghai. Ein Werbeslogan, mit dem die Firma für Projekte in dem Viertel warb: »Eine Billion Mal Greenland, ein stabiles Staatsunternehmen«.

30 Prozent seiner Wohnung hatte Gao bereits angezahlt, für den Rest einen Kredit aufgenommen, den er jeden Monat mit mehreren Tausend Yuan tilgte. Die Zahlungen zu stoppen, war für ihn keine Option. Würde die Bank ihn auf eine schwarze

Liste setzen, bekäme er nie wieder Geld. Wer in China als verschuldet gilt, kann im Extremfall nicht mal mehr ein Zug- oder Flugticket kaufen.

Vor zwei Jahren hätte Gao einziehen sollen, als die Wohnung nicht fertig wurde, bekam er Panik. Mit anderen Käufern ging er zur Distriktverwaltung, zur Kommune, zur Provinzregierung. Drei Mal hat er ohne Erfolg eine Petition an die Regierung gestellt. Inzwischen hatte er seinen Job gekündigt und war in die Nähe seiner unfertigen Wohnung gezogen, um für seine Rechte zu kämpfen. Doch der Bauentwickler hielt ihn und die anderen Käufer hin.

Auf dem verwilderten Weg zwischen den Betonskeletten trafen wir zwei andere Käuferinnen. In einer Online-Gruppe der Wohnungsbesitzer hatte Gao mein Kommen angekündigt, manche waren Hunderte Kilometer gefahren, um bei dem Gespräch dabei zu sein. Frauen, Männer, ein Pärchen mit einer dreijährigen Tochter. Eine der Frauen warnte uns: »Haltet euch von Gebäude sechs fern. Die Leute von Greenland sind gekommen.«

Es war eine Situation, wie ich sie viele Male zuvor erlebt hatte. Die Zentralregierung hatte zwar gefordert, dass alle Gebäude fertig gebaut werden mussten, sprach von einer »Garantie zur Übergabe«. Doch Peking war weit weg, auf der Baustelle hatte die Lokalregierung das Sagen. Die Wahrscheinlichkeit war groß, dass diese längst von dem Betrug wusste, daran mitverdiente oder mindestens vermeiden wollte, durch negative Presse unter Druck zu geraten. Eskalierte eine Situation, trat die Zentralregierung häufig als vermeintlich gerechter Retter in der Not auf, der den korrupten Lokalkadern auf die Finger klopfte. Diese Strategie hatte selbst bei der Vertuschung des Corona-Ausbruchs in Wuhan funktioniert, bei der Peking später eine Handvoll Funktionäre aus der Provinz ins Gefängnis werfen ließ, um vom eigenen Versagen abzulenken.

Gao Yun und ich bogen nun in das Treppenhaus eines anderen Rohbaus ab, wo wir auf eine dritte Frau stießen. Ihr gehörte eine Wohnung in den oberen Stockwerken, 158 Quadratmeter, auch sie hat 2019 gekauft. Sie erzählte, dass ihr Sohn seit dem Baustopp nichts mehr mit ihr zu tun haben wollte. Sie erklärte: »Wir sind Bauern, eine Wohnung kaufen ist nicht einfach und ohne kann er nicht heiraten.« In China war es seit einigen Jahren üblich, dass Männer neben einem guten Job und Auto auch eine Wohnung mit in die Ehe brachten. Die Ein-Kind-Politik hatte zu einem Männerüberschuss geführt, zwischenzeitlich übertrafen sie die Frauen um 34 Millionen. Eine Folge war eine bessere Verhandlungsmacht für die Familien der Braut. Auch Gao hatte eine Freundin. Er sagte: »Sie ist Masterstudentin und kommt aus einer sehr guten Familie.« Nur mit Wohnung konnte er ihr einen Antrag machen, chinesische Frauen seien da eben »realistisch«.

Während Gaos Kontaktmann bei Greenland ihm immer neue Einzugstermine nannte, zeigte uns die Frau Chatverläufe mit ihrem Bauleiter. »Sie haben uns gesagt, als Nächstes werden die Aufzüge gemacht, passiert ist nichts«, sagte sie. »Die halten uns nur hin.« Inzwischen hatte sie der Bauleiter auf der Messenger-App Wechat geblockt. Gao stöhnte: »Sie lügen und lügen und verschleppen das Projekt immer weiter.« Die Polizei, die Kommune, die Gerichte, es würden doch alle unter einer Decke stecken.

Mehrfach war der Streit zwischen den Käufern und Behörden schon eskaliert, einmal war Gao bei einem Protest vor der Lokalregierung von Leuten in Zivil verschleppt worden, sie hatten ihn erst ins Bauunternehmen gebracht, dann für 24 Stunden in Polizeihaft. »Nur weil wir für unser Recht kämpfen.« Die andere Käuferin ergänzte: »Das ist nicht die Polizei, das sind bezahlte Schläger.« Und dann: »Was soll ich denn machen, ich bin schon alt.« Sie schob ihr Shirt hoch und zeigte eine Hüftstütze. »Ich muss immer weiter arbeiten, um den Kredit abzubezahlen.«

Als wir wieder nach unten gingen, wartete dort ein Bauleiter von Greenland, ein Mann mit grünem Shirt und dunkler Kappe. Als er mich sah, begann er zu brüllen: »Was macht die Ausländerin hier, wer hat die ausländische Presse gerufen?« Und weiter: Jeder wisse doch, dass ausländische Medien lügen. Die Menschenrechtsverletzungen in Xinjiang? Hongkong? Alles Schmierenkampagnen der Amerikaner. Und in Richtung Gao Yun: »Ihr bringt Schande über China.«

In den Wochen vor meiner Reise hatte die Regierung angefangen, der ausländischen Presse die Schuld an den schwachen Wirtschaftszahlen zu geben, bei einer Pressekonferenz sprach sie von einer Panikmache, Analysten waren aufgefordert, nur noch über positive Wirtschaftszahlen zu sprechen. Zwischen den Bauruinen mischte sich jetzt eine junge Frau ein, sie blaffte den Bauleiter an: Sie rief: »Wir bringen Schande über China? Schämst du dich nicht? Schämt sich Greenland nicht? Ihr wisst doch überhaupt nicht, was Schande ist.«

Die ganze Zeit über war der Bauleiter am Telefon, rief immer wieder »sie« würden gleich kommen. Es war als Drohung gemeint. »Das ist unsere Baustelle«, sagte er, »und wir haben euch die Wohnungen noch gar nicht übergeben.« Die Frau antwortete ihm schreiend: »Und wann tut ihr das? Nächstes Jahr? Das haben wir schon fünf Mal gehört!« Sie drehte sich zu Gao und den anderen Käufern um: »Die Regierung und Greenland arbeiten zusammen, das wisst ihr schon? Wir verstehen nicht viel, aber bezahlt haben wir. Wo ist das Geld?« Der Bauleiter hielt demonstrativ sein Handy hoch und sagte: »Ich habe mit meinem Chef telefoniert. Es ist nicht erlaubt, die Baustelle zu betreten. Das ist zu gefährlich.« Gao Yun lachte. »Hier wird doch gar nichts gebaut. Was soll da gefährlich sein?« Dann fragte er: »Warum gebt ihr uns unsere Wohnungen nicht. Zahlt ihr uns zurück?« Der Bauleiter: »Das muss ich euch nicht sagen.« Gao: »Okay, aber dann halte dich raus, ja?« So ging es hin und her, bis die Polizei am Tor der Anlage auftauchte. Die Wohnungsbesitzer flüchteten, ich wurde von den Beamten befragt.

Nach meiner Reise nach Wuhan wurde mir klar: Die Immobilienkrise bedroht längst den sozialen Frieden. Auf der Suche nach einem Schuldigen hat Peking eine Reihe hochrangiger Manager verhaften lassen, darunter Evergrande-Gründer und einst einer der reichsten Männer Chinas, Hui Ka Yan. Anderswo lockerte die Partei die Restriktionen, mit denen sie vor Kurzem noch ein Ausdehnen der Blase verhindern wollte, teils erhalten Erstkäufer vergünstigte Kredite ohne Bonitätsprüfung. Es bleibt abzuwarten, wie weit Peking es gelingen wird, den Sektor zu entschulden und sein Gewicht zu reduzieren.

Bitternis ertragen lernen

Nach dem Lockdown-Jahr 2022, in dem es fast nicht möglich gewesen war zu reisen, erlebte ich jetzt eine Stimmung im Land, wie ich sie mir nie hätte vorstellen können. Nichts erinnerte mehr an den Optimismus meiner Gasteltern in Peking oder die Boomjahre, die ich später in Shanghai erlebt hatte. Vor allem junge Menschen sind zutiefst verunsichert. Nach der Corona-Öffnung schockierte das Land mit gewaltigen Jugendarbeitslosenzahlen. Etwa jeder fünfte Chinese zwischen 16 und 24 Jahren hatte keinen Job. Eine Wirtschaftsdozentin an der Peking-Universität vermutete in dem Wirtschaftsmagazin *Caixin* im Sommer 2023 sogar, dass die wahre Zahl bei fast 50 Prozent liegen könnte. Anders als Chinas offizielle Quote zählte die Expertin arbeitslose Jugendliche hinzu, die in den vergangenen drei Monaten nicht aktiv nach Arbeit gesucht hatten und bei ihren Eltern lebten. Ihre Analyse wurde kurz nach Erscheinen gelöscht, wenig später gab das Statistikamt bekannt, die Daten zu urbaner Jugendarbeitslosigkeit nicht mehr zu veröffentlichen.

Es war ein Trend, der in China gerade erst größere Aufmerksamkeit bekam. »Vollzeit-Kinder« nannten die Chinesen gut ausgebildete junge Menschen, die wieder zu Hause eingezogen waren. Manche Eltern bezahlten sie sogar dafür, dass sie sich um den Haushalt kümmerten, die Großeltern versorgten oder für sie kochten. Grund für die Flucht in die Heimat waren die niedrigen Gehälter, die in den Großstädten häufig nicht mehr zum Leben reichten. Viele arbeiteten 12-, 14- oder 16-Stunden-Tage, verbrachten ihre Zeit teils mit stumpfsinnigen Aufgaben. Manche fanden gar keine Anstellung.

Wie fühlte sich die junge Generation, die in einer turbokapitalistischen Welt aufgewachsen war, in der Erfolg in Wohnungen, Autos und großzügigen Gehältern gemessen wurde? Um das zu erfahren, fuhr ich an einem warmen Samstag im Herbst 2023 drei Stunden mit dem Schnellzug von Peking nach Zibo. Fast hätte ich kein Zugticket mehr bekommen. Die Chemiestadt südlich von Tianjin war in den Monaten durch ihre Grill-Kultur zu einem unerwarteten Besuchermagnet geworden. Auf der Straße konnten Touristen für wenig Geld mit einer dicken Gewürzpaste beschmierte Muscheln, Fleischspieße und Gemüse grillen. Allein im März 2023 reisten fast fünf Millionen Menschen in die Stadt, die selbst gerade einmal 4,7 Millionen Menschen zählte.

Auch hier zeigte sich eine der Folgen der Corona-Politik: Viele Menschen konnten oder wollten sich teure Reisen ins Ausland nicht mehr leisten. Dafür entdeckten sie nun günstige Ziele im Inland. Reisen im Stil eines »Soldaten der Spezialkräfte« nannten die Chinesen den Post-Corona-Trend: in möglichst kurzer Zeit maximal viel sehen, mit kleinstmöglichem Budget. Notfalls auch, indem man anstelle eines teuren Hotels in einem Internetcafé übernachtete. Eine Reiseform, die Disziplin und Durchhaltekraft verlangte, daher der Vergleich zum Militär. Seit dem Sommer 2023 trendete auch das Hashtag »Citywalk«. Um sich kostspielige Eintrittskarten zu sparen, schlenderten die Touristen lieber umher, tranken Kaffee und genossen die Atmosphäre – oder saßen bis spätabends beim Grillen zusammen wie in Zibo.

Dort stand ich jetzt vor einer Tür, hinter der ich kalten Zigarettenrauch riechen konnte. Drei junge Männer saßen im Wohnzimmer auf einem alten Sofa und nüchterten aus. Dahinter kam Xiao Li zum Vorschein, eine 23-Jährige in weißem Shirt, Jogginghose und Flipflops. Zu ihrem Schutz ist ihr Name geändert. Sie strich ihrer Katze über den Kopf und winkte mich schnell aus der Wohnung. Es war Sonntag, ihr einziger arbeitsfreier Tag. Dennoch hatte sie sich bereit erklärt, sich mit mir zu treffen. Wir liefen durch ihren Wohnblock zu einer Garküche. Xiao bestellte Tofu-Suppe mit Sojasoße und einen »frittierten Teufel«, eine in Öl gebackene Teigstange. Wir setzten uns auf der Straße auf Hocker, Xiao begann zu erzählen.

Sechsmal die Woche fuhr die junge Frau mit ihrem Roller in das Büro der Steuerberatung, in der sie seit ihrem Bachelor-Abschluss vor einigen Wochen als Praktikantin arbeitete. Zunächst sagte ihre Chefin, dass sie nach drei Monaten eine Anstellung erhalten sollte, dann hieß es in einem halben Jahr. Inzwischen wusste sie nicht, ob es je passieren würde. Umgerechnet 260 Euro verdiente die Uni-Absolventin, weniger als der in der Region vorgeschriebene Mindestlohn.

Rund 100 Euro kostete die Miete in der Sechser-WG, von dem Rest ihres Gehalts konnte sie in Zibo gerade so leben. Aus dem Fenster ihres kleinen Zimmers blickte sie auf eine Front neu gebauter Hochhäuser. Wie in vielen Städten standen sie fast alle leer, dienten als Spekulationsobjekte für die gehobene Mittelschicht. Die Investitionen hatten die Preise in Zibo so hochgetrieben, dass Xiao sich niemals eine Wohnung in der Stadt würde leisten können.

Die schlechte wirtschaftliche Lage spiegelte sich auch bei der Arbeit wider. Viele Kunden der Steuerberatung waren während Corona bankrottgegangen. Ihre Chefin habe ihr erklärt, dass es dennoch Möglichkeiten gäbe, Geld aus den Kunden zu pressen, so etwas lerne man nur nicht im Studium. Xiao erzählte: »Meine Chefin hat ihr Kind vor zwei Tagen auf eine Schule in den USA geschickt, mir hat sie gesagt, dass man in China nicht mehr reich wird. Junge Leute sollten das Land lieber gleich verlassen.«

Das passte zu einem neuen Jugendwort, das während des Shanghai-Lockdowns im April 2022 viral gegangen war: das chinesische Schriftzeichen *»ran«*, in Anspielung aufs englische »run«, also abhauen. Im Netz erklärten junge Leute, sie wollten »Run-ologie« studieren. Das hieß lernen, wie sie aus dem Land rauskamen. Ausgerechnet in Shanghai war das Wort erfunden worden, der Stadt, in der ich drei Jahre lang mit jungen Chinesen in Gründercafés gearbeitet hatte, die fließend Englisch sprachen und an den besten Unis der Welt studierten. In China nannte man sie *haigui*, auf Deutsch Meeresschildkröten. Sie waren davon überzeugt gewesen, nicht im reichen Amerika die besten Chancen zu haben, sondern in ihrer Heimat, wo sie ihre »Eier«, das hieß ihre guten Ideen, legen konnten. Jetzt wollten sie nur noch weg.

Xiaos Geschichte war eigentlich eine Erfolgsgeschichte: Ihre Mutter arbeitete in einer Kantine, ihr Vater als Lastwagenfahrer. Sein Job war anstrengend, manche Fahrten dauerten tagelang. Ständig mussten die Fahrer Umwege suchen, weil die Autobahngebühren stiegen. Auf den Rastplätzen wurde unaufhörlich gestohlen. Die Ladung, die Räder, ja selbst das Benzin. »Man muss immer ein Messer im Auto haben, hat mir mein Vater erzählt, der Job sei deshalb nichts für Mädchen.«

Xiao studierte als Erste in ihrer Familie. Weil ihre Schulnoten nicht direkt für ein Studium reichten, machte sie nach der Schule eine dreijährige Ausbildung, mit der sie dann an eine Uni wechseln konnte. Der Chinesische Traum, alles wird für jeden besser, schien sich für sie zu erfüllen. Zumindest dachte sie das. Dann kam die Coronakrise, die Immobilienkrise, die Jobkrise. Als Xiao 2023 ihren Abschluss machte, drängten mit ihr so viele Uni-Absolventen auf den Arbeitsmarkt wie nie zuvor.

Xiao stocherte in ihrer Tofu-Suppe. »Ich würde etwas anderes lernen, aber mir fehlt die Energie. Abends will ich mich nur hinlegen. Wenn ich meine Augen schließe, sehe ich nichts als Zahlen. Wie soll ich das mein ganzes Leben machen?« Auf Chinesisch sagte sie *tangping,* noch so ein Wort, mit denen junge Leute ihre Gefühle von Sinn- und Hoffnungslosigkeit ausdrückten. Inzwischen gibt es ein halbes Wörterbuch davon. *Tangping* heißt so etwas wie sich »flach hinlegen«. Erfinder der Wortschöpfung war mutmaßlich ein Internetnutzer, der zu dieser Zeit, wie er selbst schrieb, seit zwei Jahren arbeitslos war. Nur empfand er seine Arbeitslosigkeit nicht mehr als problematisch. Anstatt weiter zu versuchen, den Idealen der chinesischen Gesellschaft gerecht zu werden, dem Leistungsdruck und den Erwartungen anderer, habe er sich fürs »flache Hinlegen« entschieden. Da es in China nie eine Ideologie gegeben habe, »menschliche Subjektivität« zu stärken, eine Philosophie also, die die Wünsche der Menschen ins Zentrum rückt, erschaffe er nun eine für sich selbst. Nur durch das »Hinlegen« könnten Menschen in China wieder das Maß aller Dinge werden.

Viele junge Leute wie Xiao fühlten sich angesprochen. In der chinesischen Arbeitswelt waren die Regeln lange einfach: Sei

Wolf oder werde gefressen. Gearbeitet wurde nach dem 996-Modell, das Techfirmen wie Alibaba berühmt machten: von 9 Uhr morgens bis 9 Uhr abends, an sechs Tagen die Woche. Häufiger noch bis tief in die Nacht. Die Arbeitszeitkultur war auch als »996-ICU« bekannt, ICU als Abkürzung für Intensivstation, weil überarbeitete Beschäftigte frisch von der Uni immer mal wieder vor Erschöpfung von ihren Stühlen kippten.

In den sozialen Medien gründeten sich Gruppen, in denen die neue »Philosophie« diskutiert und Anleitungen zum »richtigen« Hinlegen gepostet wurden. Anhänger wollten weniger arbeiten, Geld nicht mehr mit Glück gleichsetzen und Fehler nicht mehr mit ständiger Selbstoptimierung bekämpfen.

Chinas Führung sind die Leistungsverweigerer ein Graus. Seit Jahren versucht sie, die Generation zu formen. Mal sind die jungen Menschen nicht kreativ genug, dann findet die Partei junge Männer »zu feminin« – mal wurde Pop aus Korea aus chinesischen Tanzschulen verbannt, dann durften Minderjährige nur noch drei Stunden die Woche am Computer spielen. Jedes Jahr erlässt Peking neue Regeln, die tief in das Privatleben junger Menschen eingreifen.

Auf die allgegenwärtige Wirtschaftskrise reagierte die Führung mit rostigen Durchhalteparolen. In einem Artikel auf der Titelseite der *Volkszeitung* forderte Xi Jinping im Mai 2023, junge Leute sollten »Bitternis« ertragen lernen. Sie sollten weiter hart arbeiten und sich nicht so anstellen. Der Staatspräsident verweist auf seine eigene Erfahrung während der Kulturrevolution. Das ärmliche Leben im Dorf Liangjiahe, aus dem er selbst zunächst geflohen war, stellt er jetzt als wichtige Charakterbildung dar. Junge Leute sollten Härte suchen und daran wachsen, wie er selbst.

Dabei müssen junge Leute wie Xiao gar nicht suchen: Längere Arbeitsstunden, fallende Löhne, unbezahlbare Wohnungen sind ja ohnehin Realität. Die 23-Jährige hatte ihre Suppe ausgelöffelt, wir fuhren zu einem Café in einem Hochhaus, nicht größer als ihr WG-Zimmer. Sie bestellte einen Kaffee, ließ den Blick aus dem Fenster schweifen. Am Horizont sah man einige Schornsteine, nebenbei hatte sie auf der Fahrt erzählt, wie es vor ein paar Wochen einen Chemieunfall gegeben hatte, anscheinend keine Seltenheit in der Industriestadt. Schwarzer Rauch habe über der Wohnung gehangen und für Kopfschmerzen gesorgt, erzählte sie. Eine Erklärung zu dem Unfall hatte die Regierung nie gegeben. Gäbe sie ja nie.

Rundherum blickte Xiao nun auf halb fertige Bürotürme, zwei fertig gebaute glitzerten golden in der Sonne. Auch sie standen leer. Jahrzehntelang war die chinesische Wirtschaft immer nur gewachsen, hatte immer neue Jobs und immer bessere Aufstiegschancen geschaffen. Resigniert erklärte Xiao: »Ich bin im falschen Jahrzehnt geboren.«

Wie alle jungen Menschen ihrer Generation war die junge Frau mit der Gewissheit aufgewachsen, dass es ihr einmal besser gehen würde als ihren Eltern. Ihre Lehrer und Eltern hatten an sie appelliert, sie müsse nur durchhalten, weiter fleißig lernen, jeden Abend bis tief in die Nacht.

Wie 15 Jahre zuvor meine Klassenkameraden in Peking hatte Xiao die ersten 20 Jahre ihres Lebens nichts anderes gemacht, als auf die große Abschlussprüfung zu lernen, danach hatte sie mit der dreijährigen Weiterbildung um einen Studienplatz gekämpft. Xiao gehörte zur am besten ausgebildeten Generation, die es in China je gegeben hat, ihr sollten alle Türen offen stehen. Das war das Versprechen gewesen. Nun glaubte sie daran nicht mehr.

Schon während der Pandemie hatten Studierende wie Xiao besonders gelitten: Während für viele Chinesen das Leben im Sommer 2020 zumindest bis zur Ankunft Omikrons Anfang 2022 zu einer relativen Normalität zurückgekehrt war, waren Studierende überdurchschnittlich von den strengen Null-Covid-Maßnahmen betroffen. Sie hatten Online-Unterricht, waren für Monate auf dem Gelände ihrer Universitäten eingesperrt, zum Teil direkt in ihren kleinen Zimmern im Wohnheim. Dazu kamen Prüfungsverzögerungen und Heimreiseverbote. Eine Mitarbeiterin an einer Universität in Peking, die für das Corona-Management zuständig war, erzählte mir in einem Interview damals erschöpft und beschämt: »Wir haben sie 24 Stunden am Tag überwacht.« In den letzten drei Jahren sei sie keine Sekretärin gewesen, sondern Gefängniswärterin.

Während der Massenproteste im November hatte ein Student an der Pekinger Akademie der Schönen Künste seine Forderung an die Parteiführung an eine Wand gesprayt: »Gebt mir meine Jugend zurück.«

Xiao arbeitete nun Tag und Nacht in einem Job, der sie nicht interessierte. Selbst ihre Mutter verdiente für nur vier Stunden Arbeit am Tag umgerechnet 130 Euro im Monat mehr als sie. Sie klagte: »Ich arbeite mich tot für nichts.« Zwischenzeitlich hatte sie überlegt, noch einen Master zu machen. Viele Studenten hofften dadurch auf bessere Jobchancen, vor allem gab es ihnen Zeit, bevor sie eine Anstellung finden mussten. 2023 nahmen mehr als fünf Millionen Studierende und Jobsuchende an den Zugangsprüfungen zu Masterstudiengängen teil. Ein neuer Rekord. Doch Xiao glaubte nicht, von einem höheren Abschluss zu profitieren: »Das löst meine Probleme nicht.«

Manchmal erfüllten sich noch Träume. Ein Freund hatte vor einigen Wochen einen Job in einem sicheren Staatsunternehmen ergattert. Doch seine Familie hatte Verbindungen in die Regierung, die Xiaos Familie nicht hat.

Ihre Mutter bot ihr stattdessen an, ihr einen Job in der Fabrik-Kantine zu besorgen und wieder bei ihr einzuziehen. »Aber das wäre zu deprimierend.« Sie dachte kurz nach. »Ich will nur einen Job, den ich nicht hasse, aber eigentlich habe ich jede Hoffnung aufgegeben.«

Das Treffen mit Xiao erschütterte mich. Ich hatte sie kennenlernen wollen, weil ich wusste, dass es ihr schwerfiel, einen guten Job zu finden. Aber Xiao kämpfte nicht nur, sie hatte den Kampf bereits aufgegeben.

Umso zynischer kam es mir vor, wenn ich an die Zeitungsartikel dachte, die nun beinahe täglich in den Staatsmedien erschienen. Darin wurden junge Leute dazu aufgefordert, als Lieferanten oder Nachtmarktverkäufer anzufangen: »Lass deinen Collegeabschluss nicht zu Handschellen werden«, hieß es dort und: »Auch mit Müllsammeln lässt sich Geld verdienen.«

Als ich mit Xiao Li am Abend in Richtung eines der berühmten Tischgrill-Restaurants Zibos spazierte, liefen wir an den Schildern vorbei, wie sie inzwischen überall in China hingen: »Hört auf die Partei!«, »Folgt der Partei auf ewig« und die zwölf angeblichen Grundwerte, die China predigte. »Demokratie! Freiheit! Gleichheit!« Xiao schnaubte, als sie einen Umweg um einen der Blumenkübel nehmen musste, auf der Xis politische Parole einer »neuen Ära« gedruckt war. »Alles Unsinn«, murmelte sie.

In dem verrauchten Grillladen fragte ich sie zum Abschluss nach ihrer Zukunft. Ob sie ihren Freund heiraten wollte, mit dem sie seit einer Weile zusammen war. Auch ihm fiel es schwer, einen Job zu finden. Eine Zeit lang hatte er in einem Online-Geschäft mitgeholfen, bis es pleiteging. Dann wollte er sich als Online-Influencer selbstständig machen, doch auch hier hatte er kein Glück. Inzwischen arbeitete er in der Fabrik von Xiaos Mutter.

Selbst sagte sie: »Je älter ich werde, desto lauter werden meine Eltern fordern, dass ich ein Kind bekomme.« Aber an eine Hochzeit und Familiengründung war gerade nicht zu denken. Selbst wenn der Staat mehr Geld zur Unterstützung zahlen würde, sah sie nicht, wie sie sich ein Kind leisten konnte. »Das Land steht unter Druck, weil zu wenig Kinder geboren werden.

Aber was hat das mit mir zu tun?«, fragte Xiao. »Ich stehe auch unter Druck. Mir hilft niemand.«

Die Partei nennt junge Leute wie Xiao »Jugendliche der vier Neins«, weil sie zu wenig daten, nicht heiraten, keine Kinder wollen und keine Wohnung kaufen. Gleichzeitig tut Peking erstaunlich wenig, sie zu unterstützen.

Einige Wochen nach meinem Besuch in Zibo verkündete die chinesische Regierung ein Wirtschaftswachstum von 5,2 Prozent im Jahr 2023. Die schlechtesten Zahlen seit mehr als 30 Jahren, vor allem aber Anlass für Zweifel: Der Mitgründer der Beratungsfirma Rhodium, Daniel Rosen, rechnete selbst eher mit einem tatsächlichen Wachstum von 1,5 Prozent. Das allerdings war kein Ergebnis, mit dem der neue Ministerpräsident Li Qiang nach Davos reisen konnte. Dort gab er im Januar 2024 zum ersten Mal in Chinas Geschichte die Wachstumszahlen früher bekannt. An potenzielle Investoren gerichtet, versprach er: »In den chinesischen Markt zu investieren, ist eine Chance, kein Risiko.«

Sein Auftritt erinnerte mich an die Rede von Xi, die er nunmehr sieben Jahre zuvor an gleicher Stelle gehalten hatte. Doch außer die Zahl, die alle erwartet hatten, aber niemand glaubte, hatte Li erstaunlich wenig vorzuzeigen. Mehr denn je schien sein Chef Xi Jinping an seinem Plan festzuhalten: eine starke Zentralregierung, Sicherheit über alles und staatlich gelenkte Investitionen in Zukunftsfelder, um damit die Modernisierung der Wirtschaft voranzutreiben. Eine Entlastung für einfache Leute gehörte nicht dazu. Anscheinend war er weiter überzeugt, dass die Menschen sich schon anpassen würden oder wenigstens still bleiben.

Dabei besteht kein Zweifel, dass es für die Verwirklichung des Chinesischen Traums einen Strukturwandel braucht, denn sonst wird es das Wohlstandsniveau von anderen Industriestaaten nie erreichen. Es muss seine Wirtschaft modernisieren und unproduktive durch produktivere Investitionen ersetzen. In Xi-Jinping-Sprech geht es um die »Entwicklung neuer Produktivkräfte«.

Seit der Parteichef den kryptischen Begriff im September 2023 erstmals erwähnte, bemühen sich Staatsmedien und Institutionen um eine Interpretation. Laut Staatssender CCTV sind »kontinuierliche wissenschaftliche und technologische Innovationen« gemeint. Wie bei der zehn Jahre alten Strategie »Made in China 2025« sollen wichtige Zukunftsbranchen mithilfe von »qualitativ hochwertigem Wachstum« weiter vorangetrieben werden. China braucht mehr wertschöpfungsintensive Industrien, doch das ist leichter gesagt als getan. Während Uni-Absolventen in den Städten keine Jobs mehr finden, leidet die schlecht ausgebildete Arbeiterschaft unter der Automatisierung: Jeder dritte Chinese, etwa 500 Millionen Menschen, hat keinen weiterführenden Schulabschluss, die meisten sind nach der 9. Klasse abgegangen. Sie arbeiten größtenteils im informellen Sektor, mit niedrigen Löhnen und ohne soziale Versicherung.

Die Masse ungebildeter Arbeiter war kein Problem, solange Peking sie in Fabriken und auf Baustellen brauchte. Doch inzwischen sind die Löhne in China gestiegen, Konzerne aus der Billigproduktion wandern in andere Länder ab. Aber um in Berufen weiter oben auf der Wertschöpfungskette (wie der Chipfertigung) zu arbeiten, fehlt ihnen die Ausbildung. Neue Jobs finden sie im Dienstleistungssektor, Chinas schöner neuer Arbeitswelt. Schätzungsweise 200 Millionen Menschen arbeiten als Teil der chinesischen »Gig Economy«, in der vermeintliche Freiberufler für jeden Einsatz bezahlt werden, das ist ein Viertel der gesamten Arbeiterschaft. Sie bringen den Reichen ihren Kaffee, hetzen teils bis zu 14 Stunden am Tag umher und lassen sich anschreien, wenn sie eine Lieferzeit nicht schaffen.

Dazu kommt die tiefe Verunsicherung in der Privatwirtschaft. Zwölf Jahre nach Xi Jinpings Amtsantritt steht Pekings ideologische Verhärtung und Paranoia stärker denn je im Konflikt mit Chinas wirtschaftlichem Erfolg. Die Partei hat China isoliert, Universitäten und die Zivilgesellschaft geschwächt, was Wettbewerb und gute Ideen erschwert, und einen großen Teil der Dynamik im Privatsektor abgewürgt. Die drastischen Regulationen im Tech-Sektor und die Null-Covid-Politik haben ebenso Vertrauen zerstört wie Pekings Treue zu Putin. Ein im Sommer 2023 verabschiedetes »Anti-Spionage-Gesetz« macht Datenaustausch mit China zur Gefahr und verschreckt die heimische Wirtschaft wie ausländische Investoren, jeder Ausländer gilt nun als potenzieller Spion. Der nächste Konfliktpunkt sind chinesische Überkapazitäten, die zum Angstmacher im Ausland geworden sind. Um die Wirtschaft zu stützen, droht eine Exportschwemme von billigen Waren ebenso wie konkurrenzlos günstige E-Autos, Batterien und Solaranlagen. Alles, was in China keinen Absatz findet, soll ins Ausland exportiert werden. Unklar ist, ob andere Länder die Flut akzeptieren. Selbst wenn, dürfte das als dauerhafter Rettungsanker nicht reichen.

In den nächsten Jahren dürfte die Doppeldeutigkeit des Chinesischen Traums immer sichtbarer werden: Während Xi Jinping kompromisslos an seiner Vorstellung einer starken Nation und neuen Ordnung für die Welt arbeitet, dürfte sich das Versprechen von sozialem Aufstieg und materiellem Wohlstand für immer weniger Menschen erfüllen. Die Belastung durch die fehlende Gesundheits- und Altersvorsorge, die Bevölkerungskrise und Schwierigkeiten im Immobilien- und Jobmarkt werden wachsen. Aber je größer die Risse in der Fassade, desto schärfer Pekings Antwort: Unter Xis Führung hat die Partei ihre Resilienz gestärkt, nationalistische Kampagnen, soziale Kontrolle und Desinformation dürften weiter zunehmen, der Westen immer stärker zu einem Feindbild werden. In Regionen wie dem Südchinesischen Meer und der Taiwan-Straße wächst die Gefahr einer Eskalation. Chinas scheinbare Bemühungen, Spannungen mit dem Ausland abzubauen, sind nur ein Spiel auf Zeit.

Sicherlich wäre es ein Fehler, das Ende des Aufstiegs Chinas zu früh auszurufen. Wenn ich eine Sache in den vergangenen fast 20 Jahren über dieses Land gelernt habe, dann dass man den unbedingten Willen der Chinesen nicht unterschätzen sollte, ihre Träume zu verwirklichen. Die Resilienz der Menschen, ihr Unternehmergeist und Optimismus sind der Grund, warum ich immer wieder nach China zurückkehre. Die Tragik von Xi Jinpings Chinesischem Traum ist, dass er den Menschen vorschreiben will, wie ihre Träume auszusehen haben.

Literatur

1. Kapitel
China! Zukunft?

Birtwhistle, Tom: The rise of China's silicon dragon, Mai 2016, https://www.pwc.com/sg/en/publications/assets/rise-of-china-silicon-dragon.pdf(abgerufen am 30. April 2024).

Chang, Che: China's Innovation Renovation, *The Wire China*, 22. Mai 2022, https://www.thewirechina.com/wp-content/uploads/2022/05/Chinas-Innovation-Renovation.pdf (abgerufen am 30. April 2024).

China Power Team: What do overseas visits reveal about China's foreign policy priorities?, *China Power*, 12. Mai 2021, https://chinapower.csis.org/diplomatic-visits/ (abgerufen am 30. April 2024).

Drinhausen, Katja: China's social credit system in 2021: From fragmentation towards integration, Mai 2022, https://merics.org/en/report/chinas-social-credit-system-2021-fragmentation-towards-integration (abgerufen am 30. April 2024).

Hanemann, Thilo; Huotari, Mikko: Chinesische Investitionen in Europa erreichen neues Rekordniveau – Debatte über Risiken, Januar 2017, https://merics.org/sites/default/files/2020-04/Chinese%20investment%20in%20Europe%20-%20record%20flows%20and%20growing%20imbalances.pdf (abgerufen am 30. April 2024).

Huang, Weiwen: *Learning from Shenzhen. China's Post-Man Experiment from Special Zone to Model City,* Chicago 2017.

Kaiser, Matthias; Gudrun Wacker: Nachhaltigkeit auf chinesische Art – Das Konzept einer »harmonischen Gesellschaft«, Juli 2008, https://www.swp-berlin.org/publications/products/studien/2008_S18_wkr_ks.pdf (abgerufen am 30. April 2024).

Kennedy, Scott: China's Risky Drive into New-Energy Vehicles, November 2018, https://www.csis.org/analysis/chinas-risky-drive-new-energy-vehicles (abgerufen am 30. April 2024).

Stevenson-Yang, Anne: The Grand Illusion, *The Wire China*, 3. März 2024, https://www.thewirechina.com/2024/03/03/the-grand-illusion/ (abgerufen am 30. April 2024).

Wacker, Gudrun: Olympischer Moment: Werden die Spiele China verändern?, *Aus Politik und Zeitgeschichte*, Juli 2008, https://www.bpb.de/shop/zeitschriften/apuz/31081/olympischer-moment-werden-die-spiele-china-veraendern/ (abgerufen am 30. April 2024).

Xi, Jinping: Für eine bessere Welt, *Die Welt*, 4. Juli 2017, https://www.welt.de/debatte/kommentare/article166231727/Fuer-eine-bessere-Welt.html (abgerufen 30. April 2024).

2. Kapitel
Eine andere Welt

Cai, Zhiyong; Wu, Huajun; Yan, Qing; Yu, Yi; Yu, Ning Neil: The Impact of Childhood Left-Behind Experience on the Mental Health of Late Adolescents: Evidence from Chinese College Freshmen, *International Journal of Environmental Research and Public Health*, März 2021, https://www.ncbi.nlm.nih.gov/pmc/articles/PMC7967284/ (abgerufen am 30. April 2024).

Digel, Helmut: Chinas Nutzen aus den Olympischen Spielen, *Aus Politik und Zeitgeschichte*, Juli 2008, https://www.bpb.de/shop/zeitschriften/apuz/31083/chinas-nutzen-aus-den-olympischen-spielen/ (abgerufen am 30. April 2024).

Dikötter, Frank: *China nach Mao. Der Aufstieg der Supermacht*, Stuttgart 2023.

Feicht, Roland: Olympia 2008 – Countdown in Peking, Juni 2007, https://library.fes.de/pdf-files/iez/04596.pdf (abgerufen am 30. April 2024).

Grim, Brian J.: Religion in China on the eve of the 2008 Beijing Olympics, Mai 2008, https://www.pewresearch.org/religion/2008/05/01/religion-in-china-on-the-eve-of-the-2008-beijing-olympics/ (abgerufen am 30. April 2024).

Human Rights Watch: China – Rassismus gegen Schwarze in sozialen Medien bekämpfen, August 2023, https://www.hrw.org/de/news/2023/08/16/china-combat-anti-black-racism-social-media (abgerufen am 30. April 2024).

3. Kapitel
Die chinesische Familie

Assmann, Aleida: *Der lange Schatten der Vergangenheit,* München 2006.

Blume, Georg: Die Chaos-Tage von Lhasa – Zehn Jahre Aufstand in Tibet, *Der Spiegel,* 16.3.2018, https://www.spiegel.de/geschichte/aufstand-in-tibet-2008-chaos-tage-in-lhasa-a-1197895.html (abgerufen am 30. April 2024).

Hu, Guoqiang; Zhao Min; Li Li; Rao, Zhenzhen; Schwebel, David C.; Ning, Peishan: Suicide Mortality by Place, Gender, and Age Group – China, 2010–2021, *China* CDC *Weekly,* 23. Juni 2023, https://weekly.chinacdc.cn/fileCCDCW/journal/img/cover/0e30450b-f4c5-4394-9ac4-e06ae01235aa.pdf (abgerufen am 30. April 2024).

Liang, Jianzhang; Huang, Wenzheng; He, Yafu: China's Childbirth Cost Report 2024 – China's childbearing costs are almost the highest in the world relative to GDP per capita, Februar 2024; https://file.c-ctrip.com/files/6/yuwa/0R72u12000d9cuimnBF37.pdf (abgerufen am 30. April 2024).

Reporter ohne Grenzen: Rangliste der Pressefreiheit 2023, https://www.reporter-ohne-grenzen.de/fileadmin/Redaktion/Downloads/Ranglisten/Rangliste_2023/RSF_Rangliste_der_Pressefreiheit_2023.pdf (abgerufen am 30. April 2024).

Sorace, Christian: *Shaken Authority: China's Communist Party and the 2008 Sichuan Earthquake*, Ithaca 2017.

4. Kapitel
Die Partei führt alles

Bakken, Borge; Wang, Jasmine: The changing forms of corruption in China, *Crime, Law and Social Change*, April 2021, https://www.ncbi.nlm.nih.gov/pmc/articles/PMC8076439/ (abgerufen am 30. April 2024).

Bloomberg News: Xi Jinping millionaire relations reveal elite Chinese fortunes, *Bloomberg News*, 29. Juni 2012, https://www.bloomberg.com/news/articles/2012-06-29/xi-jinping-millionaire-relations-reveal-fortunes-of-elite (abgerufen am 30. April 2024).

ChinaFile Editors: Document 9 – A Chinafile Translation, *Chinafile*, 8. November 2013, https://www.chinafile.com/document-9-chinafile-translation (abgerufen am 30. April 2024).

Grünberg, Nis; Drinhausen, Katja: The party leads on everything. China's changing governance, September 2019, https://merics.org/en/report/party-leads-everything, (abgerufen am 30. April 2024).

Hiroyuki, Akita: China wants ability to invade Taiwan by 2027, U.S. admiral says, Nikkei Asia, 24. April 2024, https://asia.nikkei.com/Editor-s-Picks/Interview/China-wants-ability-to-invade-Taiwan-by-2027-U.S.-admiral-says (abgerufen am 30. April 2024).

Holbig, Heike: Making China great again – Xi Jinpings Abschied von der Reformära, Making China Great Again – Xi Jinpings Abschied von der Reformära, GIGA *Focus Asien*, 2018 (2), http://

nbn-resolving.de/urn:nbn:de:0168-ssoar-56917-0 (abgerufen am 30. April 2024).

State Council Information Office of the People's Republic of China: Respecting and Protecting the Rights of All Ethnic Groups in Xinjiang, Juli 2021, http://geneva.china-mission.gov.cn/eng/ztjs/aghj12wnew/Whitepaper/202109/t20210927_9594623.htm#:~:-text=All%20ethnic%20groups%20in%20Xinjiang%2C%20regardless%20of%20their%20population%2C%20history,ethnic%20autonomy%20is%20in%20place (abgerufen am 30. April 2024).

Wang, Yanan: China claims everyone in Xinjiang camps has »graduated«, *The Associated Press*, 9. Dezember 2019, https://apnews.com/article/27f00e4feaa2755f25ab514cecda7add (abgerufen am 30. April 2024).

Wong, Chun Han: P*arty of One: The rise of Xi Jinping and China's superpower future,* Maryland 2023.

Xi, Jinping: Secure a Decisive Victory in Building a Moderately Prosperous Society in All Respects and Strive for the Great Success of Socialism with Chinese Characteristics for a New Era, Oktober 2017, http://www.xinhuanet.com/english/download/Xi_Jinping's_report_at_19th_CPC_National_Congress.pdf (abgerufen am 30. April 2024).

5. Kapitel
Chronik einer Vertuschung

Carlson, Brian G.: Coronavirus – ein zweischneidiges Schwert für China, Juli 2020, https://css.ethz.ch/content/dam/ethz/special-interest/gess/cis/center-for-securities-studies/pdfs/CSSAnalyse267-DE.pdf (abgerufen am 30. April 2024).

Cheng, Maria; Kang, Dake: Toxic – How the search for the origins of Covid-19 turned politically poisonous, *The Associated Press*,

8. April 2023, https://apnews.com/article/china-covid-virus-origins-pandemic-lab-leak-bed5ab50dca8e318ab00f60b5911da0c (abgerufen am 30. April 2024).
State Council Information Office of the People's Republic of China: Fighting Covid-19 – China in action; Juni 2020, http://english.scio.gov.cn/node_8018767.html (abgerufen am 30. April 2024).

6. Kapitel
Die schwarze Hand Amerikas

Barnes, Julian E.; Wong, Edward: China Asked Russia to Delay Ukraine War Until After Olympics, U.S. Officials Say, *New York Times,* 2. März 2022, https://www.nytimes.com/2022/03/02/us/politics/russia-ukraine-china.html (abgerufen am 30. April 2024).
Brown, Alexander; Gunter, Jacob; Zenglein, Max J.: Course Correction: China's shifting approach to economic globalization, Oktober 2021, https://merics.org/sites/default/files/2023-02/MERICS-ChinaMonitor_Globalization_2021-10-13.pdf (abgerufen am 30. April 2024).
Drinhausen, Katja; Legarda, Helena: Confident paranoia – Xi's »comprehensive national security« framework shapes China's behavior at home and abroad, September 2022, https://www.merics.org/sites/default/files/2023-02/Merics%20China%20Monitor%2075%20National%20Security_final.pdf (abgerufen am 30. April 2024).
Foreign Correspondent's Club of China: FCCC statement on Olympics reporting, Februar 2022, https://fccchina.org/2022/02/21/fccc-statement-on-olympics-reporting/ (abgerufen am 30. April 2024).
Foreign Correspondent's Club of China: Media Freedoms Report 2022: ›Zero Covid, Many Controls – Covering China in 2022‹, März 2023, https://fccchina.org/2023/03/01/media-freedoms-

report-2022-zero-covid-many-controls-covering-china-in-2022/ (abgerufen am 30. April 2024).

Human Rights Watch: China's forbidden zones, Juli 2008, https://www.hrw.org/report/2008/07/06/chinas-forbidden-zones/shutting-media-out-tibet-and-other-sensitive-stories (abgerufen am 30. April 2024).

Kirchberger, Sarah; O'Keeffe, Patrick: Chinas schleichende Annexion im Südchinesischen Meer – die strategischen Hintergründe, April 2019, https://www.degruyter.com/document/doi/10.1515/sirius-2019-1002/html (abgerufen am 30. April 2024).

Martin, Peter: *China's Civilian Army – The Making of Wolf Warrior Diplomacy,* New York 2021.

Ohlberg, Mareike: *Die lautlose Eroberung. Wie China westliche Demokratien unterwandert und die Welt neu ordnet,* München 2020.

Pomfret, John; Pottinger, Matt: Xi Jinping Says He Is Preparing China for War – The World Should Take Him Seriously, *Foreign Affairs*, 29. März 2023; https://www.foreignaffairs.com/united-states/xi-jinping-says-he-preparing-china-war (abgerufen am 30. April 2024).

7. Kapitel
Chinas eiserne Corona-Politik

Fei, Xiaotong: *From the soil – the foundations of Chinese society,* Oakland 1992.

Ollier-Malaterre, Ariane: Digital surveillance is omnipresent in China. Here's how citizens are coping, März 2024, https://theconversation.com/digital-surveillance-is-omnipresent-in-china-heres-how-citizens-are-coping-225628 (abgerufen am 30. April 2024).

8. Kapitel
Vor der Tür

Ding, Liman; Dong, Yongqing; Fu Liping, Tan Ronghui: The Dilemma of Medical Reimbursement Policy in Rural China: Spatial Variability between Reimbursement Region and Medical Catchment Area, *International Journal of Environmental Research and Public Health*, August 2019, https://www.ncbi.nlm.nih.gov/pmc/articles/PMC6721258/ (abgerufen am 30. April 2024).

Liu, Gordon G; Lawton, Robert Burns: *China's healthcare System and Reform*, Cambridge 2017.

9. Kapitel
Leb wohl, Seuchengott

Huang, Yanzhong: Anti-Corruption Campaign in China's Medical Sector – Unmasking the Hidden Agenda, August 2023, https://www.cfr.org/blog/anti-corruption-campaign-chinas-medical-sector-unmasking-hidden-agenda (abgerufen am 30. April 2024).

Human Rights Watch: Locked doors – The human rights of people living with HIV/Aids in China, September 2023, https://www.hrw.org/report/2003/09/02/locked-doors/human-rights-people-living-hiv/aids-china (abgerufen am 30. April 2024).

Liu, Gordon G; Lawton, Robert Burns: China's healthcare System and Reform. Cambridge 2017.

Wemheuer, Felix: Mao und der »Seuchengott«: Eine kurze Geschichte der chinesischen Gesundheitspolitik, *Geschichte der Gegenwart*, 28. Juni 2020, https://geschichtedergegenwart.ch/mao-und-der-seuchengott-eine-kurze-geschichte-der-chinesischen-gesundheitspolitik/ (abgerufen am 30. April 2024).

10. Kapitel
Über den Parteitag

Airfinity's: Airfinity's COVID-19 forecast for China infections and deaths, Januar 2023, https://www.airfinity.com/articles/airfinitys-covid-19-forecast-for-china-infections-and-deaths (abgerufen am 30. April 2024).

Boyd, Alexander: A year after Siton bridge protest, netizens ask »where is Peng Lifa«, *China Digital Times*, 13. Oktober 2023, https://chinadigitaltimes.net/2023/10/a-year-after-sitong-bridge-protest-netizens-ask-where-is-peng-lifa/ (abgerufen am 30. April 2024).

Orr, Bernard: Nearly 2 million excess deaths followed China's sudden end of COVID curbs, study says, *Reuters*, 25. August 2023, https://www.reuters.com/world/china/nearly-2-million-excess-deaths-followed-chinas-sudden-end-covid-curbs-study-2023-08-25/ (abgerufen am 30. April 2024).

11. Kapitel
Die letzte Generation

Master, Farah: Why are there concerns about China‹s pension system as its population ages?, *Reuters*, 18. Januar 2024, https://www.reuters.com/world/china/why-are-there-concerns-about-chinas-pension-system-its-population-ages-2024-01-18/ (abgerufen am 30. April 2024).

Rosen, Daniel H.: Through the Looking Glass: China's 2023 GDP and the Year Ahead, Dezember 2023, https://rhg.com/research/through-the-looking-glass-chinas-2023-gdp-and-the-year-ahead/ (abgerufen am 30. April 2024).

DESMOND SHUM

CHINESISCHES ROULETTE

Ein Ex-Mitglied der roten Milliardärskaste packt aus

»In China ist Politik der Schlüssel zum Reichtum.«

Desmond Shum scheffelt mit Immobilientransaktionen Geld. Seine Frau Whitney Duan pflegt Beziehungen zu Ehefrauen wichtiger politischer Akteure. Und doch sind ihm die Hände gebunden, als Whitney spurlos verschwindet. Wem aber konnte Whitney gefährlich werden? Was wusste sie über Staatspräsident Xi Jinping – oder was könnte hinter ihrem Verschwinden sonst stecken als Ärger mit der Staatsführung? Selten hat es jemand gewagt, so offen über das zu schreiben, was in China Macht bedeutet.
Ein aufsehenerregender Blick auf die chinesische Elite, exzessive Bereicherung und den Widerstreit von Kapitalismus und kommunistischer Partei.

»*Chinesisches Roulette* ist ein sehr persönlicher, packender Insider-Bericht, wie dieses System in der zweitgrößten Volksrepublik der Welt funktioniert.«

Deutschlandfunk

DROEMER

BARBARA DEMICK

BUDDHAS VERGESSENE KINDER

Geschichten aus einer tibetischen Stadt

Aus Protest gegen die chinesische Regierung wird Tibet Ende der 1990er-Jahre von einer Welle der Selbstverbrennungen erschüttert. Doch die Unterdrückung Tibets durch die chinesische Regierung hat eine lange Geschichte …

Barbara Demick schildert sie anhand der Schicksale von Menschen, die in Ngaba, einer osttibetischen Stadt in der chinesischen Provinz Sichuan, leben. Sie erzählt von Dongtuk, dem zögerlichen Jungen, der letztlich vor den chinesischen Repressalien ins Exil flieht; von Dhukar, einem jungen Mädchen, das Zeugin davon wird, wie chinesische Soldaten auf tibetische Demonstranten schießen; oder von Prinzessin Gonpo, die als Vierzehnjährige zur Arbeiterin umerzogen wurde, nachdem ihr Vater im chinesischen Exil Selbstmord begangen hatte.

Acht berührende Lebensgeschichten, die programmatisch für das Leiden eines ganzen Volkes stehen und tiefe Einblicke in den kaum bekannten tibetischen Alltag gewähren.

DROEMER

BARBARA DEMICK

IM LAND DES FLÜSTERNS

Geschichten aus dem Alltag in Nordkorea

Als letzter stalinistisch regierter Staat steht Nordkorea im Fokus des internationalen Interesses. Barbara Demick, die langjährige Ostasien-Korrespondentin der *Los Angeles Times,* ist eine exzellente Kennerin der Verhältnisse in der streng abgeschotteten Volksrepublik. Sie liefert verstörende Einblicke in das Alltagsleben Nordkoreas und zeigt uns eine ferne, sehr fremde und zutiefst unmenschliche Welt.

»Auf dem deutschsprachigen Buchmarkt kommt wohl nichts näher an den nordkoreanischen Alltag heran als dieses ausgezeichnet geschriebene Buch.«

Süddeutsche Zeitung

»Ungewöhnlich, klug, engagiert.«

der Freitag

Ausgezeichnet mit dem
Human Rights Book Award

DROEMER